本研究成果得到教育部人文社会科学青年项目（24YJC880157）、2024年度湖北省社科一般项目（后期资助项目）（HBSKJJ20243435）的共同资助

中国社科

"后发型"世界一流大学发展战略规划研究

薛 珊 ◎ 著

光明日报出版社

图书在版编目（CIP）数据

"后发型"世界一流大学发展战略规划研究 / 薛珊著. -- 北京：光明日报出版社，2025.3. -- ISBN 978-7-5194-8593-1

Ⅰ.G649.1

中国国家版本馆 CIP 数据核字第 20252CF110 号

"后发型"世界一流大学发展战略规划研究
"HOUFAXING" SHIJIE YILIU DAXUE FAZHAN ZHANLÜE GUIHUA YANJIU

著　　者：薛　珊	
责任编辑：李　倩	责任校对：李壬杰　乔宇佳
封面设计：中联华文	责任印制：曹　净

出版发行：光明日报出版社
地　　址：北京市西城区永安路 106 号，100050
电　　话：010-63169890（咨询），010-63131930（邮购）
传　　真：010-63131930
网　　址：http://book.gmw.cn
E — mail：gmrbcbs@gmw.cn
法律顾问：北京市兰台律师事务所龚柳方律师
印　　刷：三河市华东印刷有限公司
装　　订：三河市华东印刷有限公司
本书如有破损、缺页、装订错误，请与本社联系调换，电话：010-63131930

开　　本：170mm×240mm
字　　数：296 千字　　　　　　　　印　张：16.5
版　　次：2025 年 3 月第 1 版　　　印　次：2025 年 3 月第 1 次印刷
书　　号：ISBN 978-7-5194-8593-1
定　　价：95.00 元

版权所有　　翻印必究

序 言

　　大学发展战略规划是推动大学迈向卓越的一大关键要素，可以帮助大学应对未来的挑战、规划理想的未来，也能促进大学自主变革，从而转向内涵式发展，不断增强资源基础优势、提升核心竞争力，进而推动大学的可持续发展。在经济全球化的背景下，知识经济与新技术的发展对我国高校的发展方向产生了重大影响，建设高等教育强国的重要性日益凸显。对此，我国开始大力实施"双一流"建设，并出台了一系列指导意见和具体要求。随着"双一流"建设的持续推进，我国高校不断强化战略规划意识，及时更新并完善发展战略规划，促进了高校发展战略引领作用的发挥。在实现"两个一百年"奋斗目标的关键时间节点上，迫切需要培养大量的具有创新创业能力的高素质研究型人才，这就要求我国高水平大学特别是"双一流"高校不断提升人才培养质量，为创新型强国建设提供人才支撑，故而对"双一流"高校发展战略规划提出了新的要求。从何种方向去优化我国高校的发展战略规划，以及如何调整我国高校发展战略规划以更好更快地实现"双一流"建设目标是当前我国亟须解决的问题。由于我国高校发展战略规划起步晚、经验较为缺乏，适当借鉴学习世界一流大学发展战略规划的经验是可取的，也是非常有必要的。本研究聚焦于一批进步较快的"后发型"世界一流大学，分析这类大学的发展战略规划经验对我国具有重要的借鉴价值。

　　鉴于此，本研究以后发优势理论、战略管理理论、生态位理论、资源基础理论作为理论基础，从理论探索和案例考察两个维度构建本研究的分析框架和逻辑结构，进而对"后发型"世界一流大学发展战略规划的要素、价值取向、演化机理、制定逻辑等进行探析，归纳总结"后发型"世界一流大学发展战略规划的文本内容及框架、文本制定程序及文本演化等特征，并探究其发展战略规划的实施保障、成效和经验，以此提出对我国"双一流"高校发展战略规划制定和实施的启示。从理论上而言，本研究可以拓展世界一流大学发展战略规划理论研究的视角，丰富世界一流大学发展战略规划研究理论体系；从实践上而言，研究"后发型"世界一流大学发展战略规划的文本特征及演化规律，可以为我国高校发展战略规划文本的编写工作提供指引。本研究将文献研究法、案例研究法、比较研究法、文本分析法等多种研究方法相结合，有利于更好地开展本研究，并对"后发型"世界一流大学、大学发展战略规划的概念进行阐析。

第一，样本遴选。本研究通过比较2010—2020年QS、THE、ARWU三大世界大学排行榜，筛选出2010年不在这三大排行榜前100名而2020年同步位居三大排行榜前100名的高校，遴选出若干所"后发型"世界一流大学。本研究仅选取其中的8所国外"后发型"世界一流大学作为样本大学，分别是新加坡国立大学、蒙纳什大学、南洋理工大学、昆士兰大学、索邦大学、慕尼黑工业大学、天主教鲁汶大学、洛桑联邦理工学院，进而对样本大学进行深度扫描，对其战略规划进行系统研究。这些"后发型"世界一流大学作为世界一流大学的"新生力量"，是"追赶型"国家长期致力于建设世界一流大学的结晶，探索这类高校的发展战略规划经验，对我国"双一流"建设具有很高的借鉴价值。

第二，对"后发型"世界一流大学发展战略规划的制定进行考察。"后发型"世界一流大学战略规划的审议和决策制定由董事会负责，在董事会的领导下由战略规划部门来制定大学发展战略规划和行动方案。通常，"后发型"世界一流大学发展战略规划有一套相对固定的制定程序，在制定战略规划的前期，会做好充分的准备，由战略规划制定部门首先确定战略规划的关键要素，包括战略规划制定的流程、确定相关的项目负责人和参与者、争取对应的行政支持等，确定参与战略规划的人员群体分布及具体的名单，编制战略规划文本的时间表和进度条，确定战略规划编制的组织形式等。其发展战略规划的要素包括学科建设、研究、教学、管理、国际交流与合作等多个维度；制定原则包括目标定位精准、发展特色清晰、自主制定战略规划、规划制定的成本原则、重视对大学精神文化的关注等；价值取向包括为社会创新变革注入动力、为经济发展提供有力支撑、培育全球领导者、促进大学的可持续发展。"后发型"世界一流大学战略规划的制定逻辑可从生态网的规划、生态流的规划、生态位的规划三个层面剖析，在生态网层面，构建相对稳定的生态网、内外部发展相融合、获取利益相关者的支持；在生态流层面，保持生态流的持续循环、畅通多股生态流、生成高质量的生态流；在生态位层面，准确定位生态位、合理分化生态位、适时跃迁生态位。

第三，对"后发型"世界一流大学发展战略规划文本内容进行剖析。立足于"后发型"世界一流大学发展环境分析的基础，运用Nvivo 11对战略规划文本进行分析,从目标维度、程序维度、举措维度得出分析结果。研究发现,举措维度与目标维度契合度较高,规划文本体现出较强的理性价值,资源基础是发展战略规划的重点。"后发型"世界一流大学的使命高远,具有敢于超越、追求卓越、造福人类的远大目标;其描绘了美好的大学发展蓝图,与大学发展的目标和使命高度契合,体现了崇高的办学旨归。由于发展历史、发展环境及办学文化等的差异,造就了"后发型"世界一流大学的使命、愿景和价值观的不同。在最新的战略规划文本中,8所大学都继承并保留了适宜的办学文化,并将其融入新的发展使命和愿景之中,形成了独特的价值取向。通过对战略规划文本演化进行分析发现,"后发型"世界一流大学战略规划演化机理可从遗传和变异两个层面进行阐释。在遗传方面,包括组织文化、办学理念等的遗传,其特征体现为使命、愿景和价值观相统一,教学、科研和社会服务互为支撑,突出学校发展优势和重点领域。在变异方面,体现为战略目标的变异和结构体系的变异,结构体系趋于完整、合理与规范,战略举措与战略目标的交织性变强。其变异的动力来自对一流人才培养的探索、对卓越研究的追求、对服务社会的持久担当、对创新创业校园文化的打造和对更高水平国际化的追求。深度追踪战略规划的战略举措,发现"后发型"世界一流大学战略演化的路径体现为高度重视创新创业,扩大社会服务的范围和群体,注重包容性和多样性,深化合作关系与扩大合作网络,重视可持续发展这几个方面。

第四,对"后发型"世界一流大学发展战略规划的实施进行检视。在"后发型"世界一流大学战略规划文本制定完成后,将规划文本付诸行动也遵循一套相应的步骤规范。其战略实施的步骤一般是颁布实施战略规划文件、战略目标分解、组织结构调整、战略资源配置等。在其战略实施中,通常具有一定的保障,包括组织领导保障、政策体系保障、办学资源保障、校园文化保障。"后发型"世界一流大学战略实施的特征包括:通过建立监控机制来推进战略顺利实施;通过目标分解来落实战略任务;通过教职工的广泛参与提高对战略规划的认同;通过规划制定、实施和评估的联动来保障效果。在"后发型"世界一流大学战略规划实施成效分析上,从大学整体层面来看,发现"后发型"世界一流大学在世界大学排行榜的地位有了一定程度的上升,且2018—2020年全部稳定在前100名之内,由此反映出整体竞争实力得到了一定程度的稳固和提升;具体从教学、研究、社会服务、国际化四个维度进行剖析,发现"后发型"世界一流大学的发展取得了显著的成效。

第五,基于我国"双一流"高校发展战略规划的现状,发现我国"双一流"高校发展战略规划制定的特点主要表现为:发展与国家的指导思想保持一致、人才培养是战略规划的核心任务、校领导是主要的决策者、民主意识和行动有所增强、规划内容存在相似性。研究发现，我国"双一流"高校规划文本特征包括：指导思想高度统一、重视人才培养和学科建设、使命陈述高度相似。比较发现，我国"双一流"高校发展战略规划存在的问题包括：特色发展难显"特色"，实施和监督机制不明确，愿景、使命和价值观的重视不足，对后发优势与办学特色的挖掘不足，规划制定程序与民主参与的困境，对办学隐性因素的关照不足，目标定位与战略实施相剥离。结合国外"后发型"世界一流大学发展战略规划的经验与我国"双一流"高校发展战略规划存在的困境，归纳演绎出如下方面的启示：在战略分析与战略制定上，塑造大学发展战略规划新体系、落实教职工等参与规划的制定、运用生态学思维完善战略规划，将后发劣势转变为后发优势；在战略规划文本编制上，凸显愿景和使命的引领作用、凸显规划特色和打造特色学科、加强对办学隐性因素的关照、注重文本制定与战略实施的调适；在战略规划实施行动上，逐层分解目标并培育执行力文化、达成集体共识并付诸集体行动、优化资源配置并提升资源基础优势、建立有效的过程监督机制并落实责任人负责制。

目录
CONTENTS

第一章　导论 ··· 1
　第一节　研究背景与问题提出 ···································· 1
　第二节　研究目标与意义 ·· 6
　第三节　国内外相关研究 ·· 7
　第四节　研究方法 ·· 22
　第五节　研究思路 ·· 24

第二章　核心概念、理论基础与理论分析框架 ······· 26
　第一节　核心概念界定 ··· 26
　第二节　相关理论基础 ··· 31
　第三节　理论分析框架 ··· 39

第三章　"后发型"世界一流大学发展战略规划的制定 ······· 42
　第一节　"后发型"世界一流大学的样本遴选 ············ 42
　第二节　"后发型"世界一流大学的战略规划组织机构及制定程序 ····· 69
　第三节　"后发型"世界一流大学发展战略规划的制定原则与逻辑 ····· 79

第四章　"后发型"世界一流大学发展战略规划文本释析 ····· 94
　第一节　"后发型"世界一流大学的发展环境及战略规划演进历程 ····· 94
　第二节　"后发型"世界一流大学发展战略规划文本质性分析 ······· 104
　第三节　"后发型"世界一流大学发展战略规划文本框架及内容特征 ····· 115
　第四节　"后发型"世界一流大学发展战略规划文本演化机理 ······· 140

第五章 "后发型"世界一流大学发展战略规划的实施 …… **166**
- 第一节 "后发型"世界一流大学发展战略规划实施的步骤 …… **166**
- 第二节 "后发型"世界一流大学发展战略规划实施的保障 …… **169**
- 第三节 "后发型"世界一流大学发展战略规划实施的特征及战略理念 …… **174**
- 第四节 "后发型"世界一流大学发展战略规划实施的成效 …… **183**

第六章 国外经验对完善我国"双一流"高校发展战略规划的启示 …… **204**
- 第一节 对我国"双一流"高校发展战略规划的检视与审思 …… **205**
- 第二节 完善我国"双一流"高校发展战略规划的对策建议 …… **221**

第七章 研究结论与展望 …… **238**
- 第一节 研究结论 …… **238**
- 第二节 研究创新、不足及展望 …… **241**

参考文献 …… **243**

第一章

导 论

第一节 研究背景与问题提出

随着世界多极化、社会信息化、经济全球化等的深入发展，世界各国正处于创新发展、变革调整的关键时期，国与国之间的竞争更加激烈，尤其表现在经济、文化等领域。由于高素质人才和高水平研究成果与国家的高等教育水平高度相关，并且是提升国家竞争力的关键动力源，所以高等教育在社会发展中的"轴心"作用将进一步增强。随着"互联网+""大数据""云计算"等新一轮科技革命的推进，我国经济发展方式、发展重点均有所调整，经济社会发展环境和形势的变化对我国高等教育发展提出了新挑战。习近平总书记提出，"高等教育发展水平是一个国家发展水平和发展潜力的重要标志"[1]。新时代，高等教育强国建设是经济强国建设的重要组成部分，是推动国家创新发展、提升科技实力的内在要求。《国家中长期教育改革和发展规划纲要（2010—2020年）》指出，"建设高等教育强国的基础工作是提高质量，要抓好质量这根生命线"[2]。党的十九大报告中提出，"建设教育强国是实现中华民族伟大复兴之路的重要组成部分，建设高等教育强国必须优先发展高等教育"。由此说明党中央和国家对高等教育事业的发展提出了任务和要求，也为我国高等教育走向更高水平、更高质量指明了道路。[3] 现阶段，在我国高等教育改革发展各项事业的深入推进

---

[1] 习近平在全国高校思想政治工作会议上强调把思想政治工作贯穿教育教学全过程 开创我国高等教育事业发展新局面 [EB/OL]. 人民网，2016-12-09.

[2] 教育部官网. 国家中长期教育改革和发展规划纲要（2010—2020年）[EB/OL]. 中华人民共和国教育部官网，2020-07-29.

[3] 朱国仁. 建设教育强国：中华民族伟大复兴的基础工程 [J]. 行政管理改革，2017(11)：60-63.

中，高等教育强国建设的目标更加清晰，这一重大战略目标将引领中国高等教育发展迈向新征程、步入新阶段。

当前，我国已经成为世界高等教育大国，培养了大量服务于我国社会主义建设的各级各类高层次人才，正在向高等教育强国的目标迈进。在"两个一百年"交汇的关键期，我国高等教育结构、功能和形态将持续优化，高等教育强国建设目标正在逐步实现。随着新工科、新医科、新文科、新农科等的推进，我国高校服务科技创新、经济发展转型的能力迅猛提升，这预示着我国与高等教育强国的目标越来越近。展望未来，我国高等教育的发展绝不能局限于数量的增长，必须注重质的提升和飞跃，即加快建设若干有重大影响力的世界一流大学。自 20 世纪 90 年代，我国先后实施了"211 工程""985 工程"等重点大学建设工程，部分重点高校和学科建设突飞猛进，推动了我国高等教育整体实力的大幅提升，在服务经济社会的持续发展上贡献突出、成效显著。然而，在重点建设实施过程中存在分配不均、重复交叉、资源浪费等问题，迫切需要优化重点资源，创新建设方式，以提升重点建设的高效性和实效性。对此，2015年 10 月，国务院出台了《统筹推进世界一流大学和一流学科建设总体方案》，正式提出了"双一流"建设战略目标。① 习近平总书记指出："'两个一百年'奋斗目标的实现、中华民族伟大复兴中国梦的实现，归根到底靠人才、靠教育。"② 党的十九大报告对实现"两个一百年"奋斗目标作出了全面部署，设定了线路图和时间表。③ 高素质的人才资源是我国在国际竞争中取胜的重要力量，也是促进我国发挥后发优势的关键要素。要把我国建设成社会主义现代化强国，必须依托大量的高素质创新型人才，这就要依赖于我国高水平大学特别是"双一流"高校培养的各级各类顶尖人才，因此要加快推进"双一流"建设，培养实现"两个一百年"奋斗目标的建设者、服务者。诚然，要实现上述目标并非一朝一夕之功，"双一流"高校需要加强发展战略规划，以连续的战略规划、持久的战略行动，方能更好更快地实现这些目标。

一、大学战略规划的缘起与发展

战略规划最早应用于企业管理领域，是指企业组织制定短期或长期发展目

---

① 国务院. 国务院关于印发统筹推进世界一流大学和一流学科建设总体方案的通［EB/OL］. 中华人民共和国中央人民政府网，2015-11-05.
② 任少波. 更加重视拔尖创新人才的自主培养［EB/OL］. 中国网，2022-09-09.
③ 朱炳元. 实现"两个一百年"奋斗目标的内在逻辑［J］. 红旗文稿，2018（5）：16-18.

标，并付诸实施，是一个战略性谋划的过程。企业战略规划的制定，一般体现为如下步骤：首先是依据企业所处的环境和自身状况来确定目标，即企业在未来发展中要实现何种层次的目标；其次是制定规划，即采用何种手段、何种措施、何种方法来达到这个目标；最后是将规划的思路形成文本，以备评估，也可为后续规划的完善提供参照。通常，企业可根据战略实施过程与结果的评价来反思和调整规划，以使战略规划更好地实现企业发展目标。

"大学战略"于 20 世纪 60 年代被正式用于大学管理，为大学的管理带来了新思想和新方法。此后，将企业战略计划和战略思维引入高校管理中，战略规划逐渐成为现代大学决策制定、规范运作、高效管理的重要手段。[①] 其中，以西方发达国家为代表的高校为了促进大学的发展，重视并大力推进战略规划的实施，以帮助大学充分利用发展机遇，发挥自身优势，争取更多的资源优势，并合理配置战略性资源，实现高校的跨越式发展，进而成为世界闻名的学府。据统计，美国的大多数高校在 20 世纪中后期已经将发展战略规划运用于大学的管理中，且取得了显著的成效。如卡内基梅隆大学在 20 世纪 60 年代，将企业发展战略的理念运用于大学管理中，在 4 届校长的带领下，制定了面向不同发展阶段的战略规划，通过 30 年左右的时间实现了巨大飞跃，迈进了世界一流大学行列。与之类似的是英、法、澳等国也在高等教育领域进行高校发展战略规划的理论和实践探索，通过加强发展战略规划建设了若干所世界一流大学，并形成了独具特色的世界一流大学发展模式。

对我国而言，高校发展战略规划起步远晚于西方发达国家，自 2003 年教育部长周济明确提出"要在大学中广泛推动高校发展战略规划，学科、队伍和校园建设规划"[②] 开始，我国高等教育领域才重视并推动战略规划。其后，我国直属高校召开了高校发展战略规划研讨会，邀请了大量的战略专家、规划部门领导以及高校领导就如何开展和推进战略规划工作进行深入探讨，广泛交流，提出了一系列具体实用的操作方法。进而，教育部在战略专家、高校领导等的战略规划研究成果的基础上，制定了《直属高校规划指南》。[③] 此后，在国家高校管理部门的推动下，我国各类高校开始贯彻落实发展战略规划工作，以五年为一个时间段来推进战略规划进程，对我国高校的发展起了重要推动作用。经

---

① 陈廷柱. 战略规划之于我国高等学校发展的作用：基于校长与战略规划二者关系的思考 [J]. 高等教育研究，2011, 32 (12)：46-51.
② 周济. 谋划发展规划未来 [J]. 中国高等教育，2003 (2)：3.
③ 教育部直属高校工作办公室. 谋划发展 规划未来：教育部直属高校发展规划工作探索与实践 [M]. 厦门：厦门大学出版社，2003：2-3.

过多年的探索，我国高校在发展战略规划制定和实施中积累了一定的经验，形成了相对合理的发展战略规划制定程序及实践经验。

二、大学发展战略规划的诉求

完善的发展战略规划能为大学提供一套更科学、更有全局观和未来预见价值的发展方案和行动指南，进而能更好地引领我国"双一流"高校找准发展特色、扩大后发优势，进而全面提升大学战略规划管理水平。在世界一流大学的成长过程中可以发现，以斯坦福大学和卡内基梅隆大学为代表的著名高校等通过实施一系列的战略规划和管理，顺利实现了大学的跨越式发展，步入了世界一流大学行列。[1] 2015 年，我国提出了"双一流"建设的目标，其核心任务在于打造若干所具有中国特色的世界一流大学，加快高等教育强国建设的新征程，进而培养出一批创新创业能力强、专业水平精湛的新时代人才，来服务于我国经济社会发展方式的转型和国家综合国力的提升。[2] 实现"两个一百年"、建设高等教育强国目标、加快实施"双一流"是当前至关重要的任务，这就对我国"双一流"高校发展战略规划提出了新的、更高的要求。

大学发展战略规划对大学的发展起到了举旗定向的作用，为加快"双一流"建设，要强化高校发展战略规划工作，充分发挥战略规划的战略性、引领性。当今世界技术迭代的周期缩短，知识经济与数字技术等的发展给原有的社会发展模式带来冲击[3]，高校的发展理念和发展手段也在一定程度上受到了影响。在新冠疫情等的影响下，高校发展面临的外部环境变化呈现出复杂化和不可预测性，故而我国高校需要充分加强战略预测，优化战略规划工作流程，制定更加完善的发展战略规划，以应对复杂环境变化所带来的挑战。在不同时期，大学战略规划必须不断地进行调整和完善。例如，美国卡内基梅隆大学持续更新发展战略规划，以不断适应外部环境变化所带来的挑战。由此可知，大学战略规划通常是动态变化的，随着发展环境的变化大学战略规划也必然要做出一定的

---

[1] 武亚军. 面向一流大学的跨越式发展：战略规划的作用 [J]. 北京大学教育评论，2006 (1)：109-124.

[2] 教育部. 教育部 财政部 国家发展改革委关于印发《统筹推进世界一流大学和一流学科建设实施办法（暂行）》的通知 [EB/OL]. 中华人民共和国教育部官网，2017-01-25.

[3] BAKOGLU R, ÖNCER A Z, YILDIZ M L, et al. Strategy development process in higher education: The case of Marmara University [J]. Procedia-Social and Behavioral Sciences, 2016, 235：36-45.

调整，依托于科学适宜、动态调整的战略规划有助于推动"双一流"建设目标的早日实现。

随着"双一流"建设的推进，我国"双一流"高校达成了建设世界一流大学的战略规划共识，开始制定相应的发展战略规划，以确保"双一流"建设目标如期实现。加快"双一流"建设，是高等教育内涵式发展的必然要求，是需要政府与高校共同参与、密切配合才能实现的一项重大工程，但我国高校现阶段对发展战略规划的重视程度仍然不够，规划引领作用的发挥还略显不足。同时，我国"双一流"高校战略规划存在几个较为突出的问题，如发展战略规划文本的特色不鲜明、对愿景和使命的关注不足、战略实施的过程监管乏力等，这些问题严重影响了高校发展战略规划效能的发挥。基于此，从何种方向去优化我国高校的战略规划，以及如何调整我国高校战略规划来更好更快地实现"双一流"建设目标是当前亟须思考的问题。

由于我国高校发展战略规划起步晚、经验较为缺乏，适当借鉴学习世界一流大学战略规划的经验是可取的，也是非常有必要的，这对于完善我国高校发展战略规划理论、优化战略规划实践来服务"双一流"建设有着重要的现实价值。俯瞰现代大学发展的历史长河，我国高校属于"后发型"高校，故而借鉴后发世界一流大学的战略规划经验比先发世界一流大学更契合我国高校的发展实际和发展需要。通过比较近年来的世界大学排行榜，发现涌现了一批"新形成"的世界一流大学，即原来不在世界大学排行榜前100位而当前进入世界大学排行榜前100位的高校，对这类高校可称为"后发型"世界一流大学。"后发型"世界一流大学是近年来发展迅猛、追赶意识强烈的一批高校，它们通过强化发展战略规划，重视战略管理，采取了一系列战略行动，实施了战略赶超，这类高校的发展战略规划经验对我国高校更具参考价值和借鉴意义。

基于以上分析，值得深思的是大学发展战略规划与"后发型"世界一流大学的发展存在何种联系？"后发型"世界一流大学发展战略规划的制定有何特征？其价值向度、原则与逻辑何在？"后发型"世界一流大学发展战略规划文本内容有何特征？演化规律是什么？"后发型"世界一流大学如何实施发展战略规划？"后发型"世界一流大学发展战略规划对我国"双一流"建设有何种启示？这些问题恰好是本研究缘起的逻辑要素。深入考察和系统解析上述问题，是本研究展开理论分析的必要元素，也是完善我国高校发展战略规划来加快推进"双一流"建设的现实所需。

第二节 研究目标与意义

一、研究目标

本研究的目标可分解为以下几个子目标：

一是通过对 2010 年和 2020 年 THE（Times Higher Education world University Rankings）、QS（Quacguarelli Symonds World Universitity Rankings）、ARWU（Shanghai Ranking's Academic Ranking of world Universities）三大世界大学排行榜的统计，遴选出 2010 年未在三大排行榜前 100 名而 2020 年却进入三大排行榜前 100 名的大学，得出"后发型"世界一流大学的样本。二是对"后发型"世界一流大学战略规划制定进行考察，剖析规划制定的基本原则、一般程序、价值取向和逻辑。三是对"后发型"世界一流大学战略规划文本内容进行剖析，解析规划文本的框架及内容特征，并从动态的视角探究战略规划演化的规律。四是对"后发型"世界一流大学战略规划的实施进行剖析，包括实施步骤、实施保障、实施特征、战略理念及实施成效等。五是探究"双一流"高校战略规划的现状及问题，结合国外"后发型"世界一流大学战略规划的经验，归纳演绎出对我国"双一流"建设的启示。

二、研究意义

（一）理论意义

本研究以后发优势理论、战略管理理论、生态学理论和资源基础理论这四个理论为基础，并针对所选取的"后发型"世界一流大学样本进行案例研究，通过对这类高校的战略规划文本对比分析，可以挖掘出战略规划文本的共性特征，从而进一步丰富高校战略规划研究的理论视角；同时，可从理论上分析世界一流大学建设的一些必备要素，为我国高水平建设世界一流大学提供理论指导。本研究从发展变化的视角出发，从整体上把握"后发型"世界一流大学战略规划的演变过程，了解其演化特点、趋势和规律，厘清演化的层次要素及其关系，并深入探索战略规划的制定与世界一流大学建设的关联性，从理论上探索我国应采取何种发展战略来建设世界一流大学，又将制定何种战略规划来充分发挥我国高水平大学的后发优势，最终实现"双一流"建设的目标。

（二）现实意义

"后发型"世界一流大学作为一种特殊的世界一流大学类型，受到越来越多的关注。通过分析其战略规划的文本特征及实施成效，总结归纳"后发型"世界一流大学战略规划文本制定、战略实施中的有益经验与做法，可以为我国"双一流"高校制定科学合理的规划提供经验借鉴。在"双一流"背景下，我国"双一流"高校也纷纷制定了相应的发展战略规划，其战略规划的文本是否起到较强的战略引领作用值得高度关注。研究"后发型"世界一流大学战略规划，也可以进一步厘清我国"双一流"高校的后发优势，适当调整发展战略，准确把握战略规划应该包含的要素及其关系，合理地调整"双一流"高校战略规划，帮助"双一流"高校提高自身的竞争优势，缩小与国际顶尖大学的差距。研究"后发型"世界一流大学发展战略规划的演化机理，同时从中归纳出战略规划演变的特征和趋势，并试图剖析其战略规划文本演变的内在原因，以探究战略规划文本不断调整的依据参考和价值向度，从而为优化我国"双一流"高校发展战略规划工作提供依据和方向，不断改进战略规划的制定程序，优化规划文本的结构和内容，从而在战略规划实施中发挥更大的作用。

第三节 国内外相关研究

为了对国内外学者的相关研究形成完整认识，本研究通过图书馆信息查询系统以"大学发展战略""大学战略规划""世界一流大学"为关键词查阅相关的专著、期刊、报刊等，获取相关的纸质资料，并进行文献阅读和整理。同时，本研究还通过 CNKI、百度学术、谷歌学术、读秀等文献搜索平台以"后发型""大学发展战略""大学战略规划""世界一流大学"等为关键词进行检索，获取相关电子文献；还在 Web of Science、Springer 等数据库以"University Development Strategy""University Strategic Planning""Strategic Planning of World-class Universities"等为关键词搜索相关英文电子文献，以充分了解前人所做的世界一流大学发展战略规划相关研究。经过对相关文献的梳理，可将已有的研究内容归纳为以下部分。

一、关于大学发展战略的研究

（一）关于大学发展战略的内涵及特征研究

当前，关于大学发展战略的研究较多，但不同学者对大学发展战略的内涵和特征持有不同的观点。滕曼曼指出，大学发展战略是大学充分利用各种资源和力量对大学发展全局进行全面分析和准确把握，以合理控制不确定因素，使大学规避发展误区，将发展愿景从理想转变为现实，发展战略具有面向大学未来、引领大学发展等特征。① 毛亚庆认为，大学的发展战略可以帮助其提升核心竞争力，主要包括管理能力、创新能力等。② 吴兰平认为，大学发展战略的核心要素是提高学术生产力，具体表现在学术文化、经费投入等方面。③ 别敦荣从研究型大学所处的生态系统出发，认为研究型大学的发展战略需把握三大要素，即坚持理念引领、人才创新、制度优化。④ 任增元和冯振业研究了教学服务型大学发展战略，并深度探究了其发展战略的特征所在。⑤ 刘军仪探究了美国高校发展战略的特色，并提出相关建议，即确保战略规划透明公开、吸引更多主体参与、高效配置战略资源等。⑥ 韩双森等学者分析了英国高校发展战略的特征，提出跨学科社会服务是英国顶尖大学发展战略的一大重要特征。⑦ 别敦荣分析了高校发展战略的内涵，并研究其核心所在，分析其发挥的作用如何，并提出高校发展战略必须具备五大基础要素，阐述了发展战略规划的设计思维和制定方法。⑧ 刘献君和陈志忠认为大学发展战略的重要性不言而喻，发展战略归根结底要体现出理念、制度、文化、资源和队伍等多个方面的特征，并分析了战略规

---

① 滕曼曼. 大学发展战略的本质特征及其现实转化[J]. 黑龙江高教研究, 2017 (6): 1-3.
② 毛亚庆. 论市场竞争下的大学发展战略[J]. 北京师范大学学报（社会科学版）, 2004, 182 (2): 30-35.
③ 吴兰平. 高水平研究型大学国际竞争的核心要素[J]. 华北电力大学学报（社会科学版）, 2009 (2): 128-132.
④ 别敦荣. 我国研究型大学的发展定位与战略：基于华中科技大学的实践探索[J]. 北京大学教育评论, 2009, 7 (1): 63-69, 189-190.
⑤ 任增元, 冯振业. 教学服务型大学的战略定位与建设路径研究[J]. 高等农业教育, 2015 (5): 14-17.
⑥ 刘军仪. 美国大学开展战略规划的经验及启示[J]. 教育发展研究, 2011, 31 (23): 14-18.
⑦ 韩双森, 谢静, 汪辉. "跨学科社会服务"与研究型大学人文社会科学发展：基于英国顶尖大学的战略规划和战略地图分析[J]. 江苏高教, 2020 (11): 47-54.
⑧ 别敦荣. 高校发展战略规划的理论与实践[J]. 现代教育管理, 2015 (5): 1-9.

划、战略实施、战略评估一般会面临的问题以及对策。①

(二) 关于大学发展战略的实施研究

近年来,国际高等教育的竞争日趋激烈,大学发展战略逐渐成为高等教育领域的热门话题,在制定了大学发展战略后,如何实施大学发展战略引起了学者们的关注,这对大学的发展至关重要。刘松先认为对地方高校而言,注重大学发展战略的实施有利于其核心竞争力的培育,具体从整合优质资源、打造学校特色与地方优势相结合、持续改进管理与创新人才合作关系等方面来实施。②杨克磊提出研究型大学核心竞争力的实现,需要通过制定多方面的战略,具体包括打造优势学科、建设学科群、建立良好的大学管理体制、畅通大学治理运行机制、打造有中国特色的大学口碑、加速推进国际化进程、构建开放自由的学术精神、培养自主宽容的创新环境等。③需要把握的是在实施发展战略过程中,以体制机制的优化为主导,同时通过战略规划的实施与检测,逐步凝聚大学发展的特色和优势,进而不断提升其核心竞争力,以此来实现发展战略的顺利实施。周小波等学者对西部地方院校进行探究,发现其竞争力存在的主要问题,并提出需从清晰定位、提升质量、拓展合作、革新制度、凝练特色等方面进行考虑和加强。④ 对研究型高校而言,要有效提升其竞争力,必须重视并加强大学发展战略规划,针对不同的发展阶段制定合理的发展目标,并采取有效可行的战略行动来凸显发展优势,从而提升其影响力。陈涛在研究中指出大学发展战略实施至关重要,实施的成效亦是对战略管理过程的全面反映。因此,需要以大学战略管理思想指导发展战略实施,注重策略和谋划,良好策略的实施将大大提高战略实施的效率,从而较好实现战略目标。⑤蒋华林和邓绪琳分析了我国高校在实施创新驱动发展战略中发挥着至关重要的作用,战略实施过程中面临着自主办学活力不足、理念更新缓慢、治理结构不科学、科技研发与现实结合度不足等问题。由此高校应更新并运用"创业型大学"办学理念,以"创业型大学"作为大学的核心价值取向,配置"创业型大学"的精神文化;改革

---

① 刘献君,陈志忠. 论战略管理与大学发展 [J]. 高等教育研究,2016,37 (3):13-20.
② 刘松先. 基于波特竞争模型的地方高校核心竞争力研究 [J]. 山西财经大学学报 (高等教育版),2008,11 (2):23-25.
③ 杨克磊. 研究型大学核心竞争力战略规划研究 [J]. 天津师范大学学报 (社会科学版),2010 (1):73-76.
④ 周小波,王成端,谢鸿全,等. 西部地方院校大学竞争力与发展战略研究 [J]. 中国高教研究,2011 (1):63-65.
⑤ 陈涛. 论大学发展战略的实施策略 [J]. 高等理科教育,2013 (5):8-14.

内部治理结构，构建新型"三螺旋"关系；坚持面向社会的发展需求，完善科技研发体制和制度等，进而全面提升其创新能力。①

二、关于大学战略规划的研究

（一）关于大学战略规划的理论研究

国内外学者从不同的角度，运用丰富的研究方法开展了较为丰富的大学战略规划理论研究，并呈现从外延式转向内涵式的趋向。② 其中，相关的研究成果主要集中于以下几方面。

第一，大学战略规划概念和内涵的辨析。刘献君提出，大学战略规划是对大学内外部环境、资源及能力等进行的全面分析，以此为基础来确定学校的发展使命和愿景，并确定短期或长期发展目标，进而采取恰当的战略选择、制定适切的发展规划全过程，这个过程是较为复杂且十分重要的。③ 唐汉琦在研究中指出，基于大学管理的角度分析，大学战略规划是一种新兴的、面向未来的、有战略意义的大学管理方式。它综合运用经营、领导、战略、行政等多种管理理论或规划技术，以促进大学战略规划的推进，发挥了积极的作用并产生了显著的正向影响。④ 布拉德利（Andrew P. Bradley）提出，由于不同的大学面临的外部环境是不同的，故而其战略规划也存在较大的差异。大学发展战略规划并不是以追求时尚为目的，而是要根据自身的基础和特色来制定，能够给大学自身发展带来积极影响的才是好的战略规划。⑤ 密尔（Minnaar A）认为，大学战略规划能推动大学的变革，各个高校应持更加积极的态度来制定战略规划。⑥ 亚历山德拉（Alexandra Shubenkova）认为在某种层面上，战略管理和战略规划的意义相近，包括制定、实施等程序。国内外学者对战略规划的界定存在一定差异，但都反映出战略规划的重要性。

---

① 蒋华林，邓绪琳. 创业型大学：高校引领支撑创新驱动发展战略实施的模式选择 [J]. 高等工程教育研究，2016（6）：32-36.
② 段肖阳. 大学战略规划范式的转变：从外延式到内涵式 [J]. 黑龙江高教研究，2022，40（2）：14-18.
③ 刘献君. 高等学校战略管理 [M]. 北京：人民出版社，2008：82.
④ 唐汉琦. 大学发展战略规划的功能探析 [J]. 现代教育管理，2015（1）：34-37.
⑤ BRADLEY A P. Talent management for universities [J]. Australian Universities, Review, 2016, 58（1）：13-19.
⑥ MINNAAR A. Challenges for successful planning of Open and Distance Learning（ODL）：A template analysis [J]. International Review of Research in Open and Distance Learning, 2013, 14（3）：81-108.

第二，对大学战略规划的具体特征进行总结归纳。如顾雨竹和贾启君对香港一流大学战略规划进行剖析，发现其具有发展定位精准、发展目标明确、制定过程科学等优点，同时可知其跨学科教育和研究的发展起步早、力度大等。①别敦荣认为，"大学战略规划"是面向未来做出的发展预测，其设计过程体现出较强的系统性、战略性，并且立足于大学发展的基础而设定，具有引领大学未来、推动大学科学发展的功能。②同时，还分析归纳了战略规划与其他一般计划的异同，指出战略规划对环境分析更为重视，且通常依据外部环境的变化来调整战略方向，并对大学变革的方向进行预测、调整大学治理体系等。③刘献君指出定位是战略的核心，而战略的精髓在于注重舍弃、不求全求大，主要特点是战略性、前瞻性，主要包括战略目标、重点、措施和阶段等要素。④艾米（Amy）等学者认为，战略规划和战略监测两个环节都要高度重视，并且随着大学在发展战略实施过程中做出阶段性目标调整后，对战略监测的相关标准也要做出改变。⑤萨马（Sama）等学者认为，在经济全球化等形势下，大学的发展战略规划不可避免会受其影响，故而需要对外部环境和内部条件进行综合分析后做出战略性安排和部署，并致力于将大学的办学水平提升至世界一流的高度。⑥从国内外研究情况来看，大学战略规划的具体特征存在一些相同的地方，欧美国家的大学战略规划起步早，较我国更为成熟，研究成果也更为丰富。

第三，对大学战略规划意义的研究。大学战略规划可以引领大学的发展，并且推动大学持续向一个较高的目标前进。通常而言，有详尽战略规划的高校往往有着一定的发展优势，其发展进程也优于尚未制定战略规划的高校。蔡克勇率先提出适切的战略规划能促进大学取得意想不到的发展成就，故而高校发展的一大关键要素就是制定科学、合理的发展战略规划。⑦蒋凯等学者提出，大学战略规划能帮助大学认清办学方向，对发展前景形成更为全面的认识，能更

---

① 顾雨竹，贾启君. 香港一流大学战略规划研究［J］. 高等教育评论，2018（2）：132-142.
② 别敦荣. 论大学发展战略规划［J］. 教育研究，2010，31（8）：36-39.
③ 别敦荣. 欧美国家的大学战略管理［J］. 高等教育研究，1993（1）：91-95.
④ 刘献君. 论高校战略管理［J］. 高等教育研究，2006（2）：1-7.
⑤ SUHAEMI M E, AEDI N. A management strategy for the Improvement of private Universities lecturers' professional competences ［J］. International Education Studies, 2015, 8（12）: 241.
⑥ ASKARKYZY S, TOIBAYEV A, ALGOZHAEVA N, et al. Result–Oriented management: The experience of Kazakhstani Universities. ［J］. International Journal of Environmental and Science Education, 2016, 11（18）: 11699-11708.
⑦ 蔡克勇. 战略规划：高等学校发展的关键［J］. 交通高教研究，2003（4）：32-36.

好地把握大学发展的步伐，进而在办学过程中更具目标性、实效性和控制力。①万秀兰指出，大学战略规划的制定依据是高校的发展环境，如何在复杂的环境中获取优势资源，这是大学战略规划关注的重点。②周巧玲等学者发现，大学战略规划对大学的教学、管理等各个环节都发挥了核心作用，故而在制定规划过程中需要充分收集相关信息和数据，为大学发展的各个具体办学指标的目标和任务设置提供有力支撑。③Tess Howes 提出，作为 1988 年联邦政府高等教育改革的一部分，澳大利亚大学引入了大学战略规划，促进了澳大利亚大学从学院向现代企业大学的转型。④

（二）关于大学战略规划实践的研究

在大学战略规划备受重视的时代背景下，大学战略规划实践、实施也受到了更多学者的重视。

一方面，较多学者针对国内大学战略规划的制定、实施情况进行了探索。有学者对多种类型高校战略规划的实施情况展开调查，发现其在规划实施过程中的问题存在显著差异，并从战略规划的角度阐述了管理体制改革、办学自主权扩大的重要性和紧迫性。为进一步推进战略学科发展，防范战略风险，结合国内外经济、社会、科技和教育中长期战略规划的实践，高书国梳理和分析了战略规划中的陷阱，如战略误判、假公济私、群体风险、成长陷阱、中间换人等。⑤别敦荣认为，在大学战略规划实践过程中，要注意关键信息采集的深度和广度，要建立全员参与的实施机制，在实施过程中协调各个子规划，形成强大的战略规划执行力等。⑥在战略规划实施中，通常会产生规划文本与实践行动不协调的情形，故而要针对遇到的问题合理调整目标方略，不能一味死板地遵循战略规划文本。同时，还有学者提出战略过程实施中领导的作用是十分关键的，强有力的顶层设计，往往会在战略实施中形成强大的执行力。根据战略实施的

---

① 蒋凯，马万华，陈飞. 应对国际化的挑战：大学战略规划与战略管理 [J]. 北京大学教育评论，2007（1）：31.
② 万秀兰. 国外高校战略规划的研究及借鉴 [J]. 上海高教研究，1998（5）：42.
③ 周巧玲，赵文华. 大学战略规划在我国高等教育管理中的作用 [J]. 高等教育研究，2006（6）：17.
④ HOWES T. Effective strategic planning in Australian universities: How good are we and how do we know? [J] Journal of Higher Education Policy and Management, 2018, 40（5）：442-457
⑤ 高书国. 战略规划十大陷阱：中长期规划决策、制定和参与风险分析 [J]. 教育科学研究，2012（8）：24-31.
⑥ 别敦荣. 制定发展战略规划，适应高等教育变革 [N]. 中国教育报，2007-8-12.

安排，大学的相关职能部门往往需要做出相应的调整，以有效提升战略实施的协同性，强化战略执行、保障实施效率。陈金凤提出，影响大学发展战略规划实践的两大核心要素是组织领导力和战略执行力。① 刘献君认为，战略实施恰好是高校战略管理过程中最核心的环节，高校通常需要分解战略规划目标，才能在实施中有较为明确的参照；同时，在实施中要将战略目标与学校各项工作部署进行有效衔接，并对规划实施情况进行监测，使高校领导及时掌握规划实施的动态情况和工作进度，进而根据实施情况存在的问题做出相应的调整。② 陈德敬认为，大学战略规划面临多重挑战：一方面是高校自身对战略规划的认识把握不足，且缺乏较高水平的战略规划制定和实施能力；另一方面是战略规划在实施过程中难以将高远的战略目标转化为现实的行动等。③

另一方面，越来越多的研究者开始关注国外大学战略规划的研究，比较分析国外一流大学在战略规划实践中的经验是极有意义的。张弛以国外一所世界一流大学为例，挖掘了大学战略规划的特征，即战略规划工作与评估认证共同进行、相互促进；子规划与总体规划保持对接，在战略实施中建立了反馈机制，通过及时反馈使战略规划整个流程可监控、可测度。④ 魏海苓以卡内基梅隆大学为例，深入探讨其战略规划的特点和实施经验，提出科学的战略领导是战略实施成功的核心要素，这是因为战略领导的合理性、高效性、全面性决定了战略规划能否取得理想的成效；同时，高校的整体发展理念和逻辑也会对战略规划的实施环节造成影响，规划过程的科学化和民主化可确保战略实施更易切中要害，也更好发挥其作用。⑤ 刘念才等学者将中外大学的战略规划进行对比，发现英美高校战略规划的相关经验值得借鉴，如有力的顶层设计决定了规划思想的先进性，鲜明的规划特色决定了规划功能发挥的高效性，并且规划目标通常是便于测量的，对总体规划的分解也十分细致，便于将规划落实落地，同时在实

---

① 陈金凤. 领导力和执行力：影响大学发展战略规划有效性的核心要素 [J]. 重庆行政，2021，22（6）：90-93.
② 刘献君. 大学校长与战略：我国大学战略管理中需要研究的几个问题 [J]. 高等教育研究，2006（6）：1-7.
③ 陈德敬. 高校战略规划的内涵要求与实施分析 [J]. 辽宁教育研究，2007（10）：23-25.
④ 张弛. 美国研究型大学战略规划工作探析：以威斯康星-麦迪逊大学为例 [J]. 高等教育研究，2005（10）：99-105.
⑤ 魏海苓. 战略规划与大学发展：以卡内基梅隆大学（CMU）为例 [J]. 比较教育研究，2007（9）：57-61.

施中还有明确的监控机制等。① 刘辉对澳大利亚高校战略规划进行了深入剖析，发现其存在对大学组织特点的良好把握，对内外部环境的全面分析，规划文本兼具共性和个性特征，利益群体参与战略规划的渠道畅通，发展战略规划的制定自主灵活等特征。②

三、关于世界一流大学的研究

经过对国内外关于世界一流大学研究的文献的梳理，发现相关的研究较为丰富，关注的焦点主要集中于概念内涵与特征、路径等方面。

（一）关于世界一流大学的概念内涵及其特征研究

世界一流大学这一概念由来已久，但学术界对这一概念尚未形成统一的认识，目前也尚无公认的定义，且这一概念的内涵和外延极为丰富。丁学良从世界一流大学的标准、理念、精神气质以及与国家社会的关系等方面论述世界一流大学，世界一流大学必须是研究型大学，其办学理念汇集了不同历史时期大学的发展理念，且在学术声誉、人文氛围、办学环境等指标上表现优异；同时，具有较高的国际化发展水平。③ 菲利普·阿特巴赫（Philip G. Altbach）认为，具备宽松自由的学术氛围、完善的教学设施、一流的研究水平、丰富的办学资金以及良好的管理体系的学校可称为世界一流大学。④ 韩立文等在研究中指出，如果世界一流大学的办学水平可以通过大学排名的名次来反映，那么大学排名的指标体系和相关参数是非常重要的，这正是判定世界一流大学的依据所在。⑤ 刘念才指出，位居世界大学排行榜前100名的大学可被称为世界一流大学。⑥ 张洪亚提出，一流的教师、卓著的科研成果、高素质的学生、一流的人才培养质量、对社会发展有突出贡献等是世界一流大学的重要体现。⑦ 在关于世界一流大

---

① 刘念才，周玲. 中外大学规划：比较与借鉴［M］. 上海：上海交通大学出版社，2007：4-6.
② 刘辉. 澳大利亚大学战略规划：探究与启示［J］. 高等教育研究，2005（12）：83.
③ 丁学良. 什么是世界一流大学［J］. 高等教育研究，2001（3）：4-9.
④ 阿特巴赫，覃文珍. 世界一流大学的成本与收益［J］. 北京大学教育评论，2004（1）：29.
⑤ 韩立文，程栋昱，欧冬舒. 什么是世界一流大学［J］. 北京大学教育评论，2006（4）：101-129.
⑥ 刘念才，SADLAK J. 世界一流大学：特征·排名·建设［M］. 上海：上海交通大学出版社，2007：248.
⑦ 张洪亚. 中国高校创建世界一流大学研究：文献回顾及进路展望［J］. 北京工业大学学报（社会科学版），2022，22（2）：23-37.

学的特征方面，国内外学者对一些有影响力的世界一流大学的共同特性进行比较和归纳。徐祖广提出，世界一流大学的表现特征除了人才培养、科学研究、师资队伍建设外，还表现在大学组织管理体制、校风学风等方面。① 一般而言，国际社会主要关注一所大学是否为著名高校联盟的成员，以此为依据来判断可否称其为世界一流大学，主要包括国际研究型大学联盟等。张炜对世界一流大学的特征进行了归纳提炼，他提出世界一流大学的特征不仅体现在学术自由方面，还包括世界一流的办学历史、学科设置、治校水平等。② 袁广林认为，世界一流大学的一大显著标志是培养大量的领导型人才，并在引领人类社会的发展上发挥关键作用，这是应有的使命和担当。③ 史文欣和耿有权指出，世界一流大学有一个显著的特征是高水平的大学校长。④ 王亮提出，世界一流大学能发挥较强的引领性作用，具体表现在先进的科学研究、一流的文化引领、卓越的人才培养、广泛的国际交流和社会服务等方面，同时还具备会聚了学术大师、显赫的学术声誉、顶尖的学科水平、充裕的科研经费、有重大影响力的科研成果、一流的学生和高度国际化等特征。⑤ 由此可知，尽管不同的学者对世界一流大学的认识存在一定的差异，但世界一流大学的共性特征主要体现在一流的大师、优异的学生、卓越的研究、充足的资金等方面。

（二）关于世界一流大学的建设路径研究

由于世界一流大学建设对推动国家发展的作用十分重要，所以对于如何建设世界一流大学这一议题引起了国内外学者的共同关注。整体分析发现，国内外学者认为世界一流大学建设需要从"软实力"和"硬实力"两个维度出发，方能实现建设目标。李仙飞对世界一流大学的成长过程进行分析，发现世界一流大学的形成需要较长的时间累积，部分世界一流大学的形成是一系列自主变革、锐意进取的结果。⑥ 蓝劲松指出，世界一流大学建设的关键在于有好的办学

---

① 徐祖广. 创建世界一流大学：历史的责任与实践的偏差［J］. 清华大学教育研究，1997（4）：66-72.

② 张炜. 世界一流大学的共性特征与个性特色［J］. 中国高教研究，2016（1）：61-64.

③ 袁广林. 国际经验与中国道路：中国世界一流大学建设的路径分析［J］. 现代教育管理，2020（1）：21-28.

④ 史文欣，耿有权. 美国前50名世界一流大学校长素质特征研究［J］. 东南大学学报（哲学社会科学版），2021，23（S2）：151-154.

⑤ 王亮. 世界一流大学建设的内涵、理念及路径研究［J］. 中国高校科技，2022（Z1）：12-16.

⑥ 李仙飞. 中国建设世界一流大学研究综述［J］. 清华大学教育研究，2005（2）：82-87.

理念和一套良性的大学建设机制。① 胡华提出，世界一流大学建设要从多方面入手，具体包括不过度依赖排名，厘清大学发展的方向；强化学科特色，完善学科结构；坚守中国特色，加强人才培养；优化师资建设，提升研究水平等。② 张淑林等学者从大学排名视角对世界一流大学的建设进行了深度剖析，指出我国高校与世界一流大学的差距，提出从改革教师考核评价体制、增加资源投入与利用、更新社会服务理念、高水平推动国际化等方面推动世界一流大学建设。③ 王亮认为要建设世界一流大学，就需要营造良好的外部发展环境，政府提供制度、资金等支持；而高校要优化管理模式、改良教学方法、创新科学研究、建立全球声誉和推进更深入的国际化等。④ 许长青和岳经纶认为，对粤港澳大湾区而言，建设世界一流大学需要更新理念、完善制度、协同合作，同时要创新高等教育政策体系，在办学实践中贯彻运用新发展理念。⑤

（三）关于大学排行榜及世界一流大学位序变动研究

为了更直观、更具体地对世界一流大学进行研究，国内外部分学者提出以世界大学排行榜为分析依据，并通过大学排名的位次变动情况来研究世界一流大学。有学者提出，世界一流大学不是固定不变的，这一群体在不断发展和调整，并且评价的方法和指标体系也会随之调整，使用世界大学排行榜可为开展世界一流大学的相关研究提供新思路。Philip G. Altbach 和 J. Salmi 指出，在难以判定是否为世界一流大学的情形下，可以通过受国际认可的大学排行榜来分析。⑥ 刘念才等根据大学排行榜提出，世界顶尖大学位于前 20 名，世界一流大学位于前 100 名。⑦ 世界大学排名较早的是 ARWU，其后有 US News、QS、THE 等全球性大学排行榜。依据部分学者对大学排行榜的分析，可将综合实力处于

---

① 蓝劲松. 办学理念与运作机制：世界一流大学建设的关键［J］. 高等教育研究，2001 (5)：17-20.
② 胡华. 世界大学排名视域下我国世界一流大学建设路径研究［D］. 郑州：郑州大学，2020.
③ 张淑林，崔育宝，李金龙，等. 大学排名视角下的我国"世界一流大学"建设现状、差距与路径［J］. 清华大学教育研究，2018，39 (1)：24-34.
④ 王亮. 世界一流大学建设的内涵、理念及路径研究［J］. 中国高校科技，2022 (Z1)：12-16.
⑤ 许长青，岳经纶. 新发展理念下粤港澳大湾区世界一流大学建设：国际经验与路径选择［J］. 高教探索，2021 (12)：5-13.
⑥ ALTBACH P G, SALMI J. The road to academic excellence: The making of World-Class research Universities［R］. Washington: The World Bank, 2011: 11-32.
⑦ 刘念才，程莹，刘莉，等. 中国名牌大学离世界一流有多远［J］. 高等教育研究，2002 (2)：19-24.

若干最具影响力的世界大学排行榜前 100 位的大学称为"世界一流大学"。① 赵江涛等学者基于 ARWU、QS 和 THE 分析我国"双一流"高校的排名情况,以此发现我国"双一流"建设的成就与不足,进而提出有针对性的建议。② 胡华基于 ARWU、QS、THE 来探索我国世界一流大学的建设路径。③ 一些学者经过研究发现,就单一的大学排行榜而言,处于前 100 位的大学排名位序变动幅度非常小。有学者对 US News 排行榜的研究表明,具备一定国际声誉的美国公立大学的排名在近 7 年来没有出现明显的变化。郭丛斌和孙启明指出,世界一流大学整体实力较强,且具有显著的竞争优势。④ 杨天平和刁清利在研究中发现,自 2016 年以来,我国 42 所"双一流"高校在世界大学排行榜中的排名提升显著,且稳定性得到增强,但位于前 100 名的大学数量少,尚未出现排名位于前 10 名的大学,且排名分布集中于 101~500 名,少数大学排名靠后。⑤ 另外,有学者比较了两个及以上的大学排行榜,发现前 100 位的大学排名存在一定的变动空间,部分大学被取代,新进入前 100 名的大学也在情理之中。有学者运用回归分析法,发现在世界大学排行榜中,排名在前 50 的大学波动性较小,排名在 50 以外的大学波动性较大。Kivinen 等学者对五个世界大学排行榜进行了分析,发现排名较靠前且排名较稳定的大学多分布在以英语为母语的国家,而其他非英语国家的大学排名则起伏性较大。刘路和刘志民对 2005 年、2015 年 THE、ARWU、QS 排行榜进行分析,发现有 10 所"进步型"高校进入前 100 名,其原因在于由政府发起的一流大学建设计划有政策支持、数量充足且稳定的经费投入、高校层面自主制定和实施的世界一流大学战略规划。⑥ 赵江涛和胡华基于 QS、ARWU、THE 三个世界大学排行榜,深入分析了我国"双一流"高校的排名情况,发现我国"双一流"高校总体排名有所提升;在具体维度上,

---

① 刘路,刘志民. 世界一流大学 10 年排名位序变动性研究:基于 2005 年、2015 年 THE、QS、ARWU 的数据 [J]. 高等工程教育研究,2017 (3):179-180.
② 赵江涛,胡华. 世界大学排名视域下我国"双一流"高校的建设成效与差距 [J]. 高教探索,2021 (7):27-33.
③ 胡华. 世界大学排名视域下我国世界一流大学建设路径研究 [D]. 郑州:郑州大学,2020:1-5.
④ 郭丛斌,孙启明. 中国内地高校与世界一流大学的比较分析:从大学排名的视角 [J]. 教育研究,2015,36 (2):147-157.
⑤ 杨天平,刁清利. 基于五大排名分析的我国世界一流大学建设:进展、成效与不足 [J]. 浙江师范大学学报(社会科学版),2022,47 (1):88-99.
⑥ 刘路,刘志民. 世界一流大学 10 年排名位序变动性研究:基于 2005、2015 年 THE、QS、ARWU 的数据 [J]. 高等工程教育研究,2017 (3):179-180.

与国外世界一流大学相比,我国"双一流"高校需要加强卓越研究和国际化。①

（四）关于"后发型"世界一流大学的研究

近年来,一批"新形成"的世界一流大学群体进入学者的视野,部分学者将其定义为"后发型"世界一流大学,相关的研究主要聚焦于"后发型"世界一流大学的研究生教育、治理、建设路径、经费投入与排名变动关系等。乔学斌等学者以南洋理工大学为例,分析了"后发型"世界一流大学在人才培养、国际合作、科学研究等方面的实践经验,并提出了我国需要创新管理模式、改进发展理念等启示。② 刘路和刘志民从价值、制度及行动三个维度分析了"后发型"世界一流大学治理,并从这三个维度提出了对完善中国一流大学内部治理的启示。③ 刘志民等学者以"后发型"世界一流大学为样本,分析了大学可持续发展的指标体系,并为大学的可持续发展提供了建议。④ 薛珊和刘志民以新加坡两所大学为例,对"后发型"世界一流大学的建设路径进行了探索,具体包括加强战略规划、提升治理水平等。⑤ 高铭和刘志民以"后发型"世界一流大学为例,对政府投入与大学排名关联性进行了分析。⑥ 高铭根据2009年和2018年世界大学排行榜的变动情况,筛选了8所"后发型"世界一流大学样本,并深入剖析这类学校的经费投入与排名关联情况,发现不同的经费支出结构对排名的影响具有一定的差异。⑦ 薛珊和金玉蓉以"动因—战略—行动"为分析框架,对新加坡两所"后发型"世界一流大学的国际化发展进行深入剖析,总

---

① 赵江涛,胡华. 世界大学排名视域下我国"双一流"高校的建设成效与差距［J］. 高教探索,2021（7）:27-33.
② 乔学斌,陈伟,胡广来. 后发型世界一流大学的实践与启示:以南洋理工大学为例［J］. 江苏高教,2014（6）:156-157.
③ 刘路,刘志民."后发型"世界一流大学内部治理研究［M］. 南京:东南大学出版社,2019:1-3.
④ LIU Z M, MOSHI G J, AWUOR C M. Sustainability and Indicators of Newly Formed World-Class Universities（NFWCUs）between 2010 and 2018:Empirical Analysis from the Rankings of ARWU, QSWUR and THEWUR［J］. Sustainability, 2019, 11（10）:2745.
⑤ 薛珊,刘志民."后发型"世界一流大学建设的路径及启示:以新加坡两所大学为例［J］. 高校教育管理,2019（4）:27-38.
⑥ 高铭,刘志民. 政府投入与大学排名关联性分析:以"后发型"世界一流大学为例［J］. 高教发展与评估,2019,35（6）:11-19,28,107-108.
⑦ 高铭."后发型"世界一流大学经费支出结构对比分析［D］. 南京:南京农业大学,2020.

结提炼了两校国际化战略及行动特征，并提出对我国的启示。① 杜燕锋和李晶以两所"后发型"世界一流大学为例，对其研究生教育特征进行了深入分析发现，在定位上，追求卓越与服务社会相协调；在研究生招生上，数量与质量并重；在研究生培养上，多主体协同育人，全过程监控，以保障人才培养的质量。② 张抗抗和杜静对四所国外"后发型"世界一流大学人才培养体系进行比较，发现这类大学人才培养体系具有以学生为中心的课程教学、显著的社会服务意识、多元主体协同育人等特征。③

四、关于世界一流大学发展战略规划的研究

近年来，世界一流大学建设受到学术界的广泛关注，尤其是关于建设对策的探索成果丰硕。由于战略规划对世界一流大学建设的重要性日益凸显，关于世界一流大学战略规划的研究也逐渐丰富起来。20世纪90年代以来，中国已经推出几项旨在创建世界一流大学的国家学术卓越计划。这些项目为中国大学几十年来的成就做出了贡献，对中国高等教育领域研究产生了深远的影响。赵凯（Kai Zhao）等学者以"双一流"建设为研究对象，评估该战略对中国一流大学多元化发展的影响；借鉴制度组织理论，分析了该制度如何在发展规划中为"双一流"设定目标；面对国内同行对"双一流"有限名额的激烈竞争，我国高校在寻求突出竞争优势的同时，也有着不同的目标和定位。④

为了深入研究世界一流大学的战略规划，部分学者基于对规划文本的剖析来分析世界一流大学的战略理念及战略行动。强建周对卡内基梅隆大学连续30年来的战略规划进行了深入剖析，发现该校的战略规划呈现系统性战略谋划、引领师生行动、强化实践指向等特征，并阐述了我国可以借鉴的经验。⑤ Han等

---

① 薛珊，金玉蓉."后发型"世界一流大学国际化发展：动因、战略及行动——基于新加坡两所大学的案例分析[J].沈阳师范大学学报（教育科学版），2023，2（1）：37-46.

② 杜燕锋，李晶.后发型世界一流大学研究生教育的特征及镜鉴[J].高教探索，2021（10）：62-67.

③ 张抗抗，杜静.国外后发型世界一流大学人才培养体系的比较及启示[J].黑龙江高教研究，2021，39（10）：74-80.

④ ZHAO K, YOU Z. Isomorphism, Diversification, and Strategic Ambiguity: Goal setting of Chinese higher education Institutions in the Double World-Class Project[J]. High Educ Policy, 2021, 34: 841-860.

⑤ 强建周.世界一流大学战略规划的启示与借鉴：以卡内基梅隆大学为例[J].西安电子科技大学学报（社会科学版），2021，31（3）：108-116.

学者对 38 所世界一流大学的国际化战略进行类型学分析,运用战略地图法建立了大学国际化战略的通用模型,发现有效的战略管理是大学国际化发展的关键。① 郄海霞等学者针对牛津大学和帝国理工学院的战略规划,挖掘其遵循的战略规划制定特征,即根据自身的发展定位把握战略方向,通过多维度、多层面的分析来做出战略选择,以多要素协同、多主体参与的方式付诸战略实施。② 宋永华等学者总结分析了美英顶尖大学的战略规划,发现世界一流大学做出了长远的战略承诺,并做出兼具共性与特色的战略选择,同时按照一系列详尽、具体的战略行动来达成战略目标。③ 余新丽研究了美国伊利诺伊大学香槟分校的战略规划,发现该校的战略规划具有科学性、系统性和全面性特点,战略实施过程清晰合理,形成了良好的战略规划循环体系。④

田芬对英国 4 所顶尖大学的战略规划文本进行分析后,发现这几所大学都致力于追求全面的卓越,这种卓越需要营造卓越的气氛、培育卓越的人才、开展卓越的战略行动方案、坚守战略规划价值观的卓越、设立卓越的科研教学机构、展开卓越的行动,进而实现大学的全面卓越。⑤ 刘盛从发展变化的视角出发,对大学的战略规划进行文本剖析,发现战略理念等具有一定的遗传特性,演化的驱动力、演化的路径、结构体系的演化方面具有一定的变异特性。⑥ 吴云香研究了 10 所一流大学的战略规划文本,具体从使命愿景、教学和学生、科学研究等方面进行分析,并详细归纳了这几所高校在国际化战略的特色和优势,并提出对我国的镜鉴,即增强对国际化战略的认识和理解,努力形成高水平的国际化;将国际化与世界一流大学建设联合推进,推动国际化发展步入新高度;在国际化的发展进入高水平后,要加强办学资源和办学优势的输出,形成鲜明

---

① HAN S, ZHOU Z. World-Class Universities and Their Strategies for Internationalization: A Strategy Map Approach [J]. Fudan Education Forum, 2014.
② 郄海霞,郑宜坤. 世界一流大学战略规划特征与制定逻辑:基于牛津大学和帝国理工学院规划文本的分析 [J]. 天津大学学报(社会科学版),2021, 23 (5): 395-402.
③ 宋永华,伍宸,朱雪莉. 世界一流大学建设战略规划制定:英美顶尖大学的经验和启示 [J]. 高等教育研究,2017, 38 (10): 100-109.
④ 余新丽. 世界一流大学战略规划和战略实施分析:以伊利诺伊大学香槟分校为例 [J]. 比较教育研究,2015, 37 (2): 14-18.
⑤ 田芬. 追求全面卓越:世界一流大学战略规划文本的核心——以英国 4 所大学为例 [J]. 世界教育信息,2019, 32 (12): 47-53.
⑥ 刘盛. 基于文本分析的世界一流大学战略规划演化机理研究 [D]. 哈尔滨:哈尔滨工业大学,2018: 22-26.

的国际化办学风格和国际化人才培养新模式。① 这些学者对世界一流大学的战略理念和战略行动的经验对改进我国高校战略规划具有一定的借鉴价值。

五、文献述评

从以上的文献梳理中可以发现，国内外关于大学发展战略、大学战略规划、世界一流大学的相关研究颇多。尤其是"双一流"建设提出以来，学者们对世界一流大学的战略规划更为关注，相关研究成果丰富，多学科的研究方法和理论提升了研究的层次和深度。国内外在大学发展战略方面的相关研究以内涵和特征、战略实施等作为研究和关键参照。学者们在研究中阐释了大学发展战略的重要性，并在一定程度上达成了认知共识，制定和实施大学发展战略可以有效提升大学的竞争力，而大学发展战略的实施方案是通过战略规划体现出来的。国内外对大学战略规划的研究主要从理论和实践两个维度展开，中外学者围绕大学战略规划这一研究主题，取得了较为系统和全面的研究成果。在理论研究上，可将大学战略规划的研究归结于关于大学战略规划的概念及其内涵、特征、意义等方面的研究；从实践研究上，运用多种分析方法，从多个维度出发研究大学战略规划，包括单案例和多案例研究、国内和国外比较研究、实证研究等，对战略规划分解、实施成效、实施路径等进行了广泛深入的探讨。国内外对世界一流大学的研究主要包括概念内涵及特征、建设路径等方面，且有部分学者对"后发型"世界一流大学的研究生教育、内部治理、排名提升与经费投入的关系、建设路径等展开研究。

经过文献梳理发现，国内外的相关研究呈现如下特征：一是国内外关于大学发展战略规划的研究呈现一定的规律性，即丰富的理论研究为实践研究的开展提供了有效指导，并且二者互为依存，使理论和实践研究更加完善。在相关案例的研究中，对大学战略规划实践的探索不断深入，包括战略环境的分析、战略方略的实施等，但是深入于如何提升大学战略规划实施成效的研究偏少。二是在大学发展战略规划的相关研究中，仅有少数学者提及大学战略规划的动态性、多变性，且专门研究大学战略规划演化的文献屈指可数，一般是针对单案例进行规划文化的演化探析。三是在大学发展战略规划的相关研究中，尽管对多种高校案例进行了深入剖析，但在案例的选取上，鲜有学者关注到近年来逐渐成长起来的世界一流大学，未将研究的主题聚焦于"后发型"世界一流大

---

① 吴云香. "双一流"背景下世界一流大学国际化战略分析及其启示：基于10所一流大学战略规划文本的分析 [J]. 高等教育评论, 2017, 5 (2): 82-90.

学这一"特殊"群体。

综上，通过梳理国内外相关文献，发现研究中有待深入的地方有如下方面：第一，在研究视角上，以动态的视角为出发点，挖掘大学发展战略规划的变化规律；第二，在理论层面上，通过深入挖掘大学战略规划文本来解剖大学发展战略规划，探索大学发展战略规划的演化规律；第三，在研究对象上，可关注"后发型"世界一流大学这一"特殊"群体，对其战略规划进行多案例考察，对战略规划文本和战略实施进行深入分析。

第四节 研究方法

一、文献研究法

本研究通过学校图书馆信息查询系统以"大学发展战略""大学战略规划"等为关键词查阅相关的专著、期刊、报刊等，获取相关的纸质资料，并进行文献阅读和整理；还通过CNKI、百度学术、谷歌学术、读秀等文献搜索平台以"后发型""大学发展战略""大学战略规划""世界一流大学"等为关键词进行检索，获取相关电子文献；还在Web Of Science、Springer等数据库以"University Development Strategy""University Strategic Planning""Strategic Planning Of World-Class Universities"等为关键词搜索相关英文电子文献，以充分了解前人所做的世界一流大学发展战略规划相关研究，将已有的研究进行归类整理，从中挖掘出有待深入研究之处。同时，还通过样本大学的官网和相关教育主管部门的官网等来获取样本大学战略规划文本、年度报告、评估报告等，根据样本大学的规划文本和年度报告等来分析其战略规划的制定、文本内容与战略实施的基本情况，以及通过校友、访学教师等的帮助来获取相关的一手辅助资料，经过翻译整理后作为研究的基本素材，从中提炼出一些基本观点，为深入分析样本大学的规划制定、文本考察和战略实施奠定基础。

二、比较研究法

本研究在对国外"后发型"世界一流大学的战略规划制定、文本内容和结构分析的基础上，对不同高校战略规划文本中的目标、使命、愿景等进行比较分析，从中探寻其中存在的共性特征，并挖掘出其个性化的特点。与此同时，本研究采用同类比较法，对同一院校不同时期的大学发展战略规划进行纵向比较分析，以探究国外"后发型"世界一流大学战略规划在动态发展过程中存在的相同点和差异性，即从遗传和变异两个维度挖掘战略规划演化的规律，并剖析演化的动力机制和路径。另外，结合我国"双一流"高校的发展战略规划现状，与国外"后发型"世界一流大学发展战略规划进行比较，具体包括战略规划制定的程序及理念、规划文本的结构及内容、战略规划实施的特征及保障等，在比较中发现我国"双一流"高校发展战略规划存在的差距与问题。立足于中国特色高校管理体制的特点和"双一流"高校发展战略规划制定、实施的实际情况，适当借鉴国外"后发型"世界一流大学战略规划的先进做法和成功经验是可取且有必要的，故而提出对我国"双一流"高校建设加强战略规划的有益启示，以促进"双一流"建设目标更好更快地实现。

三、案例研究法

本研究根据 2010—2020 年 QS、THE、ARWU 三大世界大学排行榜，遴选出 2010 年未同步进入三大世界大学排行榜前 100 名，却于 2020 年同步进入三大世界大学排行榜前 100 名的大学，以此得出若干所"后发型"世界一流大学，将其中遴选出的国外"后发型"世界一流大学作为样本大学来进行案例研究。在国外"后发型"世界一流大学战略规划制定、文本剖析、战略实施等部分均采用案例研究，以挖掘这类高校发展战略规划制定与实施的共性特征，形成逻辑分析和实践支撑相结合的研究期待。同时，在有关对我国"双一流"高校发展战略规划的研究上，选取我国最具影响力的 C9 高校作为案例，较为翔实地探究"双一流"高校发展战略规划的现状及存在的问题。本研究主要使用解释性案例研究，对典型案例进行深入考察和比较，从而有利于从整体性视角把握"后发型"世界一流大学的发展战略规划和我国"双一流"高校发展战略规划的现实状况，为完善理论研究和提出我国"双一流"高校发展战略规划的对策建议提供有力支持。

四、文本分析法

本研究选择质性分析软件 NVivo 11。首先，对国外"后发型"世界一流大学的战略规划文本进行剖析，并对这类"特殊"大学的发展战略规划文本展开多维度考察，从目标维度、举措维度、程序维度进行整体性剖析，以对国外"后发型"世界一流大学战略规划文本形成整体性认识。其次，深入剖析国外

"后发型"世界一流大学战略规划文本的特征，具体包括战略规划文本框架及结构、发展目标、愿景及使命，并对教学、科研、社会服务、国际化这四个重要的办学维度进行特征挖掘，凝缩出战略规划文本的共性特征。最后，考虑到不同时期大学发展战略规划的动态调整和内容的差异性，故而对不同时期的国外"后发型"世界一流大学发展战略规划加以剖析，以挖掘战略规划演化的特征和规律，并对战略规划演化中的动态因子和不变因子进行考证，阐释战略规划演化的驱动力和基本路径，以更深层次地挖掘国外"后发型"世界一流大学发展战略规划的制定理念、演化路径等，从而萃取出国外"后发型"世界一流大学发展战略规划的有益经验，为优化我国"双一流"高校发展战略规划工作提供有益借鉴。

第五节 研究思路

本研究以"后发型"世界一流大学为研究对象，按照"战略制定—规划文本—战略实施"的思路，围绕"如何完善大学发展战略规划"这个论题展开研究，并试图探讨"后发型"世界一流大学成功的原因与其发展战略规划推动存在的密切联系（见图1-1）。

一是样本遴选。根据2010—2020年QS、THE、ARWU三大世界大学排行榜，遴选出2010年未同步进入三大世界大学排行榜前100名，却于2020年同步进入三大世界大学排行榜前100名的大学，以此得出若干所"后发型"世界一流大学，将其中遴选出的国外"后发型"世界一流大学作为样本大学。

二是对"后发型"世界一流大学发展战略规划的制定进行考察，剖析其发展战略规划制定的基本原则、一般程序和价值取向，并结合生态学理论对发展战略规划制定逻辑进行深入探讨。

三是对"后发型"世界一流大学发展战略规划文本内容的剖析。运用NVivo 11质性文本分析工具对这类学校的发展战略规划文本进行实证研究，解析发展战略规划文本框架结构及内容的共性、个性特征，并从动态的视角探究其发展战略规划演化的规律，其中两个及以上规划文本的高校有5所，挖掘这5所高校战略规划演化的驱动力。

四是对"后发型"世界一流大学发展战略规划实施进行剖析，具体包括实施步骤、实施保障、实施特征等，并以新加坡国立大学等四所大学为例，对"后发型"世界一流大学发展战略规划的实施成效进行考察。

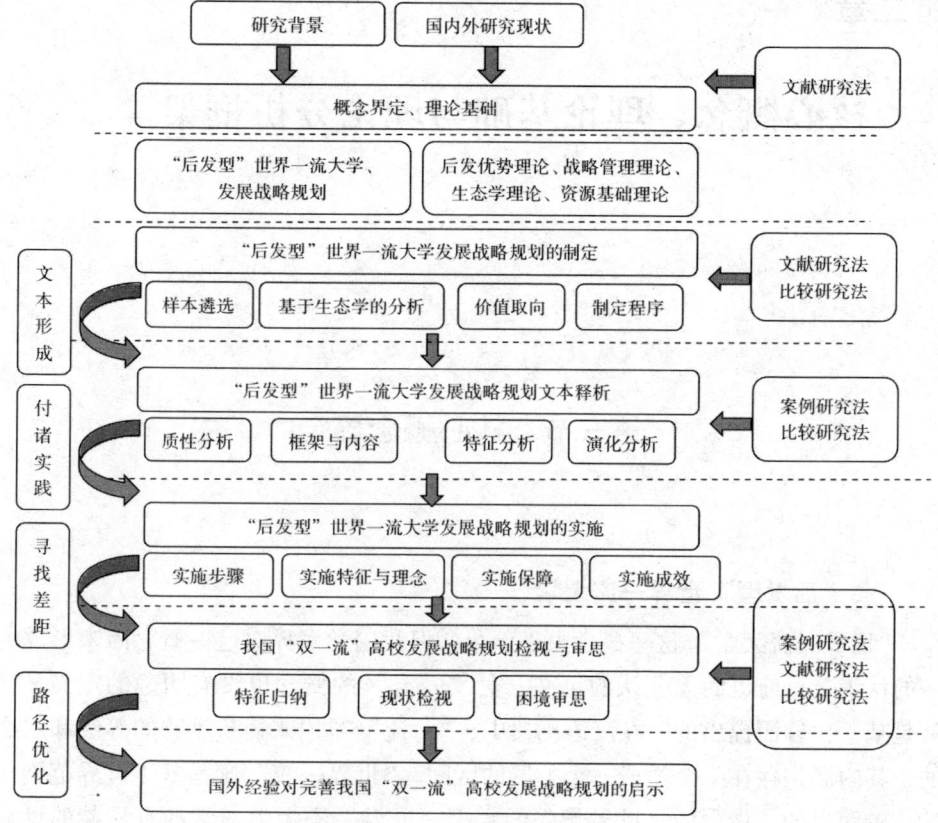

图 1-1 技术路线

五是检视"双一流"高校发展战略规划的现状,审视"双一流"高校发展战略规划的问题,结合国外"后发型"世界一流大学发展战略规划的经验,归纳演绎出对我国"双一流"建设的启示。

第二章

核心概念、理论基础与理论分析框架

第一节 核心概念界定

一、"后发型"世界一流大学

"世界一流大学"这一概念由来已久,但我国学术界对这一概念尚未形成统一的认识,目前也尚无公认的定义。对"一流"的概念也没有明确的定义,通常是基于比较而提出的。在汉语词典中,"一流"是用来衡量事物的等级和层次的,其内涵是存在一个类或一个上层的区间。"世界一流"则是基于世界范围内的比较而言的,指向的是世界领先的水平。世界一流大学通常拥有显赫的世界声誉,在世界大学排行榜中排名位居前列;在一些学科领域内涌现了一批学术大师,且能培育出产生原创基础理论的人才[①];有一套支持大学培养卓越人才、开展尖端研究的体制机制,这类大学也是顶尖的创新型大学。徐祖广提出,世界一流大学的表现特征除了人才培养、科学研究、师资队伍建设外,还表现在大学组织管理体制、校风学风等方面。[②] 一般而言,国际社会主要关注大学是否为著名高校联盟的成员,以此为依据来判断可否称其为世界一流大学,主要包括国际研究型大学联盟等。丁学良从世界一流大学的标准、理念、精神气质以及与国家社会的关系等方面论述世界一流大学,世界一流大学必须是研究型大学,其办学理念汇集了不同历史时期大学发展的理念,且在学术声誉、人文氛

---

① 李鹏虎. 世界一流大学建设:排名、学科及挑战[J]. 现代教育管理,2017(3):24-28.

② 徐祖广. 创建世界一流大学:历史的责任与实践的偏差[J]. 清华大学教育研究,1997(4):66-72.

围、办学环境等指标上表现优异；同时，具有较高的国际化发展水平。① 菲利普·阿特巴赫和覃文珍认为，具备宽松自由的学术氛围、完善的教学设施、一流的研究水平、丰富的办学资金以及良好的管理体系的大学可称为世界一流大学。②

韩立文等学者在研究中指出，如果世界一流大学的办学水平可以通过大学排名的名次来反映，那么大学排名的指标体系和相关参数是非常重要的，这正是判定世界一流大学的依据所在。③ 刘念才等学者指出，位居世界大学排行榜前100名的大学可被称为世界一流大学④，尽管有部分学者存在不同的看法，但这一观点也得到较多学者的认同，在缺乏明确的世界一流大学衡量标准的情形之下，这一观点对判定是否为世界一流大学具有重要的参考价值。目前，最具影响力和公信度的世界大学排行榜，主要包括QS世界大学排名（简称QS）、泰晤士高等教育世界大学排名（简称THE）和世界大学学术排名（简称ARWU）三大排行榜。通过大学排行榜的排名情况来判定世界一流大学较为直观和可操作，尽管容易诱使一些大学被排行榜的各项指标所束缚，从而使大学的办学方向偏离，但却能从具体的指标和参数上相对合理地反映出一所大学的办学水平。通过单一的世界大学排行榜前100名判定一所大学是否为世界一流大学让人觉得说服力不足，而通过三大最具影响力的世界大学排行榜，则会大大提升其信服力。通过追踪近年来QS、THE、ARWU三大世界大学排名系统，发现数年前未进入三大世界大学排行榜前100名的高校，通过加速发展追赶，于近年来成功迈进前100名，将这类"新形成"的世界一流大学称为"后发型"世界一流大学。⑤ "后发型"世界一流大学是近年来通过自我变革、实施战略赶超，从而迈向世界一流大学的"新生命"，在全球高等教育领域范围内具有很强的声誉和影响力，包括一流的战略规划、卓越的教师、优秀的学生、灵活的管理、积极参与的国际化和充足的融资机制。本研究所指的"后发型"世界一流大学是指那些"新鲜出炉"（Newly Formed）的世界一流大学，在QS、THE和ARWU这三

---

① 丁学良. 什么是世界一流大学 [J]. 高等教育研究，2001（3）：4-9.
② 阿特巴赫，覃文珍. 世界一流大学的成本与收益 [J]. 北京大学教育评论，2004（1）：29.
③ 韩立文，程栋昱，欧冬舒. 什么是世界一流大学 [J]. 北京大学教育评论，2006（4）：101-129.
④ 刘念才，SADLAK J. 世界一流大学：特征·排名·建设 [M]. 上海：上海交通大学出版社，2007：248.
⑤ 薛珊，刘志民. "后发型"世界一流大学建设的路径及启示：以新加坡两所大学为例 [J]. 高校教育管理，2019（4）：27-38.

个最具影响力的世界大学排行榜中位居前 100 名的"追赶型"或"渐进型"大学,且这类大学在经过数年的发展后,当前已同步进入这三大世界大学排行榜排名前 100。①

二、发展战略规划

发展是指事物的变化过程,可表现为由简单到复杂、由少到多、由小到大、由低到高、由旧物质向新物质变化的过程。② 汉语词典中对"发展"的定义是事物从诞生开始而产生进步的变化过程,反映了事物的不断更新、持续成长,故而"发展"与"增长"在内涵上存在较大区别。"战略"一词在我国最早于军事领域运用,"战"即战争,"略"即谋略。对军事的胜利而言,战略的重要性是显而易见的。现代意义上而言,战略的概念有了一定的延伸,是指首先剖析组织内外部环境,从整体性视角出发,全面谋划组织的发展方向、动力和目标等。它是指导组织创新发展、迈向更高水平的"灯塔"。"战略"与"发展战略"在内涵上基本一致,多用于企业管理领域,战略也可以用于大学的发展,为提升大学的综合实力和竞争力,大学往往会制定国际化战略、人才引进战略等。发展战略的科学性和适切性关系到战略目标的达成与否,故而体现前瞻性、预测性、关键性。发展战略致力于未来短期或中长期的发展谋划,具有相当的不可预测性,故而可用来应对未来的变化和挑战。发展战略是组织持续发展的信仰和理念的表征形式,因此也具有贯穿组织发展全周期的特性。③ 汉语词典中对"规划"的解释是,比较长远的发展计划,如十年发展计划。通常意义上来讲,规划是指个人或组织制定的较全面的、短期或中长期的发展计划,是对个人或组织的未来持续性发展进行的系统思考和全面考量,以此设计的未来一连串的行动方案。

关于规划,不同的学者也有着不同的观点。丁伯根指出,"规划是以达成某些目标为出发点而设计的,变现为将资源配置调整为最优化的过程"④。明茨伯

---

① LIU Z, MOSHI G J, AWUOR C M. Sustainability and indicators of Newly Formed World-Class Universities (NFWCUs) between 2010 and 2018: Empirical analysis from the rankings of ARWU, QSWUR and THEWUR [J]. Sustainability, 2019 (11): 27-45.
② 现代汉语大词典 [M]. 上海: 上海辞书出版社, 2009: 671.
③ 刘向兵, 李立国. 大学战略管理导论 [M]. 北京: 中国人民大学出版社, 2006: 15-18.
④ 金胜军. 基于丁伯根原则的中国环境政策取向分析 [J]. 四川理工学院学报(社会科学版), 2010, 25 (1): 85-88.

格认为,规划是"为产生以一揽子政策为形式的明确结果的过程"①。彼得森把规划定义为一种有意识的过程,这一过程特别关键,通常公共机构会对其现实发展的状态及其环境做出判断,并对未来的发展状况做出评价,以识别其未来可能达至的状态,而后提出组织发展的策略,进而选择和实施适宜的策略或政策。② 发展战略规划早期是专门针对企业管理而言的,即为了促进企业的发展而提出的。战略规划通常是对企业未来发展方向的整体把握,也关涉到确定发展的步调和步骤、实施何种发展的重点项目,以及选择哪些发展要素等因素,据此提出发展规划及发展策略。企业的发展战略可以助力企业长久发展,明晰发展方向,对接发展目标,把握发展要素,评估企业的发展能力,其根本目的在于破解企业发展难题,帮助企业走上健康快速的可持续发展道路。

其后,发展战略规划开始运用于大学的管理。大学的发展,从外部看是指大学与经济社会发展的变化相协调、相适应;从内部看是指高校组织的质量、规模、资源、结构等按照相对科学的比例进行提升,并使办学过程中的多个环节协同发展。罗伯特和雪利认为,大学发展战略为高校整体的运营提供了战略方案和行动计划,也对院系和职能部门等的职能的发挥提供了路径指向。③ 他将大学发展战略归为总体战略、部门战略、学校职能战略、部门业务战略4个层次,这4个层次分类解释了高校的发展战略不是单一的,而是将总体战略逐步分化到各个职能部门,使各部门围绕业务发展战略展开针对性行动。④

"大学发展战略"于1970年被正式用于大学管理中,为大学的管理带来了新思想和新方法。Cope指出,大学发展战略具有系统性和复杂性,在一定程度上体现了大学对环境变化的适应性,并通过战略分析找准了发展的关键,从而实施相关的举措来应对外部的挑战。⑤ 大学发展战略与企业等的发展战略存在类似性,即都是为实现组织的发展目标,采取积极主动的行为应对环境突变和资源约束的挑战。大学发展战略一般包括多个要素,如战略目标、战略举措、战

---

① 明茨伯格,阿尔斯特兰德,兰佩尔. 战略历程:纵览战略管理学派[M]. 刘瑞红,徐佳宾,郭武文,译. 北京:机械工业出版社,2002:16-20.
② 徐培成. 国际教育百科全书:第四卷[M]. 贵阳:贵州教育出版社,1991:440.
③ LELONG D C, SHIRLEY R C. Planning: Identifying the focal points for action [J]. Planning for Higher Education, 1984, 12 (4): 1-7.
④ LELONG D C, SHIRLEY R C. Planning: Identifying the focal points for action [J]. Planning for Higher Education, 1984, 12 (4): 1-7.
⑤ COPE R G. Opportunity from Strength: Strategic Planning Clarified with Case Examples [M]. Washington, DC: Association for the Study of Higher Education, 1987: 63-65.

略保障、战略重点等。① 钱德勒最早将战略与规划结合到一起,将二者作为一个整体的概念受到了学术界的广泛认同。战略规划即"设定一个较长远的发展目标,以此来推进实现美好愿景的过程,以及实现目标时所采取的行动方案——采取何种方式进行资源配置的调整"②。战略规划是战略管理过程中的重要部分,是组织为达成远景目标所制订的行动方案,以及合理化、高效化配置资源的举措,并将战略付诸实施的一系列完整的、周全的发展计划。③ Cope 对战略规划进行了完整的描述:它是一种开放的系统论,指引大学组织朝目标前行且避免走弯路;它是一种行为,为未来大学组织所处的环境发生变化时提出有效的解决之策;它是一种手段,在激烈的竞争中抢占发展先机并占得优势地位;它的目的是应对复杂环境的变化,推动组织的持续发展,使有利的资源转变为组织发展的动力。④ 作为战略管理的必须环节,战略规划可以较好地引领组织健康发展,提出明确的方案促进组织发展,使组织资源的效益发挥最大化。⑤

综上,本研究将大学发展战略规划界定为,为保持大学组织发展的竞争优势,获得可持续健康发展,对复杂的内外部环境进行综合考量,对高校的愿景、目标、使命、重点任务等进行的总体谋划,包括战略目标、战略重点和战略措施,并且形成了详细的大学战略规划文本,包括愿景、使命及其具体规划的内容,通常是以一部完整篇章的文字所构成。本研究的"后发型"世界一流大学发展战略规划就是指这类大学为了建设成世界一流大学,以分析内外部发展环境为基础,对学校发展的目标、愿景、使命等做出全面谋划,以充分发挥它们的后发优势,形成和保持强大的竞争力,进而实现生态位的跃迁,以谋求更高水平的可持续发展。通常情况下,"后发型"世界一流大学发展战略规划可根据战略规划文本加以辅助分析。

---

① 刘智英. 技术本科院校发展战略比较研究 [M]. 上海:上海教育出版社,2016:69-70.
② CHANDLER A D. Strategy and Structure [M]. Cambridge:MIT Press,1962:11-15.
③ SCHENDEL D E, HATTEN K J. Strategic Planning and Higher Education:Some Concepts Problems, and Opportunities [R]. 1972.
④ 刘向兵,李立国. 大学战略管理导论 [M]. 北京:中国人民大学出版社,2006:7.
⑤ 刘向兵,李立国. 大学战略管理导论 [M]. 北京:中国人民大学出版社,2006:8.

第二节　相关理论基础

一、后发优势理论

经济史学家格申克龙（Alexander Gerschenkron）通过对19世纪意大利、德国等国家的工业化过程分析，发现"后发优势"的发挥促使了这些国家的工业化发展，"后发优势"被首次提出。[①] 此后，后发优势理论阐释了后发国家工业化存在的重要机遇，后发国家在工业化进程中具有一定的发展潜力，也存在赶超先发国家的可能性。[②] 列维（Claude Levi）在此基础上将这种赶超的可能性定义为后发优势，即后发国家在现代化进程中具有技术创新等优势。巴罗和范艾肯等学者验证了后发国家可以模仿先进技术和引进高端人才，进而实现经济赶超。[③] 随后，后发优势理论得到了更多学者的认同，该理论的发展与深化，为后发地区的赶超发展提供了有力的支撑和充分的依据，也为后发国家的发展提供了路径指引。相对于先发国家来说，后发国家相对落后的状态在一定程度上激起了后发国家实现工业化的强烈愿望，并且后发国家可以引进先发国家的资金、技术和人才等，吸取先发国家的有益经验，选择采取类似的但又区别于先发国家的发展道路，进而立足于一个高水平的基础，加快工业化的步伐。列维提出后发国家实现现代化的优势包括：一是后发国家对现代化的认识虽然晚，但是比先发国家的认识更完全；二是后发国家可以借鉴学习先发国家的经验，如先进的技术以及创新的组织；三是后发国家不必选择完全相同的现代化道路，可以跳跃部分阶段，存在实现跨越式发展的可能性；四是先发国家的发展水平到达一定阶段后，为后发国家现代化的实现过程和目标预测提供了依据；五是先发国家可以帮助后发国家进步，主要是资本和技术扶持。[④]

后发优势理论可以对后发国家的迅速发展做出一定解释，如新加坡、韩国

[①] 王莉，林汉川. 中国企业国际化战略研究：基于后发型企业国际化的视角 [M]. 北京：中国经济出版社，2010：55.
[②] 格申克龙. 经济落后的历史透视 [M]. 张凤林，译. 北京：商务印书馆，2009：36.
[③] 李丽君，朱建民. 实现我国自主创新的理论路径分析 [J]. 科技管理研究，2013，33（5）：5-8.
[④] 王莉，林汉川. 中国企业国际化战略研究：基于后发型企业国际化的视角 [M]. 北京：中国经济出版社，2010：58.

等后发国家在短短几十年间从贫穷的小国发展为经济发达国家正是得益于后发优势。国家发展往往与大学发展紧紧相连，一旦国家发展壮大便能为大学发展提供源源不断的政策支持、资金投入等；反过来，大学逐渐迈向一流的过程可以为国家的进步提供大量的研究型、技术型等各类人才，并通过科研成果转化、技术技能转移等助推国家快速发展。现有的世界一流大学多分布于先发型国家，后发型国家在世界一流大学数量上的占比微乎其微。因而，后发优势理论对"后发型"大学发展有一定的适用性。基于后发优势理论分析，"后发型"大学具有一定的发展优势，具体有："先发型"大学传播先进的教育理念和现代化的教育方式，促使"后发型"大学向现代化大学转变；"后发型"大学通过借鉴"先发型"大学的经验，可以少走弯路，采取"经验整合、模仿移植"的战略实现跨越式发展，快速地缩小与"先发型"大学之间的发展差距；"后发型"大学寻求与"先发型"大学的合作，引进"先发型"大学的办学理念、高水平的师资队伍和完善的课程体系等有利条件，可逐步提升其办学水平；"后发型"大学可组建院校联盟，通过资源共享、平台互通以及学校合并等手段来实施赶超策略，通过资源集聚效应来推动学校影响力的提升。例如，南洋理工大学、浦项科技大学、新加坡国立大学、香港科技大学等作为普通的"后发型"大学，通过模仿移植、经验整合，与老牌"先发型"大学深度合作，引进顶尖的师资，组建大学联盟等发挥后发优势，主动对接国家战略，不断凝缩出自身的办学特色[1]，制定了长远的发展战略规划来赶超，遵循"模仿—融合—创新"的发展道路，实现了学校的跨越式发展，现已成为有较大影响力的世界一流大学。

  后发优势理论可以对后发国家的迅速发展做出一定的解释，如新加坡、韩国等后发国家从一个贫穷的小国，在短短几十年间进入经济发达国家行列。后发优势理论虽然是基于国家的发展而提出的，强调科技进步等的作用，但由于经济发展与大学发展互为关联、互为促进，大学的发展与科技创新的水平高度相关，因而这一理论对大学发展也有一定的适用性。一国的经济发展与教育水平息息相关，后发大学的发展历史相对较短、发展经验也略显不足，但它可从先发大学的发展道路中学习先进的治校经验，可以引进老牌大学的师资、设备等资源，清晰地预测发展的方向和目标，采取有效的举措实现快速发展，因而可以"弯道超车"，体现后发优势。本研究将运用后发优势理论分析"后发型"世界一流大学发展状况的变化，并阐述其在战略实施中如何运用有限的资源、

---

[1] 薛珊，刘志民."后发型"世界一流大学建设的路径及启示：以新加坡两所大学为例[J]. 高校教育管理，2019（4）：27-38.

如何模仿移植、如何寻求合作等来发挥后发优势，还分析了如何运用后发优势理论对我国"双一流"高校的战略规划进行优化。

二、战略管理理论

20世纪30年代以后，管理学领域对经营与决策之间的异同进行了深入探讨，并考察了管理决策与战略决策之间存在的共同点和差异，其目的在于鼓励更多的管理者采用更科学、更有效的方法来优化战略决策。其后，企业战略管理学者试图以科学的方法来构建相关的战略过程模型，以分析战略决策的形成特点。再之后，将这些学者分为设计学派和规划学派等。1972年，"战略管理"的概念由安索夫（Igor Ansoff）提出，并形成了一系列战略管理思想。[①]

通常情况下，企业战略行为是指对超出预料的计划之外的反映。首先，分析企业的成长阶段和发展过程，可以发现企业做出真实的战略行为，通常不是以单方面的战略行为达成的，而是反映性的战略行为和积极的战略行为共同构成的，体现了自主性与反映性的统一。因此，有学者提出存在两种相应的企业战略，即实现战略和计划战略。其次，战略决策者在面对复杂的外部环境时需要做出新的战略决策。一般情况下，在战略实施过程中，企业通常会面临一些未曾预料的新问题以及出现一些新变化。由于商业环境的开放和复杂多变，不同的企业之间除了竞争，也逐渐意识到合作伙伴、互助学习和联合创新的重要性。故而，企业的管理层应改变固定单一的战略思维定式，根据发展环境和竞争对手的实际情况适时调整战略。通常情况下，企业战略管理可划分为制定、实施和保障三个连续的阶段，但很难根据时间跨度来对其进行明确的区分。由于企业战略的制定较为复杂，体现为一个较长的时间跨度，且在整个过程中体现出循环往复的特点，在战略制定阶段也存在多个环节的交叉。此外，企业战略管理的活动过程是连续交替、互为因果的关系。在企业战略实施过程中存在一定的保障机制，主要包括稳定的管理机制、有战略眼光的领导团队和敢于创新的企业文化等，这也在一定程度上保证了战略决策得以付诸实施。

设计学派认为，"形成战略不是单靠外力的影响造成的，而体现为自主谋划的结果"。因此，战略的形成和发展可通过相关的模型分析，以便于衡量外部环境和内部能力的契合、匹配程度。战略管理是战略制定过程中接受度最高的观

[①] "大学战略规划与管理"课题组. 大学战略规划与管理［M］. 北京：高等教育出版社，2007：53.

点，具体包括战略选择、战略过程还有战略评价标准，如适用性、协调性等。[①] 规划学派通常将战略管理过程分为如下几个部分：制定、实施、控制和评价，而将非正式的战略过程形成的产物认定为简单的策略。与设计学派的观点不同，定位学派认为在战略决策过程中，重点不在于战略的形成，而在于战略内容的确立。通常情况下，企业战略的选择并非都具有多样性特点。定位学派的学者试图探索一种通用的、适合于所有企业的战略选择模式。定位学派认为，战略发展的过程是自主的、可以控制的，需要更合理的方法与科学的分析，才能选择最合适的战略定位。1983年，乔治·凯勒（George Keller）成为首个战略管理运用于高等教育的学者，并自此掀起了学术界关于大学战略规划研究的新浪潮。[②] 从范围上来看，战略规划只是战略管理过程的一个阶段，而战略管理的范围较战略规划更大些，包括了规划、实施和评价等环节。对于高校而言，通常在制定发展战略规划时，需要厘清自身的定位与基础资源，明确发展优劣势，将战略管理的思维运用于战略规划工作的全过程，在制定战略规划中以高校的使命、愿景为依托，制定适切的发展目标、重点及举措等，进而将战略规划付诸实践。

战略管理包括战略制定、战略实施等环节，体现为一个连贯的过程。高校在制定战略规划时，通常需要结合战略管理理论进行分析，从战略管理的高度来谋划大学未来的发展，"后发型"世界一流大学的战略规划也是如此。本研究用战略管理理论来分析"后发型"世界一流大学发展战略规划，以明确战略规划的使命、愿景与目标为前提，立足于发展基础与发展优势，将战略管理思想运用到战略规划的制定中，阐述其价值取向及核心理念；探讨其战略规划制定及实施中的一些关键要素与战略理念，并分析"后发型"世界一流大学如何通过战略管理来使发展战略规划的引领作用得以发挥，还分析如何运用战略管理理论对我国"双一流"高校的发展战略规划进行优化。

三、生态学理论

在人类与自然环境相互作用的过程中，逐渐将生态学发展为一个实用的理论体系和一门学科。作为一门学科，生态学最早由赫克尔（Ernst Haeckel）提

[①] 张慧睿. 企业战略管理中理性因素与非理性因素的关系［J］. 河北企业，2014（1）：5-8.
[②] "大学战略规划与管理"课题组. 大学战略规划与管理［M］. 北京：高等教育出版社，2007：54.

出，并将生态学界定为"研究有机体与环境的关系的科学"①。这一概念是从生物学意义上阐释的，生物能够适应复杂多变的外界环境，还可以与赖以生存的环境共同构成一个生态有机系统，揭示了生物有机体和环境之间的相互关系。生物个体与生存环境的关系研究是早期生态学研究关注的重点。20世纪以来，由工业革命导致的生产资源过度消耗和自然环境问题，使关注"个体与环境关系"的生态学具有了更多的现实价值。1935年，坦斯勒（Tansley A. G.）提出了"生态系统"，即有机体与其生存环境存在某种特殊的联系，并共同构成了一个关系较为复杂的整体，也是互相影响的命运共同体。生态系统中不同属性的成员之间能够相互依存、相互作用，共同维持生态系统的平衡。在生态学的关注度日益增加的时代背景下，生态学逐渐走出了纯生物学的范围。

随着生态学的不断发展，其适用性逐渐突破了生物学的界限，融合了生物学和系统学的思想，开始应用于自然科学和社会科学的多个领域。20世纪70年代，深层生态学由阿伦·奈斯（Arne Naess）提出，其观点包括：一是任何生命形式都有生存的权利和延续生命并持续发展的权利；二是任何生命形态都能与其他生命形成一种比较特殊的互为依存关系。另外，奈斯提出研究人与自然关系的根本目的在于更好地促进人类社会发展，不能将二者简单地分为主客体，从生态学来看应视二者为和谐的同构体。深层生态学的思想提供给我们一种新的思维范式，可称其为一种整体论的世界观，它关注于整体的而不是部分的，也可称为生态世界观，这里的"生态"一词就是深层生态学上的，已作为现代环境思想领域的术语被广泛接受。

经历了较长时间的发展，生态学融合了系统论的思想，与政治学等学科交叉融合发展，也与教育学等综合交叉，形成了横跨自然科学和社会科学领域的现代生态学。生态学将自然科学和社会科学联结在一起，这里包含的思想观念显示了强大的理论支撑范围，"生态化"的倾向浮现于整个社会科学领域。

生态位理论是生态学理论的一部分。其内容包括多维生态位、功能生态位、空间生态位。1917年，格林内尔（Joseph Grinnell）提出空间生态位是衡量物种在生态环境中地位的单位。② 在生态系统中，各个不同的物种得以生存与发展，恰好是生物空间生态位发挥了作用。功能生态位由埃尔顿（Charles Sutherland

---

① 盛承发. 生态学基本概念的发展青年生态学论丛 [M]. 北京：中国科学技术出版社，1991，13-23.

② GRINNELL J. Field tests of theories concerning distributional control [J]. American Naturalist, 1917, 51 (602): 115-128.

Elton）提出，其观点是物种在生态系统中的地位，及其与其他生物之间的关系，在一定程度上决定了物种的角色及功能。多维生态位由生态学家哈钦森（George Evelyn Hutchinson）提出，其观点在于将物种的生存条件归结为一个集合体，具体包括功能位、空间位及与生物链的关系等，这种由多维资源要素构成的集合体即多维生态位。①"多维生态位"理论认为，物种对生态环境中资源利用的数量越多，利用率越高，就表明生态位的宽度越大；物种在生态系统中的作用越强，竞争力就越强，特别是在资源极其有限的情况下体现得更为充分。

  在现代社会中，自然生态系统的概念范围已延伸到多个领域，生态位理论也随之被应用在政治、经济、教育、文化等各个行业，出现了企业生态位、政治生态位、教育生态位等特有概念，这就为开展跨领域的研究提供了适切的理论分析工具并有效应用于实践。例如，企业生态位是指企业在特定的生态空间中能利用资源空间的有效部分，是企业与生态环境之间形成的相对地位，反映了企业竞争力的大小。将生态位理论引入社会科学领域，表明生态位理论内涵得到了扩展，生态位概念体系也日渐完善，促进了多学科交叉和联系，有利于形成新的学科，对拓展社会科学领域的分支有重大价值，并且对交叉学科的发展有较强的解释功能；同时，生态位理论为社会科学领域中的问题提供了解决思路和方法。从社会生态领域的角度来看，活动主体与所处环境之间的相互作用和影响是生态位概念的核心所在。由生态位的基本原理可知，环境可对活动主体产生一定的作用和影响，活动主体则体现为与所处环境的适应与调适，这两个环节表明了活动主体与环境的作用和联系。总而言之，生态位理论可用于解释生物主体及其与环境之间的竞争、共生等现象，将这种新的分析范式和认知结构应用在社会科学领域中，可以为解决某一主体的发展问题提供更系统、更有效的方法。

  教育生态位通常指一个学校或者区域教育工作的基本发展状态。在教育系统内部，主要指学校教育的发展状态和这种状态的发展趋势，以及与其他学校教育状态存在的差距等。在教育生态系统中，生态位决定了不同主体间的共生与竞争关系。② 在高等教育生态系统中，不同的高校都有与之对应的生态位，然而部分高校却忽视了"生态定位"，导致其出现定位混乱、模糊不清等问题，并造成了高校的角色错位，这就要对高等教育的发展进行适当干预，引导高校合理分流，以促进高等教育生态系统可持续发展。

---

① 张光明，谢寿昌. 生态位概念演变与展望 [J]. 生态学杂志，1997（6）：47-52.
② 陈文娇. 教育生态位与高等教育分流 [J]. 大学（研究与评价），2007（11）：83-87.

近年来，众多学者对生态位概念和特征进行研究，为生态位理论的拓展提供了基础。由生态位概念演化的生态位理论主要包括：第一，生态位重叠理论，具体是指生存于同一生态位的两个及以上的物种，会为了相同的资源进行竞争、掠夺等。由于空间和资源的限制，生态位重叠的两个物种因为资源竞争激烈而难以和谐共存。一般而言，重叠并不一定导致竞争，但如果资源受限程度高，就会引发竞争行为。第二，生态位宽度理论。生态位宽度是物种能利用的资源的总和。生态位宽度通常是针对某一生物体而言的，即在一定的环境中生物体可用的资源是不充分的，且是存在限度的。如果生态位发生重叠现象，就会触发物种之间为了有限的资源而产生激烈的竞争，以降低生态位的重叠程度的方法，来恢复生态系统中物种与资源之间的匹配与相对平衡。一般情况下，若物种可利用的资源受限制，应增加生态位的宽度，以更好地适应环境；若可利用的资源较多且有剩余，应缩小生态位的宽度，使生态位相对稳定。在生物学中，通常可以根据对物种生态位宽度的测算，来判断物种对环境的适应性如何，也可反映物种的地位以及竞争强度。第三，生态位态势理论。在与其他物种对比时，生物个体会体现出对环境适应的相对地位。"势"是生物个体对环境的支配力，"态"是生物个体发展与环境作用的结果，"态"和"势"两重属性适用于任何物种。"势"和"态"体现了生物个体在生态系统中的相对作用与地位。①

生态学理论已经被较多地运用于高等教育领域，可对大学发展面临的环境做出相对全面的分析，也可以用作战略规划的分析工具。在全球化竞争加剧的背景下，大学的发展不仅面临许多机遇，也面临许多潜在的威胁和挑战。将生态学理论用于分析大学的发展，能够对大学的发展前景进行全面、系统的把握，对其在大学生态系统的位置有比较清楚的了解，从而对外部的机会和挑战保持警惕并能及时做出正确的应对。运用生态学理论来探究大学发展战略规划，即要求将生态思维融入发展战略规划的理论和实践中，将大学的发展战略规划置于生态系统中进行考量，从而促进生态网的优化、生态流的循环、生态位的持续提升。本研究将运用生态学理论对"后发型"世界一流大学创建世界一流大学的动力机制进行分析，探讨其发展战略规划制定的生态学逻辑，并考察"后发型"世界一流大学在发展战略规划实施中，体现了何种生态位战略；在对策建议中如何有效利用生态网和生态流，来实现我国"双一流"高校生态位的跃升。

---

① 薛春艳. 生态位理论视阈中大学定位问题的反思 [J]. 成都教育学院学报, 2004 (8): 33.

四、资源基础理论

资源基础理论是由沃纳菲尔德（Briger Wernerfelt）提出的，现已在企业管理领域多有应用，并成为企业战略管理领域中非常实用的一个理论。[①] 其核心观点是：资源是企业发展的要素，是获取竞争优势的基础，特别是优质资源对企业发展十分关键。受多重因素的影响，不同企业的资源是存在较大差异的，那些能帮助企业获得发展优势的资源是较为稀缺的，这种稀缺的资源也称为战略性资源，具体包括物质、人力和组织资本等资源。[②] 一般而言，企业要在激烈竞争的环境中持续发展，就需要具备一定的优势资源，来获取相应的竞争优势，从而为企业的发展提供良好的基础。故而，企业需要花费大力气，积极地、持续地发现和积累一些可用的战略性资源，为企业的发展提供资源基础优势。资源基础理论表明，战略性资源在企业发展中地位十分重要。企业发展战略的基本思路体现为战略性资源促进企业的生存和发展，也保障了企业的竞争优势。实际上，资源基础理论的适用范围较广，除了适用于营利性组织，还适用于非营利性组织。[③] 作为资源依赖型组织，大学的发展对战略性资源的依赖也是十分明显的，因为这关乎大学竞争力的强弱。为保持长期的、强大的竞争力，大学需要在资源基础方面进行系统性设计，才能保持持续不断的竞争优势，同时要结合大学的发展实际，去抢占一些有利于大学发展的战略性资源。对于世界一流大学的建设而言，大学的战略性资源是能否实现世界一流大学目标的关键。萨尔米（Jamil Salmi）提出，世界一流大学的战略性资源包括多个方面，资源充分、大师会聚等。其中，资源充分指大学有先进的条件和设施、优异的教学环境和空间、充足的办学经费。[④] 由此可知，资源对于企业和大学的发展都是极其重要的，故而获取优势资源即企业和大学共同追求的目标。

作为资源依赖型组织，大学的发展对战略性资源的依赖也是十分明显的，因为这关系到大学竞争力的强弱。为保持大学的竞争力，大学需要持续稳定的

---

① WERNERFELT B. A Resource-based View of the Firm [J]. Strategic Management Journal, 1984, 5 (2): 171-180.
② BARNEY J B. Firm Resource and Sustained Competitive Advantage [J]. Journal of Management, 1991, 17 (1): 99-120.
③ KONG E, PRIOR D. An Intellectual Capital Perspective of Competitive Advantage in Nonprofit Organizations [J]. International Journal of Nonprofit and Voluntary Sector Marketing, 2008, 12 (2): 119-128.
④ SALMI J. The Challenge of Establishing World Class Universities [R]. Washington, DC: World Bank, 2009: 8-12.

资源基础，从而保持强大的竞争优势。从某种程度上来说，战略性资源关系到大学发展的生态位高度和发展速度，获取战略性资源成为大学走向卓越道路的一大法宝。对于世界一流大学建设而言，大学的战略性资源是实现成为世界一流大学的前提条件。综上所述，建设世界一流大学必备的关键战略性资源包括：先进的基础设施、充足的科研经费、顶尖的师资、优异的学生、良好的大学治理体系、独特的大学文化等。本研究通过资源基础理论，分析"后发型"世界一流大学在前期竞争优势不突出的情况下，如何通过战略规划来积累包括人力资本和物质资本等资本优势，尤其是分析其如何通过战略规划的实施来扩大战略性资源，以获得显著的竞争优势，还分析如何运用资源基础理论对我国"双一流"高校的发展战略规划进行优化。

第三节　理论分析框架

世界一流大学的实际办学和发展战略规划的制定存在着错综复杂的关系，这就决定了世界一流大学的发展需要考虑战略规划的复杂性，忽略和淡化大学的发展规划特色固然非明智之举，然而偏执于所谓发展规划"标新立异"，显然不符合当代高等教育发展的总体趋势。所以，大学发展战略规划要把握"求同"和"存异"的合理区间，比较稳妥的发展战略规划是既具有一定的个性特色，而又被实践证明是可行的做法，是积极促成和推进大学发展战略目标实现的关键。从生态学视角出发，大学的发展应遵循"共生—融合"的逻辑，其原因在于大学的发展与社会和国家之间呈现出一种递进和深入的关系，是对大学发展更深层面的认知，在促进大学学术竞争力提升的同时也保证在新兴领域拓展其市场影响力的持续。经过一个时段的发展，"后发型"大学在制定一系列战略规划并付诸行动后有可能成为新的世界一流大学，与传统世界一流大学形成新的竞争关系，因此可以迸发出新的大学发展空间。由此，还必须有这样一个意识，即在较长一段时期里会涌现一大批"后发型"世界一流大学，这些大学作为世界一流大学中的"新生命"，还会不断产生，并进入世界一流大学行列。展望未来，在高等教育普及化的进程中，高等教育的资源供给将更加充足和丰富，市场对高等教育资源的调节作用将更加显著，一批高校将有更大的机遇与老牌世界一流大学"一较高低"，因而"后发型"世界一流大学这一专有属性极有可能被逐步强化。加强大学战略规划会得到更多"后发型"大学的认同，能更进一步提升大学发展的优势和核心竞争力。

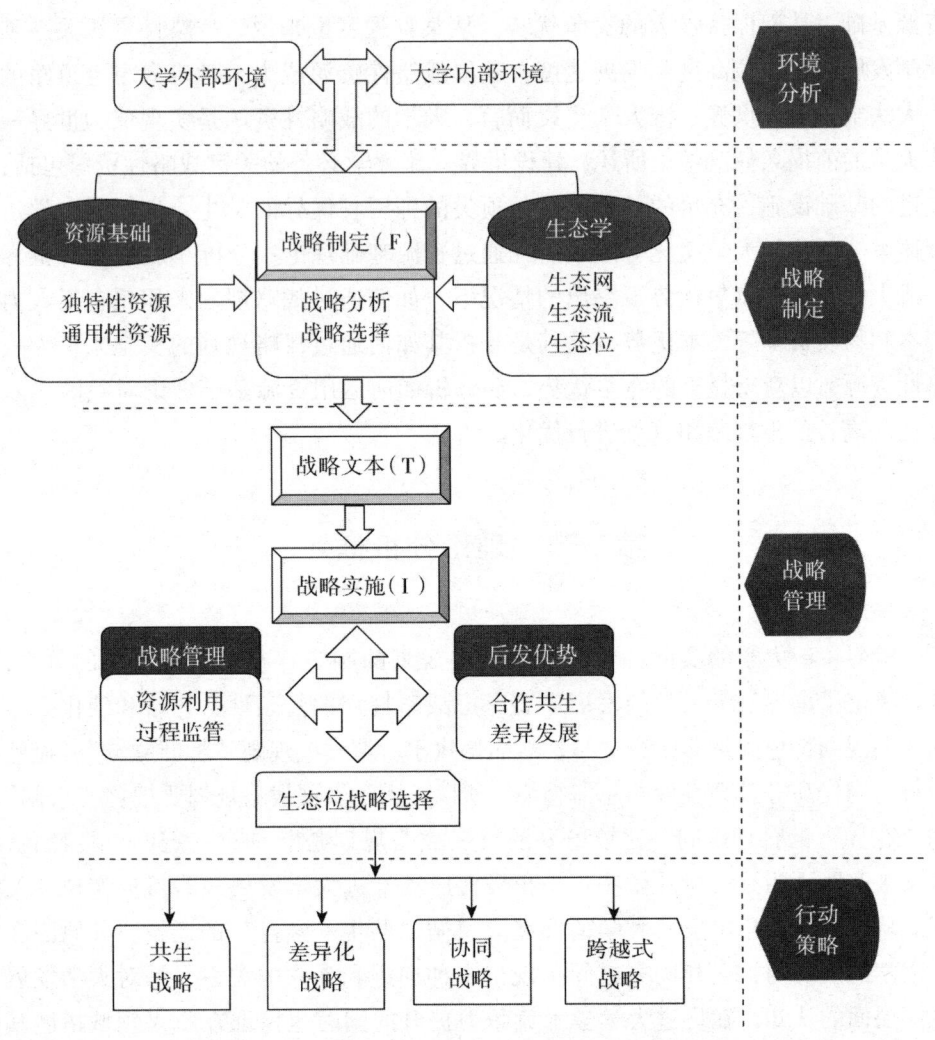

图 2-1 "F-T-I"大学发展战略规划分析框架

  本研究基于上述四个理论，提出"F-T-I"大学发展战略规划分析框架（图 2-1），即以战略制定（strategy formulation）、战略文本（strategy text）和战略实施（strategy implementation）为核心研究部分，以此来展开"后发型"世界一流大学发展战略规划的研究。首先，"后发型"世界一流大学的发展要以现实条件和内外部环境为基础，"后发型"世界一流大学战略规划的制定必然要立足于自身的资源基础优势和对发展环境的分析，故而以资源基础为理论出发点。其次，在分析和制定战略规划中需要运用战略管理理论的核心思想，即立足于环境分析展开大学战略规划。在战略分析环节，要考虑大学所处生态系统的环境特点，可结合生态学理论进行分析，找准基础生态位；也要考虑采取何种策略才能够发挥后发优势，瞄准目标生态位，并结合后发优势理论、战略管理理论来完成战略规划的制定环节。最后，在战略规划实施中，也需要综合运用上述理论，为提高生态位进行战略设计和战略选择，以确保战略规划在付诸战略行动中能收到理想的成效，从而实现生态位跃迁的目标。

第三章

"后发型"世界一流大学发展战略规划的制定

相较于老牌世界一流大学而言,"后发型"世界一流大学作为世界一流大学的"新生力量",是"追赶型"国家致力于建设世界一流大学的结晶。与老牌世界一流大学发展战略规划相比,"后发型"世界一流大学由于在前期的发展中资源基础薄弱、缺乏核心竞争力,故而在发展战略规划中体现出更强的战略性,展现出"后来居上"的坚强信念,通过在短期内加强战略规划和战略管理,在战略行动中表现出更强的战略控制力,成功地获取更多的战略性资源,为实现生态位的跃迁提供资源基础,从而实现战略赶超。从世界一流大学建设的进程来看,可将我国称为"追赶型"国家,同时我国的高校属于"后发型"大学,正在逐步接近世界一流大学的目标。"后发型"世界一流大学的发展战略规划对我国"双一流"建设具有很强的借鉴价值。如何从众多世界大学排行榜中遴选出"后发型"世界一流大学,并深度解剖这类学校发展战略规划制定的特征和经验是本章致力于解决的问题。

第一节 "后发型"世界一流大学的样本遴选

大学排行榜可追溯至1870年,《美国新闻与世界报道》是全球首个大学排行榜机构,每两年发布一次排名结果。其后,多个国家的机构相继发布了大学排名,大学排名日渐受到重视。目前,美国、英国和中国等国的研究机构也发布了全球性或区域性的大学排名体系,大学排名对提升教学科研水平、推广大学形象与在国际合作关系的发展上起到了较大的作用。[①] 有不少学者从大学排行

---

① 大学排名评价-感知决定一切... 或者是 [EB/OL]. QS世界大学排名官网,2021-03-11.

榜的视角来研究世界一流大学的特征，虽然容易陷入排名的泥淖，却能从一定程度上分析某所大学在全球高等教育系统中所处的位置。世界大学排名较早的是上海交通大学高等教育研究院发布的软科世界大学学术排名（简称 ARWU），《美国新闻与世界报道》的世界大学排名（简称 US News）、QS 世界大学排名（简称 QS）、《泰晤士高等教育》发布的泰晤士高等教育世界大学排名（简称 THE）。依据部分学者对大学排行榜的分析，可将综合实力连续处于世界大学排行榜前 100 位的大学称为"世界一流大学"。[①] 实际上，当前大学排行榜的种类多、范围广、样本数量不一，且各排行榜依据不同的指标比例进行排名，故而不同排行榜的结果存在一定的差异，如何从排名结果中判定"世界一流大学"的范围尚没有达到一致认同。在"双一流"建设背景下，通过某种方式筛选出"后发型"世界一流大学十分关键，这是由于这类大学在前期发展状况不佳的情形下，通过一系列战略行动，实现了赶超发展，其赶超的成功经验对提升我国大学战略规划水平、加快"双一流"建设意义重大。

一、排行榜的选取

尽管大学排行榜无法保证绝对的科学性，但能在相当的程度上用来评价大学的教育、科研等发展水平，也受到越来越多的专家和学者的重视，为大学管理者做决策、调战略、定目标提供了依据，也为国际学生选择留学机构提供了重要参考。当前大学排行榜的种类较多，权威性和科学性存在一定的差异，据统计国际关注度较高的大学排行榜已经超过 60 个，其中包含泰晤士高等教育世界大学排行榜（THE）、QS 世界大学排名（QS）、欧盟的多维度全球大学排名（U-Multirank）、上海交通大学的世界大学学术排名（ARWU）、《美国新闻与世界报道》大学排名（US News）等全球性的大学排行榜。[②] 一些研究表明，在众多全球性大学排行榜中，软科世界大学学术排名（ARWU）、QS 世界大学排名及 THE 世界大学排行榜均属于公认度较高的权威全球性大学排行榜，这是由于这些排行榜的相关研究论文、报告的关注度最高。目前，ARWU、THE、QS 与 US News 等排名已成为被广泛认可的世界大学排行榜。[③]

为了本研究的顺利开展，选择 QS、THE 与 ARWU 这三个排行榜更为适宜，

[①] 刘路，刘志民. 世界一流大学 10 年排名位序变动性研究：基于 2005、2015 年 THE、QS、ARWU 的数据 [J]. 高等工程教育研究，2017（3）：179-180.

[②] 世界大学学术排名 [EB/OL]. 上海软科大学排名，2024-02-01.

[③] 管恩浩，胡文杰. 建设世界一流大学必由之路：深研、厚积、广扬与传承：基于四大世界大学排名的视角 [J]. 大学，2021（38）：28-30.

其原因如下。

第一，QS、THE 与 ARWU 是所有全球性大学排行榜中最受关注，且被广泛认可的大学排行榜。以 CNKI 为数据来源，按"篇名=排行榜名称""发表时间=1990-01-01—2019-12-31"对上述排行榜的文献进行统计（图3-1），发现我国学者在研究中使用较多的是 QS、THE、US News 和 ARWU 这四个世界大学排行榜，但 US News 自 2014 年才开始进行世界大学排名，且其研究以剖析其指标体系为主。而关于 QS、THE 与 ARWU 的相关研究则是根据这三个排行榜的排名变化情况进行的研究，例如，赵江涛等学者基于 ARWU、QS 和 THE 分析我国"双一流"高校的排名情况，分析我国"双一流"建设的成就与不足。① 徐蓉等学者根据 ARWU、QS、THE 国际学科排名指标体系，对我国药学学科发展进行对比分析，以明确我国药学发展在国际上所处的位置。② 胡华基于 ARWU、QS、THE 来探索我国世界一流大学的建设路径研究。③

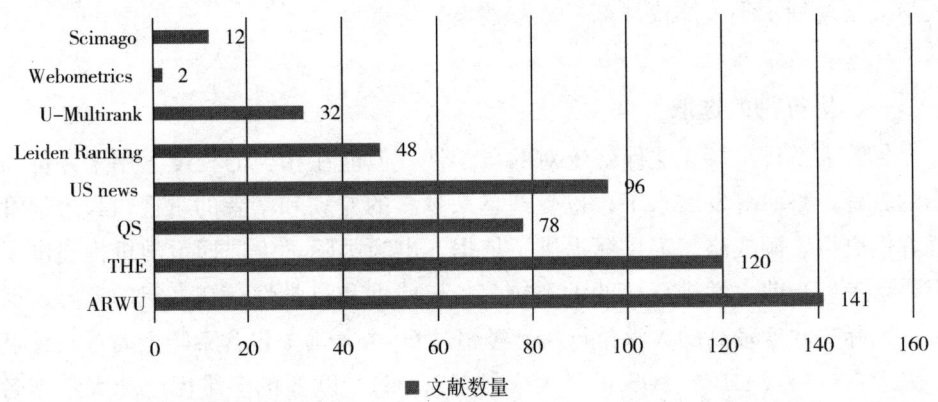

图3-1 中国期刊全文数据库（CNKI）大学排行榜相关文献数量统计
资料来源：根据中国期刊全文数据库（CNKI）相关文献信息整理获得。

第二，本研究选择这三个世界大学排行榜的另一个重要因素是排名的连续性和稳定性。QS、THE 与 ARWU 三大排行榜已连续推出排名多年（ARWU 始于 2003 年，THE 和 QS 始于 2004 年），每年发布一次排名，连续的大学排名为研

---

① 赵江涛，胡华. 世界大学排名视域下我国"双一流"高校的建设成效与差距［J］. 高教探索，2021（7）：27-33.
② 徐蓉，魏雅琛，李文静. 国际学科排名指标体系对我国药学学科发展的启示：基于 ARWU、US News、QS、THE 学科排名的对比分析［J］. 中国药科大学学报，2020, 51（2）：240-248.
③ 胡华. 世界大学排名视域下我国世界一流大学建设路径研究［D］. 郑州：郑州大学，2020.

究分析提供了条件,并且,这三个大学排行榜指标体系及权重保持相对稳定性,未出现重大的变化和调整。US News 自 2014 年才开始进行世界大学排名,由于本研究对近十年的排行榜变动进行分析,则 US News 不符合本研究的需要。相对稳定的排名指标体系,在一定程度上保障了排名结果分析的连续性和可靠性,也保障了"后发型"世界一流大学样本遴选的相对合理性。

第三,QS、THE 与 ARWU 三个大学排行榜的评价指标存在一定的差异,相对而言,QS、THE 与 ARWU 的评价指标及其权重设置相对科学合理,数据来源也更有信服力。对 THE 分析可知,该排行榜包含教学、科研等 13 项评价指标(具体指标见表 3-1),数据的主要来源是汤森路透的文献数据库,也包括第三方公司的搜集。此外,THE 对学术声誉、毕业生声誉的情况进行问卷调查,这使排名的结果更公正、更科学,也具有较强的信服力。

表 3-1　THE 排名具体的评价指标及权重的设置情况

一级指标	二级指标	权重
教学(学习环境)(30%)	声誉调查	15%
	师生比	4.5%
	博士与学士的比例	2.25%
	机构收入	2.25%
	获得博士学位的学术人员	6%
科研(数量、收入和声誉)(30%)	声誉调查	18%
	研究收入	6%
	科研生产力	6%
引用(研究影响)力(30%)	篇均引用次数	30%
国际视野(教职员工、学生和研究)(7.5%)	国际员工比例	2.5%
	国际学生比例	2.5%
	国际合作	2.5%
行业收益(知识转移)(2.5%)	知识转移能力	2.5%
总计		100%

资料来源:2021 年世界大学排名方法 [EB/OL]. 泰晤士高等教育,2020-10-19.

相较于 THE 而言,QS 排名主要涉及对科研质量、毕业生质量、国际化和教学质量这四个一级指标的评价(表 3-2),且十分注重大学声誉的评价。在数据搜集的方式上,自 2009 年 QS 和 THE 的停止合作后,QS 排名与 THE 在搜集数据时出现了一定的差异,其原因在于两个排行榜数据来源的差异。一方面,QS

排名更加重视学术声誉，故而扩大了对学术声誉调查的样本量。另一方面，在大学教学声誉评价方面，THE 倾向于从学术的视角进行评价，而 QS 则倾向于从雇主的视角评价。①

表 3-2　QS 排名评价指标及权重设置

一级指标	二级指标	权重
科研质量	学术声誉	40%
	师均引用率	20%
教学质量	师生比	20%
国际化	国际教师比例	5%
	国际学生比例	5%
毕业生质量	雇主声誉	10%
总计		100%

资料来源：方法［EB/OL］. QS 世界大学排名，2020-01-16.

ARWU 排名以评价方法的客观、透明和稳定而受到国际社会的认同，具体的评价指标主要包括师均表现、教育质量、教师质量、科研质量（表 3-3）。相对于 QS 与 THE 而言，ARWU 排名最大的差异在于评价指标不包含声誉调查等主观因素，并且科研维度的评价指标采用了具有国际可比性的科研成果和学术表现，且 ARWU 采用的第三方客观数据可以重复验证②，这就在一定程度上保障了其相对合理性。

表 3-3　ARWU 排名评价指标及各指标权重

一级指标	二级指标	简称	权重
教育质量	获诺贝尔奖和菲尔兹奖的校友数	校友获奖	10%
教师质量	获诺贝尔奖和菲尔兹奖的教师数	教师获奖	20%

① 顾雨竹. THE 排名指标体系研究：兼与 QS 排名指标体系的比较［J］. 大学（学术版），2013，12：65-72.
② 程莹，刘念才. 大学排名的影响与作用分析：以"世界大学学术排名"为例［J］. 大学（研究与评价），2008（1）：65-68.

续表

一级指标	二级指标	简称	权重
科研质量	各学科领域被引用次数最高的学者数量	高被引科学家	20%
	在 Nature 和 Science 上发表的论文折合数	N&S 论文	20%
	被科学引文索引（SCI）和社会科学引文索引（SSCI）收录的论文数量	国际论文	20%
师均表现	上述五项指标得分的师均值	师均表现	10%
总计			100%

资料来源：世界大学排名方法 [EB/OL]. 上海软科，2020-05-15.

归结而言，考虑到上述三大排行榜的指标设置存在一定的差异，故而仅仅依托于上述一个全球大学排行榜来定义世界一流大学就会存在较大的局限性，但鉴于上述三大排行榜都在国际公认度较高，且排名的结果可为分析世界一流大学提供一定的依据，因此，本研究以当前具有较大影响力和连续性的 QS、THE 和 ARWU 这三个大学排行榜为依托，通过比较 2010—2020 年这 11 年中前 100 名大学的排名变化，遴选出一批在近期发展状况"不佳"而"后来居上"的"后发型"世界一流大学，以此为考察其发展战略规划奠定坚实的基础。

二、遴选方法

为了保障遴选结果的科学性，本研究选取目前最具影响力的 QS、THE 与 ARWU 这三个全球大学排行榜，且遴选出的世界一流大学是三个排行榜的前 100 位。在遴选过程中，通过追踪 2010—2020 年 QS、THE、ARWU 三个世界大学排行榜，不考虑排行榜自身数据标准的变化，可发现三个排行榜中前 100 名的"重叠"大学，即排名保持在前 100 的世界一流大学，也可筛选出 2010 年未同步进入三大排行榜前 100 名，却于 2020 年同步进入三大排行榜前 100 名的大学，将遴选出来的大学作为样本大学。

三、遴选结果

（一）稳居三大排行榜前 100 名的世界一流大学

本研究将 2010—2020 年 QS、THE 和 ARWU 三大排行榜前 100 名的大学进行分组统计，发现在这 11 年中持续保持在三大排行榜前 100 名的大学共计 42 所，这些大学均被称为世界一流大学（表 3-4）。分析发现，这 42 所高校所在国以美、英、澳等国为主，美、英的世界顶尖院校占据了半数以上，这也体现出其在国际上享有较高的高等教育地位。尽管欧洲的高等教育发展起步早，但从排行榜中也可发现欧洲具有的世界一流大学数量相对于美国而言依然较少，其原因包含多个方面，主要是欧洲高校的办学自主权受限及国际化程度不高。①对亚洲国家而言，仅有日本的东京大学与京都大学稳居世界前100的位置，日本可称为亚洲国家高等教育的佼佼者。

（二）排名上升至前100名的"后发型"世界一流大学

从表3-4来看，有较多世界一流大学的排名情况相对稳定，这正说明世界一流大学群体具有较高的竞争力，在办学中各项指标也保持在较高水平。然而，比较世界大学排行榜中的排名情况可以发现，一些高校的排名所处层次发生了变动，即2010年在三大排行榜前100名而2020年不在前100名的高校，还有一些高校之前未同年进入三大排行榜前100名之列，而2020年进入前100名的，且不考虑在100名之内的位序变动，对这类"后起之秀"可称为"后发型"世界一流大学。这些大学分别是：慕尼黑工业大学（Technische Universität München，简称TUM）、中国科学技术大学、索邦大学（Sorbonne University）、北京大学、洛桑联邦理工学院（École Polytechnique Fédérale de Lausanne，简称EPFL）、清华大学、蒙纳什大学（Monash University）、浙江大学、鲁汶大学（KU Leuven）、上海交通大学、新加坡国立大学（National University of Singapore）、复旦大学、昆士兰大学（The University of Queensland）和南洋理工大学（Nanyang Technological University）（表3-5）。需要说明的是索邦大学由法国的两所知名院校在2018年合并而成，即巴黎索邦大学和皮埃尔玛丽居里大学，且合并前的这两所大学均未同年进入三大排行榜前100名，故而可以认为索邦大学为"后发型"世界一流大学。通过对这几所大学分析发现，这些大学分布于新加坡、法国、澳大利亚、中国、比利时、瑞士、德国这7个国家。

---

① 钱颖一. 大学治理：美国、欧洲、中国 [J]. 清华大学大学教育研究，2015（5）：1-12.

第三章 "后发型"世界一流大学发展战略规划的制定

表 3-4 2010—2020 年稳居三大排行榜前 100 名的大学及其排名统计

大学	排行榜	2010	2011	2012	2013	2014	2015	2016	2017	2018	2019	2020
哈佛大学	QS	2	2	3	2	4	2	3	3	3	3	3
	THE	1	2	4	2	2	6	6	6	6	6	7
	ARWU	1	1	1	1	1	1	1	1	1	1	1
加州大学伯克利分校	QS	11	21	22	25	27	26	28	27	27	28	30
	THE	8	10	9	8	8	13	10	10	18	15	13
	ARWU	8	4	4	3	4	4	3	53	5	5	5
斯坦福大学	QS	5	11	15	7	7	3	3	2	2	2	2
	THE	4	11	2	4	4	3	3	3	3	3	4
	ARWU	4	2	2	2	2	2	2	2	2	2	2
麻省理工学院	QS	13	3	1	1	1	1	1	1	1	1	1
	THE	3	7	5	5	6	5	5	5	5	4	5
	ARWU	3	3	3	4	3	3	5	4	4	4	4
剑桥大学	QS	9	1	2	3	2	3	4	5	6	7	7
	THE	6	6	7	7	5	5	4	4	2	2	3
	ARWU	6	5	5	5	5	5	4	3	3	3	3
加州理工大学	QS	28	12	10	10	8	5	5	4	4	5	4
	THE	2	1	1	1	1	1	2	3	5	5	2
	ARWU	2	6	6	6	7	7	8	9	9	9	8

49

续表

大学	排行榜	2010	2011	2012	2013	2014	2015	2016	2017	2018	2019	2020
普林斯顿大学	QS	1	13	9	10	9	11	11	13	13	13	12
	THE	5	5	5	5	7	7	7	7	7	7	6
	ARWU	5	7	7	7	6	6	6	6	6	6	6
哥伦比亚大学	QS	17	10	11	14	14	22	20	18	16	18	19
	THE	48	12	14	13	14	15	16	14	16	16	16
	ARWU	18	8	8	8	8	8	9	8	8	8	7
芝加哥大学	QS	35	8	8	9	11	10	10	9	9	10	9
	THE	13	9	10	9	11	10	10	9	10	10	9
	ARWU	12	9	9	9	9	9	10	10	10	10	9
牛津大学	QS	10	5	5	6	5	6	6	6	5	4	5
	THE	7	4	2	2	3	2	1	1	1	1	1
	ARWU	6	10	10	10	9	10	7	7	7	7	10
耶鲁大学	QS	6	4	7	8	10	15	15	16	15	17	17
	THE	10	11	11	11	9	12	12	12	8	8	8
	ARWU	10	11	11	11	11	11	11	11	12	11	11
康奈尔大学	QS	65	15	14	15	19	17	16	14	14	14	18
	THE	14	20	18	19	19	18	19	19	19	19	19
	ARWU	14	13	13	13	13	13	13	14	12	13	12

续表

大学	排行榜	2010	2011	2012	2013	2014	2015	2016	2017	2018	2019	2020
加利福尼亚大学洛杉矶分校	QS	3	34	31	40	37	27	31	33	32	35	36
	THE	11	13	13	12	12	16	14	15	17	17	17
	ARWU	11	12	12	12	12	12	12	12	11	11	13
宾夕法尼亚大学	QS	16	9	12	13	13	18	18	19	19	15	16
	THE	16	16	15	16	16	17	13	10	12	12	11
	ARWU	19	14	14	15	16	17	18	17	16	17	19
华盛顿大学	QS	18	56	59	59	65	65	59	61	66	68	72
	THE	23	25	24	25	26	32	25	25	28	26	29
	ARWU	23	16	16	16	15	15	15	13	14	14	16
威斯康星大学麦迪逊分校	QS	44	41	38	37	41	54	53	55	53	56	65
	THE	30	19	31	30	29	50	45	45	43	51	49
	ARWU	43	41	19	19	24	24	28	28	28	27	32
约翰霍普金斯大学	QS	16	16	16	16	14	11	17	17	21	24	25
	THE	12	14	16	15	15	11	17	17	12	12	12
	ARWU	11	18	17	17	17	16	16	18	18	16	15
东京大学	QS	66	25	30	32	31	39	34	28	23	22	24
	THE	51	30	27	23	23	43	39	46	42	42	36
	ARWU	43	22	20	21	21	21	20	24	22	25	26

续表

大学	排行榜	2010	2011	2012	2013	2014	2015	2016	2017	2018	2019	2020
伦敦大学学院	QS	15	7	4	4	5	7	7	7	10	8	10
	THE	22	17	17	21	22	14	15	15	14	15	16
	ARWU	22	20	21	21	20	18	17	16	17	15	16
密歇根大学安娜堡分校	QS	12	14	17	22	23	30	23	21	20	21	21
	THE	15	18	20	18	17	21	21	21	20	21	22
	ARWU	15	22	22	23	22	22	23	24	27	20	26
苏黎世联邦理工学院	QS	55	18	13	12	12	9	8	10	7	6	6
	THE	16	15	12	14	13	9	9	10	11	13	13
	ARWU	15	23	23	20	19	20	19	19	19	19	20
京都大学	QS	19	32	35	35	36	38	37	36	35	33	38
	THE	61	52	54	52	59	88	91	74	65	65	54
	ARWU	57	28	26	26	26	26	32	35	35	32	34
伊利诺伊大学厄巴纳香槟分校	QS	32	61	56	56	63	59	66	69	71	75	82
	THE	27	31	33	29	29	36	36	37	50	50	48
	ARWU	33	25	25	25	28	29	30	37	41	38	45
帝国理工学院	QS	8	6	6	5	2	8	9	8	8	9	10
	THE	9	8	8	10	9	8	8	8	8	9	11
	ARWU	8	24	24	24	22	23	22	27	24	23	25

续表

大学	排行榜	2010	2011	2012	2013	2014	2015	2016	2017	2018	2019	2020
多伦多大学	QS	39	23	19	17	20	34	32	31	28	29	25
	THE	21	19	21	20	20	19	22	22	22	21	18
	ARWU	19	26	27	28	24	25	27	23	23	24	23
西北大学	QS	63	24	27	29	34	32	26	28	34	31	29
	THE	25	26	19	22	21	25	20	20	20	25	24
	ARWU	25	30	30	30	28	27	26	22	25	29	30
纽约大学	QS	21	44	43	44	41	53	46	52	43	39	35
	THE	63	44	41	10	38	30	32	27	27	27	26
	ARWU	60	29	27	27	27	27	29	29	32	30	27
杜克大学	QS	25	19	20	23	25	29	24	21	26	25	42
	THE	26	22	23	17	18	20	18	17	17	18	20
	ARWU	24	35	36	31	31	31	25	26	26	28	27
不列颠哥伦比亚大学	QS	8	51	45	49	43	50	45	51	47	51	45
	THE	31	22	30	31	32	34	36	34	37	37	34
	ARWU	30	37	39	40	37	40	34	31	43	35	38
北卡罗来纳大学教堂山分校	QS	34	55	57	54	62	79	78	80	83	90	95
	THE	25	43	42	47	46	63	56	56	56	54	56
	ARWU	30	42	41	43	36	39	35	33	30	33	30

续表

大学	排行榜	2010	2011	2012	2013	2014	2015	2016	2017	2018	2019	2020
曼彻斯特大学	QS	37	29	32	33	30	33	29	34	29	27	27
	THE	92	48	49	58	32	56	55	54	57	57	51
	ARWU	87	38	40	41	38	41	35	38	34	33	36
爱丁堡大学	QS	44	20	21	17	17	21	19	23	18	20	20
	THE	36	36	32	39	36	24	27	27	29	30	30
	ARWU	40	53	51	51	45	47	41	32	32	31	42
卡内基梅隆大学	QS	4	43	49	57	65	62	58	47	46	48	51
	THE	21	21	22	24	24	22	23	24	24	24	28
	ARWU	20	55	51	52	62	61	68	80	91	95	95
澳大利亚国立大学	QS	22	26	24	27	25	19	22	20	24	29	31
	THE	54	38	37	48	45	52	47	47	49	50	59
	ARWU	43	70	64	66	74	77	77	97	69	76	67
麦吉尔大学	QS	75	17	18	21	21	24	30	32	33	35	31
	THE	30	28	34	35	39	38	42	42	44	42	40
	ARWU	35	64	63	58	67	64	63	67	70	90	78
墨尔本大学	QS	41	31	36	31	33	42	42	41	39	38	41
	THE	31	37	28	34	33	33	33	32	32	32	31
	ARWU	36	60	57	54	44	44	40	39	38	41	35

续表

大学	排行榜	2010	2011	2012	2013	2014	2015	2016	2017	2018	2019	2020
伦敦大学国王学院	QS	33	27	26	19	16	19	21	23	31	33	31
	THE	71	56	57	38	40	27	36	36	38	36	35
	ARWU	77	68	68	67	59	55	50	46	56	51	47
海德堡大学	QS	64	53	55	50	49	66	72	68	64	66	64
	THE	77	73	78	68	70	37	43	43	47	47	42
	ARWU	83	62	62	54	49	46	47	42	47	47	57
布里斯托大学	QS	39	30	28	30	29	37	41	44	51	49	58
	THE	65	66	74	79	74	69	71	76	78	87	91
	ARWU	68	71	70	64	63	66	57	61	74	64	64
加利福尼亚大学圣地亚哥分校	QS	96	77	70	63	59	44	40	38	41	45	54
	THE	28	33	38	40	41	39	41	31	30	31	33
	ARWU	32	15	15	14	14	14	14	15	15	18	18
慕尼黑大学	QS	51	62	60	65	52	75	68	66	62	63	63
	THE	49	45	48	55	29	29	30	34	32	32	32
	ARWU	61	54	60	61	49	52	51	57	53	52	51
得克萨斯州大学奥斯汀分校	QS	67	76	68	71	79	77	67	67	63	65	71
	THE	—	29	25	27	28	46	50	49	39	39	44
	ARWU	38	35	35	36	39	37	44	51	40	45	41

资料来源：根据 ARWU、THE 及 QS 排行榜信息检索和整理。"—"表示当年的排名中缺失数据。

表3-5 "后发型"世界一流大学遴选结果

学校	排行榜	2010	2011	2012	2013	2014	2015	2016	2017	2018	2019	2020
新加坡国立大学	QS	31	28	25	24	22	12	12	15	11	11	11
	THE	34	40	29	26	25	26	24	22	23	25	25
	ARWU	101~150	102~150	101~150	101~150	101~150	101~150	83	91	96	67	80
南洋理工大学	QS	74	58	47	41	41	13	13	11	12	11	13
	THE	174	169	86	76	61	55	54	52	52	51	47
	ARWU	301~400	201~300	201~300	201~300	151~200	151~200	151~200	151~200	96	73	91
慕尼黑工业大学	QS	58	54	53	53	54	60	60	64	61	55	50
	THE	101	88	105	87	98	53	46	41	41	44	41
	ARWU	56	57	53	50	53	51	47	57	48	57	54
鲁汶大学	QS	86	68	82	77	82	82	79	71	81	80	84
	THE	119	67	58	61	55	35	40	47	47	45	45
	ARWU	101~150	101~150	101~150	101~150	96	90	93	90	86	85	97
昆士兰大学	QS	52	48	46	43	43	43	46	51	48	59	46
	THE	81	74	65	63	63	65	60	60	65	84	62
	ARWU	151~200	86	90	86	85	81	55	55	55	73	54
蒙纳什大学	QS	61	60	61	69	69	70	67	65	60	59	55
	THE	178	117	99	91	91	83	73	74	80	84	64
	ARWU	151~200	151~200	101~150	101~150	101~150	101~150	79	78	91	73	85

续表

学校	排行榜	2010	2011	2012	2013	2014	2015	2016	2017	2018	2019	2020
秦邦大学	QS	—	—	—	—	—	—	—	—	75	72	83
	THE	—	—	—	—	—	—	—	—	73	80	87
	ARWU	—	—	—	—	—	—	—	—	36	44	39
洛桑联邦理工学院	QS	62	83	81	79	81	102	98	12	22	18	14
	THE	147	87	106	111	98	81	93	38	35	38	43
	ARWU	66	67	73	73	60	61	60	76	81	78	83
北京大学	QS	47	46	44	46	57	41	39	38	30	22	23
	THE	37	49	46	45	48	42	29	27	31	24	23
	ARWU	151~200	201~300	151~200	151~200	101~150	101~150	71	71	57	53	49
清华大学	QS	54	47	48	48	47	25	24	25	17	16	15
	THE	58	71	52	50	49	47	35	30	22	23	20
	ARWU	151~200	151~200	151~200	151~200	101~150	101~150	58	48	45	43	29
中国科学技术大学	QS	154	188	186	174	147	113	104	97	98	89	93
	THE	49	192	201~225	201~225	201~250	201~250	153	132	93	80	87
	ARWU	201~300	201~300	201~300	201~300	151~200	151~200	101~150	101~150	101~150	101~150	73
复旦大学	QS	105	91	90	88	71	51	43	40	44	40	34
	THE	>200	226~250	201~225	201~225	193	201~250	155	116	105	109	70
	ARWU	201~300	201~300	201~300	151~200	151~200	151~200	101~150	101~150	101~150	101~150	100

续表

学校	排行榜	2010	2011	2012	2013	2014	2015	2016	2017	2018	2019	2020
浙江大学	QS	218	191	170	165	144	110	110	87	68	54	53
	THE	197	301~350	301~350	301~350	301~350	201~250	201~250	177	101	107	94
	ARWU	201~300	151~200	151~200	151~200	101~150	101~150	101~150	101~150	67	70	58
上海交通大学	QS	151	124	125	123	104	70	61	62	59	60	47
	THE	>200	301~350	276~300	301~350	276~300	301~350	201~250	188	188	157	100
	ARWU	201~300	151~200	151~200	101~150	101~150	101~150	201~300	101~150	101~150	82	63

资料来源：作者根据ARWU、THE及QS排行榜信息检索和整理。

由于美、英两国的高等教育在全球领先，故而可称为"领先型"国家，而与美国、英国发展水平不在同一层次的新加坡、德国等国被称为"追赶型"国家。① 由此可知，"追赶型"国家在原先高等教育发展水平相对落后的情形下，通过大力追赶，现部分国家已经建成"后发型"世界一流大学。相对法国、比利时、瑞士、德国而言，澳大利亚和新加坡这两个国家的大学发展起步较晚，南洋理工大学、新加坡国立大学、蒙纳什大学、昆士兰大学更具"后发型"色彩，澳大利亚和新加坡也更具"追赶型"国家意义，此外，"后发型"世界一流大学的产生与"追赶型"国家的大力支持存在紧密关联，如德国、新加坡、中国等制定了国家层面的世界一流大学建设战略，这就在一定程度上促进了"后发型"世界一流大学的成长。结合研究开展的需要，本研究将8所国外"后发型"世界一流大学作为样本进行后续研究。

从后发优势理论来分析，美国大学在排名上的进步得益于美国高等教育的先发优势，美国在全球高等教育的发展中独占鳌头，具有高等教育发展的政策优势、环境优势和资源优势等，而对新加坡、中国等"追赶型"国家的"后发型"世界一流大学而言，大学排名的持续进步显得颇为"坎坷"。对"追赶型"国家而言，大学综合竞争力的提升是多重因素带来的结果，即国家与大学共同努力、协同进步的结果，体现了协同发展的战略理念，特别是与有力的政策支持、巨额的经费投入、持续的世界一流大学建设战略等因素有关。具体来说，世界一流大学建设计划往往与国家的发展战略高度相关，这也是提升国家竞争力的重要部分。"追赶型"国家在先发优势不足的情况下，唯有充分利用后发优势，对小部分高校进行资源倾斜和政策照顾来扩大战略性资源优势，优先建设若干有较强国际竞争力的大学，故而新加坡、德国等国在近几十年来加大财政拨款和政策支持，以打造有巨大全球影响力的大学。在财政拨款方面，"后发型"世界一流大学所属国家政府对高等教育投入占GDP的比重日渐增加，比利时、澳大利亚等国已经超过了美、英两国（表3-6），从表中的统计数据可以发现，比利时政府在2018年的高等教育经费投入总额占GDP的1.49%。由此可知，"追赶型"国家高等教育整体质量的提升与国家的支持存在紧密的联系，尤其是稳定增长的经费投入对保障高校的快速发展十分重要，这也在一定程度上改善了"后发型"世界一流大学的办学条件和资源，显著增强了其资源基础优势。

---

① 刘志民，何红中，张振华，等. 七个"追赶型"国家建设世界一流大学的重大举措比较 [J]. 现代大学教育，2012（4）：44-49.

表 3-6 八国高等教育支出占 GDP 的比例（%）统计

国家	2007	2008	2009	2010	2011	2012	2013	2014	2015	2016	2017	2018
美国	-	-	-	-	-	-	-	-	-	1.37	1.21	1.46
英国	0.86	0.77	0.73	0.93	1.23	-	1.33	1.36	1.27	1.39	1.45	1.45
新加坡	-	0.9	1.04	1.08	1.08	1.17	1.01	-	-	0.99	0.82	0.87
澳大利亚	1.05	1.04	1.12	1.24	1.18	1.15	1.36	1.37	1.53	1.42	1.29	1.17
德国	1.11	1.38	1.30	1.34	1.36	1.33	1.27	1.28	1.26	1.26	1.25	1.27
比利时	-	1.35	1.45	1.43	1.41	-	1.45	1.48	1.43	1.44	1.45	1.49
法国	-	-	-	-	-	-	-	-	-	-	1.23	1.23
瑞士	1.16	1.14	1.23	1.21	1.25	1.28	1.27	1.29	1.30	1.28	1.31	1.29

为了挺进世界一流大学行列，一些"追赶型"国家出台了若干世界一流大学建设战略计划，并详细制定了战略实施举措，以将少数几所大学率先建成世界一流大学为目标。例如，"卓越计划"是德国建设卓越大学的一项重要教育政策，旨在打造具有较大影响力的世界一流大学，对于德国高等教育发展而言是一次突破性、创新性的变革。"卓越计划"的形成过程较为复杂，其建设理念也经历了长期的探索而走向成熟。"卓越计划"的政策推进过程可划分为初步构想、实践探索两个阶段，贯穿该政策过程的核心理念是德国大学追求的"卓越化"，提振德国大学的国际影响力。现阶段，"卓越计划"建设成效显著，大力提升了德国高校在全球的影响力。以 THE 大学排行榜为例，与 2005 年相比，2017 年德国大学前 50 强增加 2 所，51~100 强增加 5 所。

相对而言，澳大利亚的综合创新能力在全球的排名较为靠前，但与世界领先的创新强国相比，仍处于"追赶型"国家行列。澳大利亚联邦政府为提升澳大利亚在全球的科技实力和竞争力，向昆士兰大学、蒙纳什大学等澳大利亚顶尖大学注入了大量资金，以改善澳大利亚顶尖大学的科研条件和设施，从而为提升国家科技创新能力提供有力支撑。在政府的资助下，澳大利亚高校科研基础设施改造、升级后，蒙纳什大学的科研实力显著增强，在 2019 年 QS 的学科排名中，药剂学和药理学位居第 3，化学工程位居第 29 位；昆士兰大学也是如此，其生物工程和环境科学研究产出的研究论文远超其他澳大利亚科研机构，并且环境科学和生物科学在 2018 年 QS 学科排名分别位列第 12 位和第 32 位。

为了增强国家的综合竞争力，新加坡政府提出了实施"东方波士顿"计划，即加大对南洋理工大学和新加坡国立大学的财政支持，将两校分别对标于美国的麻省理工学院和哈佛大学，最终建设为享誉全球的世界一流大学。2005 年，新加坡政府发布《大学自治：迈向卓越的巅峰》文件，进一步将大学办学自主权下放到高校，新加坡的高校能自主决定发展的策略和道路，这就在相当大的程度上激发了大学的办学活力。在政府的宏观引导和政策支持下，新加坡国立大学和南洋理工大学在全球的影响力逐步提升。2006 年，法国政府出台《科研法案》，创新性地推出"高等教育与研究集群"模式①，旨在整合法国高校和科研机构的优势力量，采取重组合并的形式，不断提升法国高等教育的竞争力，在强强合并中诞生了索邦大学。通过整合区域资源优势等举措为 2010 年"卓越大学计划（Initiatives d'Excellence，IDEX）"的出台奠定了基础。② 在独特的政治、经济及文化发展背景下，法国政府也推出了创建世界一流大学的政策③。

相对而言，比利时和瑞士政府没有明确提出世界一流大学建设计划，但政府在宏观层面对高等教育发展进行调控管理，改良了大学的运行机制，提升了大学的治理能力，在一定程度上激发了大学自主办学、追求卓越的活力与动力，也大大增加了大学的发展效率乃至跃升为世界一流大学的机会。瑞士的科技创新指数位列全球首位，为高校的发展提供了创新的社会环境。④ 在不断的改革发展历程中，瑞士高校被赋予了更大的自治权，政府主要负责提供高等教育经费，不过多干涉大学的管理。2000 年以来，瑞士高等教育经费急剧增长，其目标在于大力提升高等教育质量，这也为洛桑理工学院等高校的快速发展提供了重要机遇。

总体来说，这些高校以"世界一流大学建设"为发展目标制定和实施了具体的战略规划，在一定程度上使大学办学价值观念得到了某种程度的提升，也在战略规划向集体行动的转化中彰显了其独特的办学优势和实现世界一流目标的强烈愿望；同时引导其在后续办学过程中打破传统办学思维、集聚优势资源、提升治理能力等以发挥后发优势，这些战略举措恰好促进了大学的"跨越式"发展。与此同时，"后发型"世界一流大学在实施一系列战略行动中，始终以清晰的大学使命为方向，并在创新性办学探索中逐渐形成了一套行动准则——价

---

① 马丽君. 法国"双轨制"下的世界一流大学建设——以巴黎高等师范学校为例 [J]. 现代教育管理，2016（8）：20-26.
② 张惠，刘宝存. 法国创建世界一流大学的政策及其特征 [J]. 高等教育研究，2015，36（4）：89-96.
③ 张惠，刘宝存. 法国创建世界一流大学的政策及其特征 [J]. 高等教育研究，2015，36（4）：89-96.
④ 梁会青，魏红. 瑞士世界一流大学建设路径探析 [J]. 江苏高教，2018（3）：101-107.

值观，也确立了大学的发展愿景和奋斗目标。不得不说，大学使命在无形中凝聚了大学发展的合力，并为付诸集体行动提供了思想引领。例如，新加坡国立大学的使命陈述是"成为一个集学者、研究员、教职员、学生和校友的活跃社群，以创新与创业精神为信念，共同打造一个更美好的世界"①，昆士兰大学的使命陈述为"知识领导创造一个更好的世界，创造变化"②，南洋理工大学的使命陈述为"一所伟大的全球性大学，以科学和技术为基础，通过跨学科教育和研究培养领导者并产生社会影响"。这三所大学的使命陈述均体现了其办学的核心价值所在，即大学的发展宗旨不局限于促进本国社会经济的发展，而要具备全球发展的战略眼光，以服务于全世界的发展和为人类的生存生活产生有益影响为终极价值追寻。为了将大学的办学价值和理念体现在具体的行动中，"后发型"世界一流大学加强对使命和愿景的重视，以清晰的愿景和使命指引大学的发展方向，并在战略实施中融入愿景和使命的内核，从而在集体行动中产生强大的合力。

尽管各个高校战略规划中的愿景、使命、具体目标、途径等文本构成要素存在区别，但这些大学均有优先发展的战略重点领域，以支撑其建设成为世界一流的研究型大学。例如，鲁汶大学战略规划文本中明确提出，"致力于向学生提供丰富适用的外语课程；在教育、研究和公共宣传方面发展跨学科对话，积极发展为高度国际化、教育水平一流的以及引领全球创新研究的大学"。南洋理工大学在2020年战略规划文本中直接提出战略发展重点，"重点发展地球的可持续发展、环球亚洲、安全社区、健康社会和未来学习这些领域，并凸显科学与工程领域的优势"。由此可知，"后发型"世界一流大学战略规划中彰显了大学发展的使命和愿景，旨在将大学推向卓越办学的更高峰，同时也明晰了大学的阶段性发展目标和重点，进而促进其各项指标逐渐走向世界一流。

（三）中国顶尖高校的排名变动情况

C9高校是中国大陆地区最顶尖的高校，根据THE、QS、ARWU三个世界大学排行榜的统计，发现C9高校中的北京大学、清华大学、浙江大学等六所高校同步挺进2020年三大排行榜的前100位。依据THE、QS、ARWU大学排行榜的统计结果，结合"后发型"世界一流大学的定义，可以将这六所高校称为"后发型"世界一流大学。从时间轴来看，依据2016年的大学排行榜统

---

① 关于新加坡国立大学［EB/OL］.新加坡国立大学官网，2020-06-19.
② 昆士兰大学的使命、愿景及价值观［EB/OL］.昆士兰大学官网，2021-03-11.

计结果，我国仅有清华大学和北京大学可称为"后发型"世界一流大学，而2020年新增了四所，这也就反映出我国"双一流"建设的成效已经得到彰显。相较而言，这六所高校在我国属于最顶尖的高校，然而与长期排名稳定在前100的世界一流大学相比，其中存在的差距较为明显。例如，在重要的国际大学联盟中的地位还不高，且加入的国际高校联盟有限，主要原因是中国大学学术竞争力整体发展水平偏低，特别是在诺贝尔奖等重大科研成果奖项上存在较大差距。

探究其原因，依据2020年QS、THE和ARWU三个排行榜，本研究将斯坦福大学、哈佛大学、北京大学和清华大学在关键指标的得分进行横向比较探究。首先，将ARWU关键指标的得分情况进行对比，分析发现北京大学和清华大学在论文得分上与哈佛大学的差距明显，但与斯坦福大学处于同一水平（图3-2）。在深入分析ARWU关键指标后发现，我国两所高校的论文数量已经有了较大进步，但论文质量方面还存在差距，即表现为在顶级期刊上发表的论文数，同时在高被引学者数、获诺贝尔奖等重大奖项的数量这几项指标得分方面均与哈佛大学、斯坦福大学呈现出较大差距。概言之，北京大学和清华大学落后于斯坦福大学和哈佛大学的原因体现为多个方面，其中包括中国现代大学起步较晚、根基尚浅，且缺乏顶级的学术大师，还包括中国大学的政策环境不完善、大学改革的步伐缓慢、大学发展的创新活力凸显不足，以及国外经验与本国实际结合不足等。①

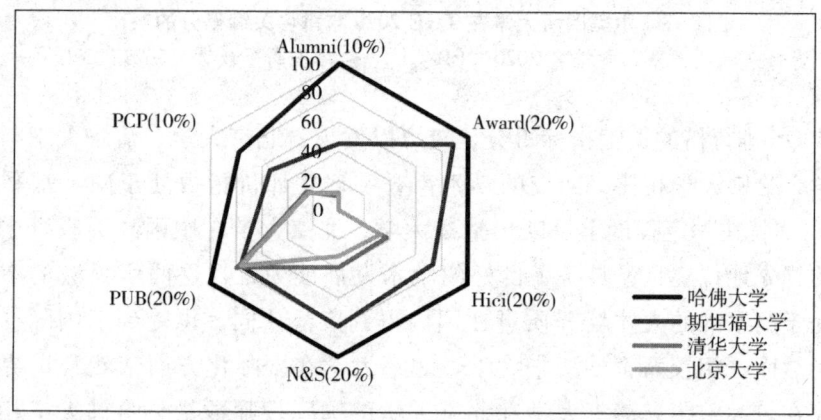

图3-2 中美四所大学在ARWU 2020年排名关键得分的对比
资料来源：2020世界大学学术排名［EB/OL］.上海软科，2020-05-15.

---

① 刘磊，罗华陶，仝敬强. 从ARWU排行榜看中国高校与世界一流大学的学术竞争力差距［J］. 高校教育管理，2017，11（2）：41-48.

在THE排名的关键指标得分比较中,北京大学、清华大学与斯坦福大学、哈佛大学在教育教学和科学研究指标的得分十分接近(图3-3),然而在行业收益方面清华大学的得分领先于斯坦福大学,这说明清华大学的科技成果转化水平显著提升,服务社会经济发展的能力处于较高水平,这也与政府的大力支持存在直接的关系。从国际视野的得分情况来看,北京大学与清华大学的国际视野得分表现不佳,由此可以发现我国这两所高校的国际化程度依然有较大提升空间。从引文影响力的得分情况来看,北京大学与清华大学远远落后于斯坦福大学和哈佛大学,由此说明我国的两所顶尖大学在重大影响力的科研成果方面竞争力较弱,这就需要两校在未来"双一流"建设的进程中注重强化提升。

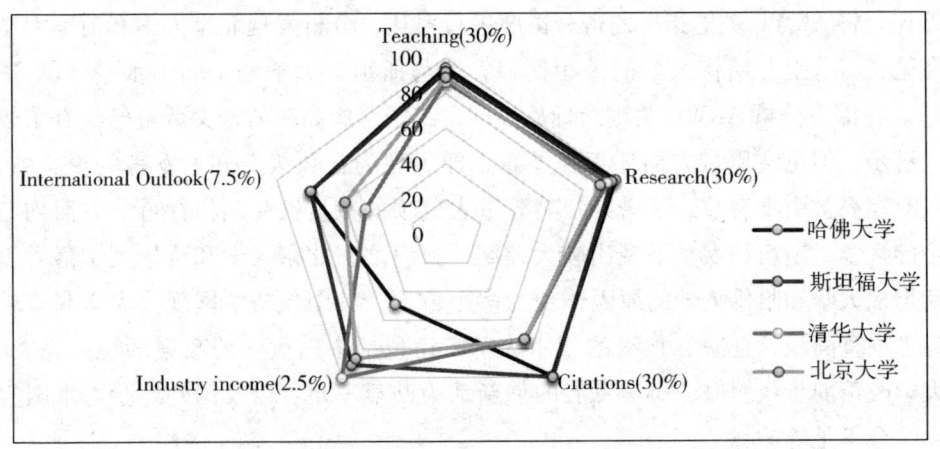

图3-3 中美四所大学在THE 2020年排名关键得分的对比
资料来源:世界大学排名2020[EB/OL].泰晤士高等教育,2021-03-13.

从QS排行榜的关键指标得分比较可以发现,北京大学、清华大学与斯坦福大学、哈佛大学相比,四校的学术声誉和雇主评价指数处于同一水平(图3-4)。这就在一定程度上反映出清华大学、北京大学在中国高等教育中占据绝对的领先地位,且已具备了良好的学术发展能力,且这两所顶级的中国高校依托于高水准的人才培养质量在国内得到广泛认同,也受到了国际社会的认可。然而,相较而言,清华大学、北京大学在国际化方面依然与世界一流大学存在较大差距,清华大学和北京大学的国际教师数量与哈佛大学相距甚远,但与斯坦福大学已经非常接近。在国际学生方面,清华大学和北京大学的国际学生数之和远不足斯坦福大学,也不及哈佛大学,这就表明我国这两所顶尖大学对国际学生的吸引力不足,品牌影响力还不够,且在国际学生的宣传和招生方面还有待加强。在师均论文引用率方面,由于我国这两所顶尖大学在国际一流学术期刊的发文数量偏低，与斯坦福大学、哈佛大学存在相当大的差距，这也提示我国高校在注重国际论文发表数量增长的同时，质量还有待进一步加强。

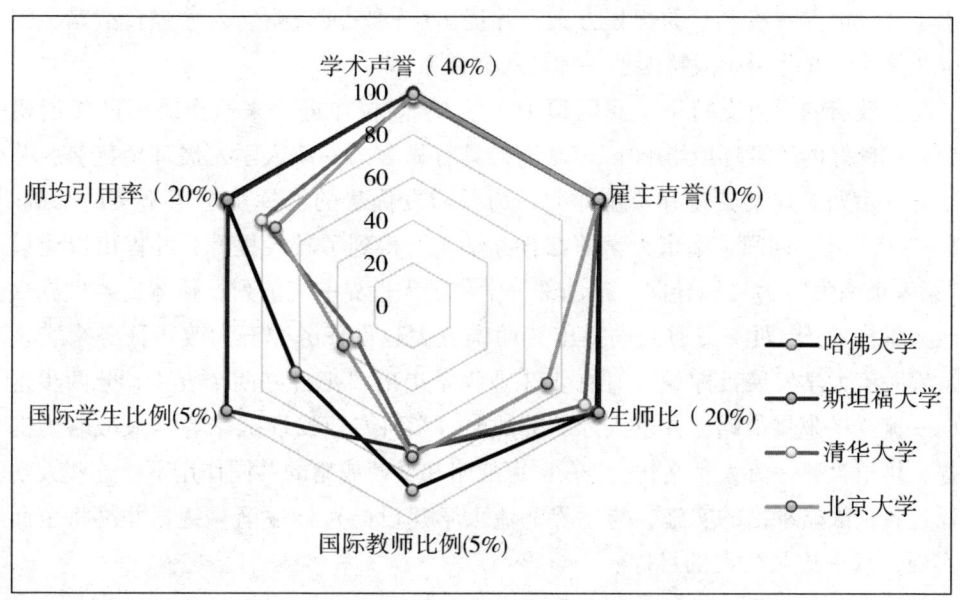

图 3-4　中美四所大学在 QS 2020 年排名关键得分的对比
资料来源：QS 世界大学排名 2020 [EB/OL]. QS 世界大学排名官网，2019-06-19.

近二十年来，我国 C9 高校获得了重要的发展机遇，这几所大学发展迅速的原因与国家出台的战略举措高度相关，如"211 工程""985 工程"等重点项目的推动，由此打造了若干优势学科，进而推动了学校的整体发展。值得一提的是，除清华大学和北京大学之外的 C9 高校，在近年来的世界排名也有了显著提升，有四所高校在 2020 年 QS、THE 和 ARWU 3 个排行榜均进入前 100 位（表 3-7）。另外，这九所大学实现快速发展还得益于自身的创新变革，特别是战略规划的引领作用。例如，复旦大学加强内部管理体制改革，大力提升综合办学水平，提出"到 2025 年，学校整体进入世界一流大学行列，大批学科和研究领域在国际竞争中占据优势地位"的远大战略目标。① 浙江大学在战略规划中提出"到 2020 年左右，部分优势学科进入世界一流大学行列；到 2035 年左右，

---

① 复旦大学. 复旦大学"十三五"发展规划纲要 [EB/OL]. 复旦大学信息公开网，2017-10-23.

学校整体保持在世界一流大学行列";到 2050 年左右,部分优势学科达到世界顶尖水平,整体实力进入世界一流大学前列。① 中国科学技术大学的世界一流大学建设方案提出 2030 年办学水平进入世界一流大学前列。② 上海交通大学也提出了建设世界一流大学的规划方案,并提出协同发展战略、人才强校战略、国际化战略、文化引领战略四位一体的战略体系。③

在政府的大力支持下,我国顶尖大学 C9 高校在近年来恰逢难得的发展机遇,在良好的政策环境影响下,C9 高校具有显著的一流大学发展环境优势,并享有一系列的政策支持和资源倾斜,为其后发优势的发挥奠定了坚实的基础。在"十二五"期间,南京大学的综合办学实力得到了较大提升,并提出以建设"第一个南大"为目标导向,推动部分学科进入世界一流前列,整体进入世界一流大学行列。④ 西安交通大学提出"明确五大建设任务、五大改革任务来实现世界一流大学发展目标"⑤。哈尔滨工业大学提出"把握好两个五年,分两步走向一流"的发展战略,并以人才培养战略、学科专业发展战略等六大战略为支撑,培植世界一流大学文化。⑥ 在国家战略和学校战略的共同作用下,这些大学通过各项战略举措的实施,与世界一流大学建设的目标逐渐靠拢,并终将全面实现"双一流"建设的目标。

---

① 浙江大学. 浙江大学"十三五"发展规划 [EB/OL]. 浙江大学官网,2020-9-27.
② 中国科学技术大学. 中国科学技术大学世界一流大学建设方案 [EB/OL]. 中国科学技术大学官网,2018-2-27.
③ 上海交通大学. 上海交通大学"十三五"发展规划纲要 [EB/OL]. 上海交通大学规划发展处,2016-7-25.
④ 南京大学. 学校发展规划(南京大学"十三五"规划)[EB/OL]. 南京大学信息公开网,2016-07-15.
⑤ 西安交通大学. 图解西安交通大学世界一流大学建设方案 [EB/OL]. 西安交通大学新闻网,2017-9-22.
⑥ 哈尔滨工业大学. 世界一流大学建设方案 [EB/OL]. 哈尔滨工业大学信息公开网,2019-11-4.

表 3-7 2010—2020 年 C9 高校在三大排行榜中的位序变动情况

学校	排行	2010	2011	2012	2013	2014	2015	2016	2017	2018	2019	2020
北京大学	QS	47	46	44	46	57	41	39	38	30	22	23
	THE	37	49	46	45	48	42	29	27	31	24	23
	ARWU	151~200	201~300	151~200	151~200	101~150	101~150	71	71	57	53	49
清华大学	QS	54	47	48	48	47	25	24	25	17	16	15
	THE	58	71	52	50	49	=47	35	30	22	23	20
	ARWU	151~200	151~200	151~200	151~200	101~150	101~150	58	48	45	43	29
中国科技大学	QS	154	188	186	174	147	113	104	97	98	89	93
	THE	49	192	201~225	201~225	201~250	201~250	153	132	93	80	87
	ARWU	201~300	201~300	201~300	201~300	151~200	151~200	101~150	101~150	101~150	101~150	73
复旦大学	QS	105	91	90	88	71	51	43	40	44	40	34
	THE	>200	226~250	201~225	201~225	193	201~250	155	116	105	109	70
	ARWU	201~300	201~300	201~300	151~200	151~200	151~200	101~150	101~150	101~150	101~150	100
南京大学	QS	177	186	168	175	162	130	115	114	122	120	124
	THE	>200	120	251~275	251~275	251~275	251~300	201~250	169	135	144	111
	ARWU	201~300	201~300	201~300	201~300	301~350	201~300	201~300	201~300	151~200	151~200	101~150
浙江大学	QS	218	191	170	165	144	110	110	87	68	54	53
	THE	197	301~350	301~350	301~350	301~350	201~250	201~250	177	101	107	94
	ARWU	201~300	151~200	151~200	151~200	101~150	101~150	101~150	101~150	67	70	58

续表

学校	排行	2010	2011	2012	2013	2014	2015	2016	2017	2018	2019	2020
上海交通大学	QS	151	124	125	123	104	70	61	62	59	60	47
	THE	>200	301~350	276~300	301~350	276~300	301~350	201~250	188	188	157	100
	ARWU	201~300	151~200	151~200	101~150	101~150	101~150	201~300	101~150	101~150	82	63
哈尔滨工业大学	QS	-	-	401~450	401~450	481~490	-	291	325	285	277	260
	THE	-	-	-	-	-	-	-	-	-	-	-
	ARWU	401~500	401~500	401~500	301~400	201~300	501~600	501~600	501~600	401~500	401~500	401~500
西安交通大学	QS	-	-	361	372	379	-	-	344	313	307	303
	THE	-	-	-	-	-	501~600	501~600	501~600	501~600	501~600	401~500
	ARWU	401~500	401~500	401~500	301~400	201~300	201~300	201~300	201~300	151~200	151~200	101~150

资料来源：作者根据 ARWU、THE 及 QS 排行榜信息检索和整理。

第二节 "后发型"世界一流大学的战略规划组织机构及制定程序

"后发型"世界一流大学在面临战略选择和战略决策时,通常会依托于一定的战略规划组织机构,由特定的组织机构来分析和制定战略规划。对"后发型"世界一流大学的战略规划组织机构进行分析,有助于为剖析其战略规划文本提供依据。

一、组织机构

(一) 组织机构设置合理

制定科学的发展战略规划,在一定程度上能帮助大学厘清发展方向,增强对未来的预见性,也可促进资源利用的最大化,保障大学发展的可持续性。"后发型"世界一流大学的战略规划组织机构设置合理,才能推动战略规划工作顺利开展。

为保障战略规划制定和实施的专业化、规范化,"后发型"世界一流大学确立了规划领导部门,建立专门的发展战略规划组织机构,负责规划文本编制、提供战略实施指引和评估战略实施成效等。新加坡国立大学董事会下设校园规划与发展委员会统领学校各单位推进战略规划的实施,执行委员会等 6 个委员会协助校董会对大学发展规划进行监督并促进决策。[1] 另外,校董会与大学的管理层和利益相关者密切合作,以形成大学的发展愿景,把握主要的战略规划方向,并制定规划方案和实施倡议。南洋理工大学董事会下设校园规划咨询委员会,监督校园总体规划的实施;学术事务委员对学术事务的管理提供监督和政策指导;校友和发展委员会监督大学的发展及处理其与学生、校友和外部社区的关系问题;审计和风险委员会监督大学的内部控制、财务报告和企业风险管理;企业委员会为大学关于创新、技术转让和创业的战略方向和政策提供监督和政策指导;财务委员会监督大学的财务管理等(图 3-5)。[2] 蒙纳什大学的校长执行委员会("VCEC")是大学战略规划的主要管理委员会。[3] 高级管理论

---

[1] 新加坡国立大学 2009 年度报告 [EB/OL]. 新加坡国立大学官网,2019-09-11.
[2] 南洋理工大学 2012 年度报告 [EB/OL]. 南洋理工大学官网,2021-02-26.
[3] 副校长咨询委员会 [EB/OL]. 蒙纳什大学官网,2021-05-16.

坛("SMF")是一个探讨相关战略或运营问题的论坛。校长执行和监督委员会("VCEIO")就大学发展战略向校长提供建议,并监督其关键举措。多样性和包容性委员会是一个向校长执行委员会报告的咨询委员会。土著咨询委员会反映当地土著社区的意见,并就土著项目向蒙纳什大学提供咨询。校长执行和监督委员会负责就蒙纳什大学的政策投入、战略举措和持续改进工作向校长提供建议。

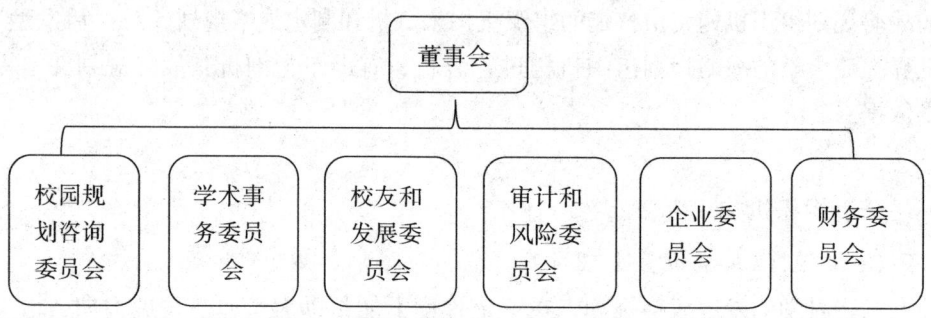

图3-5 南洋理工大学战略规划组织结构
资料来源:根据南洋理工大学官网的整理。

为了保障各组织在规划实施中履行其职责、充分发挥其价值,"后发型"世界一流大学通过加强战略规划组织制度建设,以明晰各部门的权责,保障规划实施中各部门、各主体得到充分的重视。新加坡国立大学和南洋理工大学的战略规划组织建设经过持续调整后逐渐走向完善,形成了"规划+实施+监管+评估"这一界限清晰的职能部门联合体,各组织部门相互配合、分工协作,充分发挥了战略规划的效能。蒙纳什大学规划与统计机构(UPS)是一个创新、协作和响应迅速的机构,在规划和分析方面享有卓越的声誉,可指导大学的战略目标;支持制定循证战略规划和决策,与利益相关者合作,为大学提供综合规划框架,并提供独立、实时、可靠、经过充分研究、合理的见解,为大学未来的发展提供关键信息。[①] 另外,"后发型"世界一流大学在组织建设中设置了重点领域优先投入协调小组,调配更多的人力、财政等资源支持重点学科及领域的发展,促进了战略规划组织功能的实现及组织行动的合法化,以提升战略行动效力,进而更好地实现战略目标。

---

① 大学规划与统计机构 [EB/OL]. 蒙纳什大学官网,2021-05-16.

第三章 "后发型"世界一流大学发展战略规划的制定

[案例1]

鲁汶大学行政执行委员会是一个跨部门制定战略目标和长期愿景的组织①，其关键作用是支持大学的核心任务，即教育、研究和知识转移活动，并积极思考如何在提供这些服务时提高专业性。鲁汶大学行政协调委员会与上述执行委员会不同，协调委员会在运作、执行层面开展工作，也是一个交流信息和向其他机构提供咨询意见的论坛。执行委员会负责董事会、理事会、学术委员会、特别学术委员会和大学理事会会议的行政协调和实质性筹备工作。执行委员会考虑到鲁汶大学研究发展管理委员会的专业性，安排大学研究发展管理委员会制定有关学术教育、科学研究、社会和知识转移活动的战略愿景和规划方案，提交学术委员会批准，然后由执行委员会审核。②通常，由执行委员会根据大学发展战略规划的基本方案加以认定后，向理事会提交一份鲁汶大学长期战略计划草案，并在实施过程中向理事会报告战略计划的执行情况。作为董事会的重要组成部分，执行委员会负责大学的日常管理工作。因此，为了促进鲁汶大学的发展，它可以采取一切必要的举措和决定，并在必要时与鲁汶大学研究发展管理委员会进行协调。执行委员会每年起草大学的预算和年度账目，并在获得学术委员会的建议后，将其提交理事会批准。

[案例2]

索邦大学的战略规划组织机构主要由理事会负责。理事会由两个不同的机构组成：董事会（BOD）和学术委员会（ACC）。ACC由两个委员会组成：研究委员会和教育与学生生活委员会。索邦大学董事会负责对战略计划、年度报告、社会报告的批准，以及对预算的投票；董事会在机构管理方面有较多决定性特权，每年至少召开四次会议。③另外，学术委员会是索邦大学的重要咨询机构。其职权范围包括研究和教育政策的方向、机构合同、教学和研究职位以及与学生生活有关的问题。学术委员会设立了纪律科，对学校办学实施情况进行监管；还设立了教育与学生生活委员会，负责对教育政策进行咨询，并按照董事会的要求分配一定的教育资源；还设立了研究委员会，对政策目标研究进行咨询，并按照董事会的要求分配一定的研究资金。

---

① 大学行政执行委员会［EB/OL］.鲁汶大学官网，2021-11-29.
② 大学行政执行委员会［EB/OL］.鲁汶大学官网，2021-11-29.
③ 大学中央委员会［EB/OL］.索邦大学官网，2019-06-15.

由以上两个案例可知,"后发型"世界一流大学依托于相对完善的战略规划组织机构,对战略规划制定工作进行全面部署,帮助大学进行战略选择和决策咨询;各部门之间分工明确,在组织功能上互为补充,这就为战略规划的制定和实施监管提供了一定的组织保障,促使战略规划达到理想目标。

(二)职责权限清晰

为了保障战略规划工作的顺利推进,"后发型"世界一流大学要确保战略规划组织机构的高效运转,这就需要确保组织机构的职责权限清晰。通常,"后发型"世界一流大学战略规划的审议和决策制定由董事会负责,在董事会的领导下由战略规划专门负责部门来制定大学发展战略规划和行动方案。一般情形下,"后发型"世界一流大学的董事会对发展战略规划提前做出部署和安排,具体由校长领导的校级领导团队、发展战略规划部门以及相关委员会负责执行,在每年最后一次财政会议前,安排工作人员制订发展战略规划方案,再提交董事会,由董事会审议,确定批准后方可公布。在做出最终的战略决策时,"后发型"世界一流大学的董事会在听取校领导的报告陈述并召开会议讨论后,由董事会成员投票表决。一旦决策制定完成后,"后发型"世界一流大学的战略规划文本会公开发布,例如,昆士兰大学、南洋理工大学、蒙纳什大学会及时将大学的战略规划和实施方案公布在校园官网上,供全校师生及员工学习和熟知。

为了实现大学的战略目标并展示其有效和高效的治理和管理能力,昆士兰大学制定了明确的战略规划治理规则和要求,涵盖了规划的组织、人员、利益相关者等(表3-8)。相较而言,洛桑联邦理工学院的战略规划管理团队主要由校长负责,校长领导的团队有充足的权力来实施大学变革。在大学内部管理上,该校有一套完善的大学管理制度,由5名副校长分别管理学校的教学、创新、运营、财务、转化,并由发展办公室负责牵头战略规划工作,以制定符合学校优先事项的战略,并获得优良的战略性资源。为了增进战略实施成效,洛桑联邦理工学院建立了内部沟通参与机制,支持洛桑联邦理工学院管理层与其社区的对话。在管理层和员工之间建立持久的联系,并通过促进对学校所采取行动的理解,使洛桑联邦理工学院社区的不同群体遵守学校的指导方针。

表 3-8　昆士兰大学战略规划治理的规则和要求

分类	要求内容
利益相关者	认识到其主要利益相关者的战略意义和贡献，包括学生、员工、捐助者、校友、同龄人、合作伙伴、政府以及当地和更广泛的社区；保护他们的权利，并尊重和公平地对待他们
言论、思想和学术自由	保护和促进言论自由、知识自由和学术自由，确保教学和研究的完整性和质量
战略意图	定义和传达昆士兰大学的使命、愿景、价值观和战略目标以及优先事项，与昆士兰大学法案规定的核心职能相一致
计划和预算	制定和实施战略、资本投资和运营计划和预算，以及优先时间框架的工作计划、资源计划和关键绩效指标
组织架构	定义并实施一个组织结构，以确保有效和高效地执行已批准的计划和工作计划
责任和义务	明确角色、职责和问责制，并分配相应的权力和授权
人员配备	确保公平、择优、透明、系统和一致的员工招聘、选拔、发展、晋升和薪酬方法，以吸引和留住最有能力的员工
文化	培养具有凝聚力和积极性的文化以及制定以绩效为基础、以客户为中心、合乎道德的决策
安全和福祉	定义并实施所有合理步骤，以确保其员工、学生、访客、承包商和志愿者在其所有活动领域的安全以及身体、心理和情感健康
资源管理	启用并确保以展示最佳实践和物有所值的方式对其资源进行规划、优先排序、采购、分配、使用和管理
资本投资	制定和实施资本投资和管理框架，以促进对可行机会的主动识别、分析和评估，投资提案（商业案例）的系统开发和稳健评估，以确保与昆士兰大学的战略目标和优先事项保持一致
资产管理	管理、维护和保护其有形和无形资产，包括与其价值相称的信息和重要记录，防止丢失、滥用和未经授权的访问或修改
风险管理	识别、评估和有效管理风险，采用充分有效的业务弹性和事件管理程序和实践，以预防、准备、应对任何重大不利风险事件并使其恢复
合规管理	明确遵守适用的法律、法规、政府政策、强制性标准和合同义务
可持续性与环境	在其运营的所有领域采用经济、对社会负责和环境可持续的做法，以确保大学发展的长期可持续性，并在可行的情况下保护和改善自然环境

续表

分类	要求内容
信息和记录管理	创建和维护真实、可靠和可用的信息和记录,以支持有效和高效的运营和决策,并证实大学的决策、活动和交易
报告和披露	确保计划和 KPI 相关,可靠、及时、平衡,诚实地披露和报告大学的绩效和职位,并满足法律或监管报告和披露要求
监督和审查	建立并实施有效的监督、监测、审查和管理保证活动,并及时纠正任何已识别的差异,包括不利的趋势和差异
能力	发展并不断增强其人员、流程和系统能力,包括在适当的情况下,使用创新技术
政策和程序	确定、制定和实施包含强制性要求的适当政策和程序,以实现并确保有效和高效的治理和管理

资料来源:治理与管理框架 [EB/OL]. 昆士兰大学官网,2021-06-03.

[案例3]

慕尼黑工业大学的发展战略规划制定事宜由董事会领导负责。董事会是慕尼黑工业大学的最高管理和监督机构,有20名有投票权的成员,包括10名当选的参议院成员,10名在科学、文化、商业领域的杰出领导人。董事会下设慕尼黑工业大学管理委员会,监督慕尼黑工业大学的运营,并保持其在欧洲的领先地位,其成员负责大学政策目标的制定和发展。慕尼黑工业大学董事会促进了慕尼黑工业大学实现公共利益的最大化。[1] 它向大学提供建议,并支持大学完成发展目标和任务。慕尼黑工业大学理事会成员对大学事务有着深刻的理解。慕尼黑工业大学扩展管理委员会基于行业中的扩展执行委员会的原则,将在大学运作层面发挥领导作用的人士聚集在一起,对大学发展事务进行战略性探讨,包括协调慕尼黑工业大学各部门和学校的发展目标,以及编制发展计划和大学章程(如博士学位要求)。[2] 慕尼黑工业大学高等研究院(IAS)是慕尼黑工业大学在卓越计划第一阶段的第一个机构战略的核心[3],推进卓越计划 I 和 II(2006—2018 年)发起的

---

[1] 慕尼黑工业大管理委员会 [EB/OL]. 慕尼黑工业大学官网,2020-01-15.
[2] 慕尼黑工业大委员会 [EB/OL]. 慕尼黑工业大学官网,2020-02-07.
[3] 自 2006 年来的成果 [EB/OL]. 慕尼黑工业大学官网,2028-05-18.

改革措施，执行卓越战略，同时承担了2030年慕尼黑工业大学议程一部分系统的现状和基准分析，编制数据驱动的预测，以规划和实施大学战略发展的有效措施，并将规划发展进程作为一部分，对学校、院系和科研院所进行评估，并对发展前景提出建议。

二、制定程序

"后发型"世界一流大学高度重视发展战略规划，依据其发展目标、使命和愿景等开展战略制定，在制定过程中体现出规范的程序、充分的调研、民主的参与等特点。

（一）制定程序相对稳定

"后发型"世界一流大学发展战略规划有一套相对固定的制定程序，在制定战略规划的前期，会做好充分的准备，由战略规划制定部门首先确定战略规划的关键要素，包括战略规划制定的流程、相关的项目负责人和参与者、对应的行政支持、参与战略规划的人员群体分布及具体的名单，战略规划文本制定的时间表和进度条、战略规划编制的组织形式等。在"后发型"世界一流大学内外部发展环境分析阶段，战略规划编制团队通过充分的调研来了解师生对学校发展的需求和建议，故而对广大教职工、学生、校友、股东代表等进行调查，并深度分析学校发展面临的机遇和挑战、现有的优势和劣势，从而确定推进学校发展的关键要素。以蒙纳什大学为例，该校的大学规划与统计机构是一个创新、协作和响应能力强的团队，在规划和分析方面享有卓越声誉，指导着大学的战略目标；此外，该机构支持制定基于证据的战略规划和决策，与利益相关者合作，为大学提供综合规划框架，并提供独立、实时、可靠、经过充分研究的合理的见解，为未来的规划服务提供信息。[①] 专业的战略规划机构保障了战略规划制定程序的相对稳定，在适宜的时机可进行适当调整。

（二）制定程序规范且合理

在"后发型"世界一流大学战略规划制定阶段，一般由董事会负责宏观指导，具体战略规划工作由校长牵头，带领负责战略规划编制的部门初步拟定学校的使命、愿景、价值观、战略目标、战略举措等内容，并报董事会投票确定后，才能予以批准发布。在"后发型"世界一流大学战略规划实施阶段，负责战略规划实施的部门将具体的战略任务予以分解，并安排落实到具体部门，把

---

① 大学规划与统计机构［EB/OL］. 蒙纳什大学官网，2021-11-06.

各部门的战略实施结果与战略任务、战略目标相挂钩,合理评估实施过程中所需的资源,明确资源的使用范围及负责人员,并提供详细的战略规划操作方案。在"后发型"世界一流大学战略规划追踪反馈阶段,由学校领导团队联合战略规划实施的相关部门设立战略规划协调小组,以保证对战略规划的实施情况进行持续追踪,根据战略实施情况中遇到的疑难问题进行协调,并对战略规划的相关资源配置方案灵活调整。

以昆士兰大学为例,昆士兰大学的战略规划制定程序正是遵循"准备—分析—制定—实施—反馈"这一基本模式(图3-6),以保证战略规划的合理性和高效性。该校的最高权力机构是校议会,校议会授权校长直接负责大学的管理,学校10年期的发展战略规划由校议会审核,侧重于宏观战略层面的规划制度,而执行层面的短期战略规划由校长直接负责批准实施。同时,学校建立了上下联通和无碍沟通的运行机制,要求二级学院的教职员工对学校的战略规划熟知并熟记,对规划产生思想层面的认同,据此分层来制定院系的发展规划以及相关部门的规划,最后将规划分到个人层面,形成个人的发展规划,从而形成了一个上下衔接、层层对接的规划体系和目标集合。昆士兰大学的战略规划形成了"总体规划—部门规划—个人规划"的良性模式,有助于落实规划目标责任和激发个体达成目标的斗志。

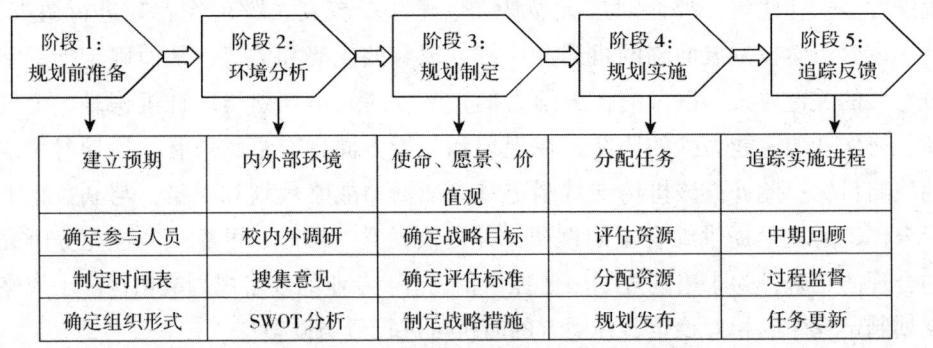

图3-6　昆士兰大学战略规划制定流程

资料来源:根据昆士兰大学官网资料整理。

三、价值取向

价值研究的关键在于从实然状态挖掘价值现象的本质和真相。[①] "后发型"

---

① 李德顺. 价值论研究的几个疑点辨析 [J]. 吉首大学学报(社会科学版), 2012, 33 (5): 1-10.

世界一流大学发展战略规划往往不是一个固定的文本，而是对特定的环境分析后，做出的一系列策略性制度安排和行动部署，并且在实施过程中处于一个动态调整、不断完善的过程，其最终目标在于使战略规划能切实引领学校的发展，产生较显著的实效。价值是解析"后发型"世界一流大学发展战略规划的逻辑起点，探讨"后发型"世界一流大学发展战略规划的价值取向需要从主体和客体两个层面出发，并从主客体之间的互动来予以剖析。

（一）社会价值：为社会创新变革注入动力

"后发型"世界一流大学的发展与社会密切相关，二者互为依托、互相促进。对"追赶型"国家的"后发型"世界一流大学来说，在市场经济环境的影响下，要充分考虑公众等利益相关者的需求，也要接受一些机构部门或团体的问责，这就需要通过制定大学战略规划，来提高大学的资源配置效率和相关的绩效。为了引领社会发展、与时代同步发展，"后发型"世界一流大学纷纷制定了发展战略规划，一方面促进了大学的快速发展并增强了其核心竞争力，也为其未来的发展道路指明了发展方向；另一方面也会输出大量先进的科学知识和有创新创业能力的研究型人才，对社会创新变革、科学技术的发展等起到极大的推动作用。正如昆士兰大学在战略规划中提及的："通过创造、保存、转移和应用知识来追求卓越，积极影响社会。"[1] "后发型"世界一流大学的战略规划体现了其对国家发展、社会进步的关注，并将新思想、新理念渗透到社会的各个角落，因此社会转型升级与大学的技术研发、新思想的诞生密切相关。在全球社会发生巨大变革的背景下，"后发型"世界一流大学作为新知识、新文化的集聚地，起到了相当的知识和文化引领作用。因此，"后发型"世界一流大学通过制定阶段性、连续性的战略规划，可以进一步为社会的转型发展贡献力量，也可以为社会的创新变革注入强劲的动力。

（二）经济价值：为经济发展提供有力支撑

对任何一所"后发型"世界一流大学而言，其发展水平无疑与区域经济发展密切关联。一方面"后发型"世界一流大学的发展壮大为社会培育了大量的研究型人才，提供了充分的人力资本，为经济发展提供了人力支撑；另一方面通过科研成果的转化推动了生产技术的更新和新产品的推出，由此加快了市场要素资源的流动与匹配，促进了社会经济的发展。从长远视角分析，"后发型"世界一流大学在较大程度上推动了国家的创新发展，其战略规划更是高度结合区域以及国家经济的发展，在规划中引领区域经济快速发展，推动国家创新型

---

[1] 2014—2017战略规划［EB/OL］. 昆士兰大学官网，2023-11-16.

经济的发展。例如，新加坡国立大学于 2001 年设定了面向 2005 年的发展目标，即在全球主要创业中心建立五所海外学院，突出且拥有创业精神的学生，给予他们在初创公司实习以及在主要创业中心顶尖大学上课的机会；研究并运用领先大学和行业的专业知识，发挥学术卓越与企业文化之间的协同作用。① 由此可知，新加坡国立大学依托学术卓越的优势，培育创新创业型人才，来推动创新型企业的发展，形成独特的"创业中心"模式，进而对经济发展产生强大的推力。"后发型"世界一流大学在发展进步过程中，通过将学术知识转化为现实生产力，有力推动了区域技术革新、产业创新，进而加快了区域经济发展的步伐。

（三）育人价值：培育全球领导者

"后发型"世界一流大学的发展目标归根结底在于培养创新型、复合型、领导型人才。"后发型"世界一流大学战略规划的核心价值在于培养卓越的人才——既具备广博的知识，也具有过硬的专业能力，能较好地适应社会和工作岗位，并能成为优秀的领导者。正如南洋理工大学在战略规划中提及的，"这是一所伟大的全球性大学，以科学和技术为基础，通过跨学科教育和研究培养领导者，并产生社会影响"②。"后发型"世界一流大学战略规划正是以培育全球领导者为导向，以高效治理、文化培育、质量提升为主线，不断提升其影响力，这也是其迈向卓越不可或缺的条件。随着国际竞争的加剧和科技发展步伐的加快，培养有世界眼光、创新创业型人才来推动国家和地区创新发展是大学人才培养目标的必然选择。昆士兰大学在《2014—2017 战略规划》中提及："通过团结和发展各领域的领导者，帮助他们塑造未来，激励下一代，并提出有益于世界的想法，致力于学生、员工和校友的职业成功。"③ 昆士兰大学通过卓越的教育培养各个领域的领导人才，以期改变世界、影响全球，这也充分展示了其战略规划的育人旨归。为了培育全球领导者，"后发型"世界一流大学往往通过加强战略规划，不断创新人才培养模式，建设国际化合作网络，大力推动出国交流、访学等项目，以培养知识能力全面、思维思想创新、创新创业意识强烈的现代化领导人才。

（四）本体价值：促进大学发展可持续

具有前瞻思维是"后发型"大学走向世界一流的基本条件，"后发型"大

---

① 2001 年度报告 [EB/OL]. 新加坡国立大学官网，2021-02-09.
② 南洋理工大学视野 [EB/OL]. 南洋理工大学官网，2021-12-20.
③ 2014-2017 战略规划 [EB/OL]. 昆士兰大学官网，2022-01-03.

学的发展要超越现实、立足长远,也要分析现在的发展对未来的影响。① 当前,全球发展环境日益复杂,只有准确把握技术变革的趋势,才能对大学的发展环境和竞争对手做出准确的预测,进而调整战略,来保持其卓越的地位。正是在激烈的国际竞争中,"后发型"世界一流大学积极推动战略规划工作,加强战略管理,从校内外环境、管理制度、资源配置等进行分析并做出相应调整,这对于世界一流大学的建成是必不可少的。对新加坡两所"后发型"世界一流大学而言,由于新加坡的国际化程度相当高,新加坡国立大学和南洋理工大学的师资队伍、学生群体以及校园环境等都有浓厚的国际化色彩。同时,由于国情的不同,新加坡具有移植世界顶尖名校的制度环境,并为将大学战略规划进行本土化应用提供了良好的现实条件,实现了战略规划制度的有效供给。新加坡两所大学对大学环境进行全面分析与评估,并详细地研制战略规划,起到了战略引领的作用。在高等教育系统中,资源的有限性和稀缺性是一所大学发展壮大的首要影响因素,也是近乎每一所大学都必须面对的问题。新加坡两所大学在制定战略规划中,较好地利用各类办学资源,并且体现了高度的社会责任感,有较强的社会服务意识和服务人类发展的伟大目标,关注当前和未来发展的需求,提高高等教育对社会发展的推动作用及贡献度,促进了其高质量发展的可持续。

第三节 "后发型"世界一流大学发展战略规划的制定原则与逻辑

研究可知,以斯坦福大学、哈佛大学等为代表的高校可称为老牌世界一流大学,这类高校在战略性资源等的获取上显著优于普通高校,在发展战略规划的制定中更加关注于引领全球高等教育的发展和变革,保持其领导地位,并不断巩固其生态位。相较而言,"后发型"世界一流大学的资源基础优势较为薄弱,在大学战略规划的制定中,体现出极强的赶超发展意识,故而在战略规划制定上更加强调发展特色,更加注重成本与效益等,专注于从点到面的突破和超越,以此来实现生态位的跃迁。

---

① 别敦荣. 高校发展战略规划的理论与实践 [J]. 现代教育管理,2015 (5): 8.

一、战略规划要素

通过前文对 2010—2020 年世界三大排行榜的比较分析，得出一部分大学在短时间内成为三大排行榜公认的世界一流大学的结论，这些大学主要来源于"追赶型"国家。这些大学实现"弯道超车"既与国家的政策支持、资金支持等高度相关，也与大学自身的治理变革与战略规划等存在密切关系。大学发展战略规划对大学的发展起到了显著的引领作用，是指引其迈向卓越的"领航标"。故而，对几所"后发型"世界一流大学的战略规划进行剖析，以探究战略规划在其迈向世界一流大学的进程中如何发挥效能，也可以得出其大学战略规划的要素（表3-9），具体包括学科建设、研究、教学、管理、国际化等多个维度，且不同大学的战略规划要素存在一定的差异性。

表 3-9 "后发型"世界一流大学战略规划的要素

大学名称	战略规划要素分类
新加坡国立大学	使命，愿景，国际化，科研，产学合作，教育
蒙纳什大学	使命，创新，教学，科研，内外的交流与合作
鲁汶大学	学术，战略定位，学科体系，管理制度
索邦大学	战略定位，研究，教学，国际化
洛桑联邦理工学院	目标和价值，研究，教学，产业与合作，学术与学生服务，师资人事，校园规划，资金，治理与管理
昆士兰大学	目标，教学，发现，参与，国际化
慕尼黑工业大学	使命，原则，研究的组织和质量，策略目标，计划方案
南洋理工大学	愿景，使命，战略目标，国际化

资料来源：作者整理。

根据战略规划理论，本研究把高校战略规划的对象聚合为三个层次的类。一是总目标层，是高校发展战略定位聚类，由使命和愿景、战略目标两个部分构成。这个类从整体和宏观的视野出发，是高校发展的"领航针"，确定了办学的核心价值观和总体发展目标。二是战略分解层，即对第一层总目标进行分解，涵盖了多个绩效指标领域，主要有科研、教学、文化建设、国际化等。三是支撑层，是战略保障系统聚类，包括管理制度、组织结构等。这个类的特点是支撑总体规划和子规划，规范高校内部的管理制度，为战略规划的全过程提供充分的物质和人力等支持，以保障学校各个不同层次目标的顺利达成。战略保障系统聚类与高校发展战略定位聚类、战略绩效指标领域聚类存在紧密的联系，可将三个类置于同一个战略规划系统图（图3-7）中，以便于从整体性、系统性视角来分析高校战略规划。

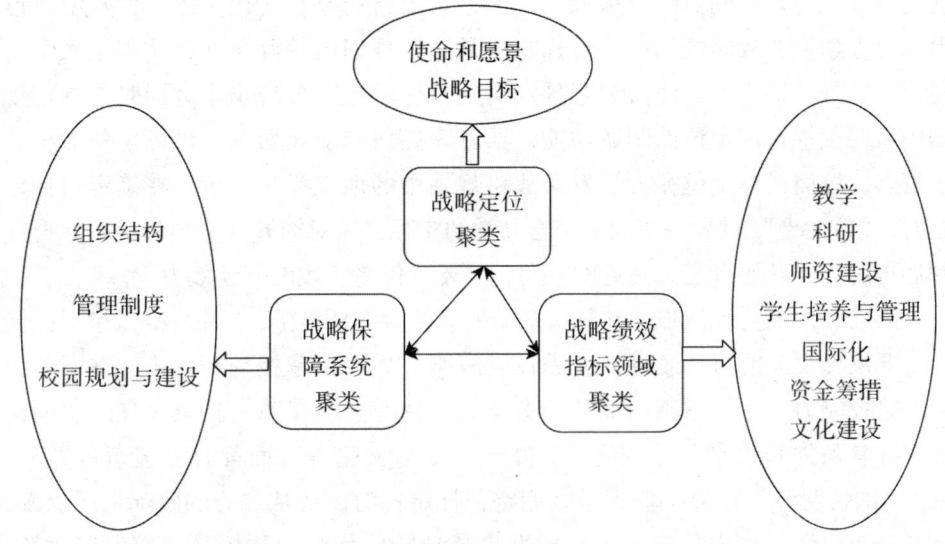

图3-7　高校战略规划对象的三个层次
资料来源：作者整理。

二、制定原则

通过考察"后发型"世界一流大学发展战略规划的制定过程，发现其较好地传达出大学的使命、愿景、价值观、战略目标和优先事项，与大学法案规定的核心职能相一致。具体而言，"后发型"世界一流大学发展战略规划的制定需要遵循如下方面的原则。

第一，目标定位精准。大学是一个动态运行的组织，其运行过程中可能会出现各种变化，这就导致了对大学的准确定位较为困难。故而，对"后发型"世界一流大学而言，准确的目标定位是极为关键的。倘若定位失当，会使大学发展的方向与预期目标发生偏离，这是"后发型"世界一流大学组织在发展中应防范的一大风险。实际上，"后发型"世界一流大学的定位既要考虑高校自身的发展情况，又要充分考虑外部发展环境的影响因素，才能较好地遵循目标定位的要求展开对应的办学活动。通常来说，大学的发展定位主要是办学特色定位、类型和层次定位、培养目标定位。"后发型"世界一流大学在确定目标定位时，鲜明的特色是首要，而且要敢于舍弃，不求多，特色发展也就意味着要采取差异化的发展战略。差异化发展的定位体现为学校的办学宗旨是追求特色化和差异化,从微观上来看是"后发型"世界一流大学在学科建设等方面的特色化;从中观上来看是"后发型"世界一流大学在办学过程中的风格体现;从宏观上来看是与其他同类院校采取不同的办学思路和办学文化。在"后发型"世界一流大学发展战略规划中,目标定位是总体规划的精髓所在,体现了大学的使命与愿景,将宏大的使命和愿景以明确具体的形式展现出来。同时在制定规划中需要发挥目标定位的领航功能,且总体规划和子规划也以目标定位为核心出发点,故而目标定位在大学发展战略规划中的地位举足轻重。在确定目标定位时,"后发型"世界一流大学结合办学的实际,需对内外环境形势进行综合评判后再定夺,既要有宏大高远的志向,又要有付诸实践的行动效力。

第二,发展特色清晰。在复杂多变的大学生态环境下,"后发型"世界一流大学要确保发展的可持续性,就需控制战略规划在能掌控的范围内,并不断提升战略控制力,才能不断凸显核心竞争力,从源头上保障可持续发展。不同高校在办学条件和水平、师资建设、办学历史与文化等方面都存在显著的差异,故而,"后发型"世界一流大学在制定目标定位时,要从自身的实际情况出发,综合分析校情,在内外比较下,挖掘自身独特的优势,剖析并规避发展劣势,进而找准自身的发展特色,只有以特色立校、特色兴校,才能凸显大学的品牌影响力。若质量是"后发型"世界一流大学发展的"生命线",那么特色就是"后发型"世界一流大学不断进步的"动力源"。"后发型"世界一流大学发展定位的特色化是保持世界一流大学生态系统持续发展的应有之义,也是大学在竞争中保持活力与生命力的展现,更是"后发型"世界一流大学提升品牌影响力的关键。

"后发型"世界一流大学的发展特色能展现其核心竞争力,也是影响其发展地位的关键。"后发型"世界一流大学的核心竞争力必然要立足于大学已经拥有的资源,并且是实现发展愿景和目标的核心要素,在组织结构、治理模式、办学理念等要素的协调作用下形成可持续的竞争优势,尤其表现在学科建设和人才培养模式等方面。"后发型"世界一流大学核心竞争力的打造,需要把大学的各类资源及潜在的发展优势通过制度创新加以整合,并将其转化为高水平的科学研究和高质量的人才培养。一方面,特色是"后发型"世界一流大学获得竞争力的前提条件,大学只有在发展中不断追求特色、扩大特色范围,才能形成难以被取代的核心竞争力;另一方面,特色是核心竞争力持有的结果,正是由于长期保持核心竞争力不减并有扩大趋势,"后发型"世界一流大学的办学特色才会逐步清晰和稳定下来。故而,"后发型"世界一流大学唯有保持已有特色并培植有潜力获得的特色,才能不断形成和增强核心竞争力,以促进大学的发展步入更高水平。

第三,自主制定战略规划。"后发型"世界一流大学自主制定发展规划是实施自主发展战略举措的重要一环。在国际高校之间的竞争日趋激烈的背景下,"追赶型"国家逐步改良了高等教育的办学体制和管理体制,赋予了高校更大的办学自主权。为了向世界一流大学进军,"追赶型"国家要确保在世界一流的高等教育集合体中占据一定的地位,以获得强大的竞争优势,这就使他们必须注重大学战略规划,并加强战略管理。故而,"后发型"世界一流大学在制定战略规划过程中,往往将其上升到国家层面的总体战略布局,以宏观的国家战略为指导来自主制定对应的发展战略规划,以此形成国家战略规划和实现大学战略规划的协调发展。"后发型"世界一流大学自主制定战略规划,可使战略规划更加符合学校发展的实际,使目标更加明晰,从而在战略实施环节更具操作价值;也有助于在多种战略方案选择中做出最佳选择,以优化大学发展的组织结构,全力配合整体战略的推进,并根据战略目标采取行之有效的战略行动;也有利于协调高校内部各部门的互助关系,优化高校的内外部生态环境,促进战略执行过程中可能会面临的复杂情况得到妥善处理,以提升大学的自主发展意识和能力。

第四,注重成本与收益的平衡。发挥资源基础优势,获取更多战略性资源是大学实现快速发展的关键,"后发型"世界一流大学在制定规划时,不仅需要关注资源获取的"量和质",而且对资源的使用也做出了详细的安排,以确保资源利用的最优化。具体而言,在"后发型"世界一流大学的财政支持策略中,不仅要强调筹集资源渠道的"开源",同时还关注资源使用上的"节流",注重成本与收益的平衡才会在战略规划的制定过程中提升资源配置效率,进而以相应的战略性资源投入收获最佳的效益。另外,为了有效降低大学的运营成本,"后发型"世界一流大学在战略规划中提出采用多种渠道和途径进行科研等资源的开放共享,推进跨学科和交叉学科研究,以提高资源的利用效率。

第五,重视大学精神文化等隐性因素的发展。一般而言,大学战略规划更加关注对物质指标体系的追求,在大学竞争中体现得尤其明显,相对而言更容易实现。通常一部分大学对精神文化等办学隐性因素关注不足是因为实现精神文化等的目标往往需要更长的时间和更持久的努力。与一般大学不同的是,"后发型"世界一流大学在办学初期就致力于培植大学文化和大学精神,通过长期的努力形成富有特色的世界一流大学文化和办学精神,同时还关注于大学发展生态的平衡,例如,男女性别平等、弱势群体的发展等,这对大学的长久发展和大学社会声誉的提升至关重要。"后发型"世界一流大学致力于建设"追求卓越"的大学文化和"持续创新"的大学精神,这是其在制定大学战略规划过程中始终坚守的重要底线,这已经引起了其他高校的关注和效仿,并且,"后发型"世界一流大学在发展战略规划制定后,在良好的文化氛围和精神熏染下能促进行动个体更好地履行其责任和使命。

三、制定逻辑

从生态学角度出发,"后发型"世界一流大学的发展具有一定的生态学特性,在发展过程中与大学生态环境有着紧密的联系,其发展过程也呈现出一定的生态规律性。教育学家阿什比曾提及,"在过去,每一所大学都是独立的有机体,能自主地吸收营养,从而不断成长起来"[1]。事实上,每一所大学都是一个复杂的生命系统,能适应外界环境、吸收外界能量,并且为外界提供人才和知识产出,为社会创造一定的价值,以此确保自身的生存和长久发展。[2] 从现代生态学的观点出发,"后发型"世界一流大学是属于大学生态环境的生命体,具有新陈代谢、环境适应等特征。任何一种有机体都必须依赖周围的环境,并且与周围环境进行能量、物质和信息的交换才能较好地生存下去。"后发型"世界一流大学也是如此,也需要与其环境进行物质交换、信息传递和能量流动,一旦缺失了交换的过程也就失去了其生命活动,也就不会有其生态系统的存在。"后发型"世界一流大学的生态特性体现在它能够与大学外界环境进行资源交换,在其与外部环境互动、适应、调适的过程中,获得较好地生存发展。在"后发型"世界一流大学生态系统中,除物质流外还有其他各种能量的流动,如知识流、人才流、资金流和信息流等。"后发型"世界一流大学所处的生态环境是世界一流大学得以长久存在的必备条件,也是威胁"后发型"世界一流大学得以持续发展的重要因素。如果"后发型"世界一流大学完全顺应环境的要求,必然会逐渐失去"后发型"世界一流大学组织的内在属性和特有品格,从而失去办学的独特性和差异性;如果一味地延续传统的办学理念和办学方式,就难以保持其长久位于世界一流大学的地位。

事实上,"后发型"世界一流大学的生态特性正好体现在其发展过程的"新

---

[1] 阿什比. 科技发达时代的大学教育 [M]. 滕大春,滕大生,译. 北京:人民教育出版社,1983:12-16.

[2] 阿什比. 科技发达时代的大学教育 [M]. 滕大春,滕大生,译. 北京:人民教育出版社,1983:16-19.

陈代谢"上。"后发型"世界一流大学的生命有机体是在大学整体的发展中自主形成和成长发展的,其产生和发展与大学生态系统不无关联。"后发型"世界一流大学作为整个大学生态系统的一个子系统,与所处的生态环境不断地互动,并进行各种物质与能量的交换,以保持其生态环境的良性循环。一方面,"后发型"世界一流大学不断从外界环境获得巨额资金、优质人力等资源,为其生命的持续提供了充足的营养,经过循环消化成为其发展的重要元素,进一步强化成长的内生动力。另一方面,"后发型"世界一流大学恰当地运用外界资源,培养出有高深知识、创新思维、领导能力的学生,并产出一系列促进社会发展的尖端科研成果,为经济社会的转型发展服务,进而使外部环境能继续支撑其发展。"后发型"世界一流大学作为一种特殊的生命有机体,其生存和发展离不开所属的大学生态系统,故而"后发型"世界一流大学战略规划必须关注大学发展的战略生态环境,注重平衡大学利益相关者之间的关系。

"后发型"世界一流大学生态环境在构成要素上较为复杂,多个生态因子相互交织并呈现纵横交错的立体结构。"后发型"世界一流大学生态环境较为复杂,既包括内部环境与外部环境,也包括直接环境与间接环境,在多方面环境的影响下,构成了多因素、多层次的战略生态环境系统。具体而言,"后发型"世界一流大学的生态环境包括组织生存和发展的社会经济环境,所处地区的人口、地理等物质社会环境,国家科技体制、政策等制度环境以及大学内部的校园环境等,这些共同影响着"后发型"世界一流大学的成长,决定着"后发型"世界一流大学竞争优势的获得。维持稳定可持续的战略生态环境是现代大学战略发展的必然要求,只有充分利用和大力开发立体化的战略生态环境,才能使"后发型"世界一流大学组织在激烈的竞争中占据一席之地。"后发型"世界一流大学要想在复杂多变的社会环境中长盛不衰,其核心就在于它能够不断地与大学生态环境进行互动和调适,并运用一切可能利用的内在因素能动地改造大学生态环境。

综上,从生态学看来,可把"后发型"世界一流大学的成长理解为一个开放的自组织系统主动与外部进行能量、物质、信息交换,旨在维持和完善自身需要、进一步完善结构和扩大规模、改善自身与环境的关系、提升自身生命价值的动态发展过程。"后发型"世界一流大学的成长是一个较为复杂的动态过程,故而"后发型"世界一流大学战略规划不是一个一元、静态的目标体系,而是复杂多元、动态发展的,需关注其组织生命力发展的"整体逻辑"。大学生态系统的客观存在决定了我们对"后发型"世界一流大学战略规划的分析不能单一地就规划而分析规划,而应从"后发型"世界一流大学整个"活"的有机体和"动"的生态环境中去考察。根据"后发型"世界一流大学的生态学特性及其进化逻辑,发现"后发型"世界一流大学战略规划的制定逻辑可从生态网的规划、生态流的规划、生态位的规划三个层面剖析,这正是功能完善、布局全面的世界一流大学战略规划体系所要求的。

(一)"后发型"世界一流大学生态网的规划

生态网是自然界中生物体之间形成的一种虚拟网络,在这个网络中各个生物体彼此之间存在着某种特殊的联系。在大学生态系统中也存在一种类似的生态网,例如,大学与企业、政府、校友等,彼此之间互相作用、互相依存,共同构成了一个虚拟的生态网,故而"后发型"世界一流大学的战略规划制定通常把握了生态网规划的逻辑。

第一,构建相对稳定的生态网。从生态系统的整体视角出发,世界一流大学建设必须依赖社会生态环境,且在某种程度上已转化为整个社会生态的建设,即社会生态环境与大学生态存在紧密的联系,而且社会生态建设的水平与完善程度将直接影响世界一流大学建设的进度和水准。[①]"后发型"世界一流大学在成长过程中与社会生态环境互动适应中,只有不断进行能量、物质和信息的交换才能较好地生存下去,并与政府、企业、竞争者、中介机构等构成一个持续循环、动态稳定的生态网。例如,南洋理工大学是新兴一流大学的突出代表,创造了"亚洲理工类高校的奇迹",与新加坡政府、社会慈善机构、校友、合作企业等共同构成了联系紧密的生态网,在这个生态网中,不同的利益主体占据各自特有的资源禀赋,彼此之间相互依赖、相互促进,形成了一个较为复杂的利益共同体。这个生态网是南洋理工大学获得可持续发展的保障,也是阻碍其走向卓越更高峰的重要因素,一旦缺失了生态网中的一部分,就可能会影响到其世界一流大学地位的可持续性。故而,"后发型"世界一流大学战略规划的制定充分考虑了所处生态网的循环特点、资源交换能力等,平衡了相关利益主体的发展需求,才维持了生态网的相对稳定。

第二,内外部发展相融合。从大学生态系统出发,"后发型"世界一流大学战略规划的目的不仅仅是在高等教育内部争取一定的优势资源,也不仅仅是依托单一的发展战略,而是要将多个战略规划融为一体,从高等教育内外部同时出发获取发展优势。"后发型"世界一流大学战略规划的范围并未局限于大学组织内部,而是放眼于大学组织外部活动的识别与整合,并且考虑到与学生、教

---

① 耿有权. 生态学视野中的世界一流大学体系建设[J]. 现代大学教育, 2009(2): 86-93.

职工、校友、社会组织等利益相关者的联系，从而实现自身成长和社会价值的交互上升。例如，新加坡国立大学的战略规划与国家战略规划融为一体，以国家经济发展战略为依托，在创业中心孵化了多个高新科技企业，以助推新加坡的创新型经济增长。"后发型"世界一流大学的发展战略，在全面审视生态环境和生态网的基础上进行选择，建立完善的大学制度，促使大学生态环境达到动态平衡。① 当前，越来越多的"后发型"世界一流大学注重可持续发展，在大学的战略规划中强调为社会服务、为人类福祉做出贡献，将大学的发展与所处地区乃至整个社会的发展紧紧相连，以使整个大学生态系统得以持续发展。"后发型"世界一流大学的发展往往不是单一的大学发展问题，而是影响到一个国家经济发展与社会进步的关键环节，故而一些国家通过建设世界一流大学来不断提升其经济发展水平和国际地位。例如，新加坡大力支持将新加坡国立大学和南洋理工大学建设为世界一流大学，以培养高端研究型人才、加强科技创新研发、支持企业孵化等，为新加坡的社会经济发展提供重要的人力支持和科技支撑，从而不断提升其国际竞争力。② 新加坡国立大学和南洋理工大学战略规划的制定，也与新加坡发展战略的需求相一致，切实围绕新加坡高等教育发展的方向和目标，而不局限于学校自身的发展和提升。

第三，获取利益相关者的支持。"后发型"世界一流大学的发展前景受其利益相关者期望的影响，而利益相关者正是其所处生态网的有机组成部分，其重要性不容忽视。"后发型"世界一流大学在制定战略规划过程中，通常会对利益相关者的行为进行预测，然后结合大学自身的状况，做出最佳的战略选择。这种思路体现了通过考虑"后发型"世界一流大学利益相关者的利益，从而实现自身利益诉求的理念，符合世界一流大学生态网发展的大格局观。"后发型"世界一流大学的建设，归根结底离不开利益相关者的支持，只有"后发型"世界一流大学与利益相关者相向而行、达成共识，才能最终促使其世界一流大学的地位更加稳定。例如，昆士兰大学、索邦大学、鲁汶大学等在制定战略规划时会主动征集合作企业、社会机构、校友等的意见，根据学生、教职员工、学术人员、博士后和校友等提交的成百上千个想法形成白皮书，涵盖了重新构想学习、追求有前途的新研究领域、提出创新和灵活的方法来解决世界上的问题，也传达了对大学社区的关注和高效利用大学资源等优先事项，在促进大学更好

---

① 梁方正. 高等教育生态视角下的大学发展战略选择 [J]. 中国电力教育, 2011 (11): 1-2, 13.
② 薛珊, 刘志民. "后发型"世界一流大学建设的路径及启示：以新加坡两所大学为例 [J]. 高校教育管理, 2019 (4): 27-38.

发展的同时也保障了相关利益主体的发展。在传统的战略模式中，多数大学以自我的发展为核心，忽视了相关主体的发展，虽然实现了自我发展利益的最大化，却忽视了与大学发展相关的生态系统的良性发展，也忽视了利益相关者的未来利益，因而影响了其持续发展。从大学生态系统出发制定战略规划，就是要求建设世界一流大学不能仅仅关注自身的发展，而且要高度重视大学发展与环境的交互作用机制，制定战略规划时要把大学发展考虑的范围扩展到整个大学生态系统。通过规划和再造有利于世界一流大学发展的生态系统，大学在一定的生态网内拥有新的战略运作空间和战略转型机遇，这是促进大学在动态变化的环境中可持续发展的关键。

（二）"后发型"世界一流大学生态流的规划

在自然生态系统中，不同生物体之间的物质循环、能量流动和信息传递通常以流态形式来表达[①]，即形成了生态流。生态流能够反映生态系统中的物质代谢、生物迁徙、能量转换、信息交流等特征。在大学生态系统中也存在能量流、物质流和信息流等，故而在"后发型"世界一流大学的战略规划制定中也充分考虑了生态流的规划。

第一，保持生态流的持续循环。生命活动往往是与物质循环、能量流动、信息传递存在密切联系的，这些生命活动形成了多股生态流，生态流正是生态系统得以平衡的关键动力。世界一流大学是大学生态系统中的引领者和标杆，其产生和发展也必须依托一定的大学生态系统。从生态有机观出发，世界一流大学根植于大学生态系统之中，而且会参与到时空交叠的教育系统和社会系统当中[②]。按照生态学的思维，"后发型"世界一流大学在面临动态复杂的社会环境时，为了自身的生存和发展，会与全球高等教育系统和社会系统等利益相关者共同构成相互作用的适应系统，以保持生态流的正常运转。"后发型"世界一流大学既从外部环境中获得资源，又通过发挥自身办学职能输出产品，从而形成了良性循环。在这种流动交换关系中，"后发型"世界一流大学与外部生态环境系统产生了紧密的联系，故而保持生态流的良性循环是必须的，这种循环能否稳定不断地保持下去，对大学组织来说至关重要；一旦生态流的循环被打破，将会影响"后发型"世界一流大学的长远发展，容易脱离于"后发型"世界一流大学行列。例如，新冠疫情的蔓延给昆士兰大学、蒙纳什大学等世界一流大

---

① 郭贝贝，杨绪红，金晓斌，等. 生态流的构成和分析方法研究综述［J］. 生态学报，2015，35（5）：1630-1639.

② 张庆辉. 大学战略管理实质的再认识：基于生态位理论的思考［J］. 高教探索，2011（3）：11-13.

学的留学生入学带来了诸多限制，也对依托留学产业的昆士兰大学、蒙纳什大学等高校的办学经费造成了显著影响，使其教学、科研等环节受阻，影响了其持续发展。具体而言，一方面，周围环境源源不断地将其发展所必需的能量、物质与信息输送给"后发型"世界一流大学组织，如资金和信息等，形成了资金流、信息流；另一方面，"后发型"世界一流大学又通过吸收的能量和物质等实现其办学职能，将生产的高深知识、优秀人才、前沿科研成果等输出给周围环境，包括专利技术、咨询服务和优秀的学生等。"后发型"世界一流大学正是在立足生态网规划的基础上，注重其与环境进行的物质交换、信息传递和能量流动，才保持了这种相对平衡的"输入—输出"生态流。

第二，畅通多股生态流。在"后发型"世界一流大学所处生态系统中，除了显性的物质流外，还有其他类型能量的流动，如资金流、知识流和信息流等，由此组成的大学生态流为大学生态系统的运行提供了源源不断的动力。在"后发型"世界一流大学战略规划中，打通多股生态流是非常必要的，人才流的规划要考虑师资的分配，教辅人员的比例，教师职称、管理职位的安排等，将这些因素与学校的战略定位进行对比分析，以实现最佳的人才流；知识流的规划考虑学科资源的整合，跨学科、跨院系合作开展前沿科学研究，建立科研成果孵化转移机制等，将这些因素与国家发展战略、经济社会发展需求进行结合，以实现最佳的知识流；资金流的规划考虑资金来源渠道的多元性，成立专门的资金筹措机构以确保资金筹措的稳定性，加强资金使用过程的监管，以实现最佳的资金流；信息流的规划要考虑信息收集、信息传递和信息处理的及时性，使有效的信息流服务于大学发展，以更好地发挥信息流的联结、调控和决策功能，以实现最佳的信息流。例如，洛桑联邦理工学院、南洋理工大学等高校的生态流规划正是从人才流、知识流、资金流和信息流等出发，一方面，大力引进卓越的研究型人才，不断提升学生国际流动的比例，成立了多个跨学科研究中心，打破学科边界，培育跨学科复合型人才；另一方面，从政府、基金会和合作企业方筹措大量的办学经费，加强对大学变革、经济社会转型等相关信息的收集和整理，为学校的决策提供有力支撑。此外，"后发型"世界一流大学严格把控了各类生态流的质量，以打通生态流的规划，为战略规划的实现提供坚实的动力支撑。

第三，生成高质量的生态流。"后发型"世界一流大学战略规划的制定必须依托一定的大学生态环境，大学生态环境包含不同层次和不同水平的生态流，对"后发型"世界一流大学的发展产生不同的影响。"后发型"世界一流大学战略生态环境在构成要素上较为复杂，多个生态流的关系呈现纵横交错的立体结构。事实上，一些大学的发展正好受制于生态流的质量，并试图营造渠道更加多元的资金流、更加高效的信息流、更高质量的人才流，这一趋向是客观存在的。例如，新加坡国立大学有丰富的资金来源渠道，居新加坡高校第一位，保障了高质量的资金流；新加坡国立大学在七所海外学院培育创新创业型人才，在2021年《泰晤士高等教育》全球大学毕业生就业竞争力排行榜上位列第9①，保持了高水平的人才流，这正是新加坡国立大学保持其国际影响力的有力支撑。另外，保持生态流的质量是必须的，一旦生态流的质量显著降低将会影响"后发型"世界一流大学的长远发展，容易使其脱离世界一流大学行列。具体来说，需要调动各利益相关组织在"后发型"世界一流大学生态系统内发挥各自的作用，促进优势资源互补，共享信息和技术，在良好的互动中形成较大的价值输出，使整个世界一流大学生态系统能为社会生态的持续发展产生较强的正向推力。同时，在复杂多变的外部环境下，"后发型"世界一流大学通常会不断加强战略预测、战略选择的能力，充分预测和分析未来的环境变化，利用高质量的生态流支撑一轮又一轮的战略行动，只有如此才能确保"后发型"世界一流大学与其所处的生态环境能进行充分的物质、信息和能量的交换，从而发挥其竞争优势。另外，"后发型"世界一流大学战略规划具有较强的协调内外部关系的能力，即处理好大学与政府、大学与企业等的关系，也能妥善处理好大学与教师、学生等的关系，能通过协调内外部资源和力量来确保高质量生态流的良性循环，从而促使更多优质的资源流入世界一流大学。

（三）"后发型"世界一流大学生态位的规划

生态位是在生态系统中客观存在的，生物体尽管受到各种环境因素的影响但依然能够长久地生存下去，其功能和地位仍然能够得以持续，生态位即其地位与作用的体现。② 对于大学生态系统而言，也存在生态位，并且生态位的重叠、宽度失衡等是高等教育发展过程中普遍体现出的生态位困境，需要加以高度重视。③ 故而，在"后发型"世界一流大学战略规划的制定中通常都高度重视生态位的规划，体现为准确定位、合理分化和适时跃迁三大要义。

第一，准确定位生态位。相较于稳定的生物生态位而言，大学生态位常常处于动态调整之中，是大学发挥其能动性与大学生态环境相互作用的结果。由生态位的原理可知，如果生态位重叠现象加剧将会导致生态系统内的过度竞争，

---

① 全球大学就业竞争力排名［EB/OL］．泰晤士高等教育，2021-04-23．
② 袁涛．世界一流大学生态位的研究［D］．哈尔滨：哈尔滨工业大学，2020：16-18．
③ 沈亚平，陈良雨．高等教育治理现代化的生态位困境及优化策略［J］．中国高教研究，2016（3）：61-65．

这种竞争一旦发生于大学场域,将会使高等教育系统走向恶性发展。对任何一所大学而言,在高等教育系统中都有对应的生态位,并且是其他大学不可替代的地位。为了避免陷入过度的竞争,"后发型"世界一流大学生态位的设计往往能根据自身的实际进行准确、科学的自我发展定位,选择与自身条件相符的生存环境,采取与竞争对手有较大差异的策略,突出个性化、特色化的发展理念,从而合理分化生态位。在不同的发展阶段,"后发型"世界一流大学的管理水平、办学文化等具有一定的差异,其在高等教育系统的竞争力也有所差别,所处的生态位也会相应调整。在世界一流大学集合体中,可获取的优秀的生源、顶尖的师资、卓越的科研等资源是相对固定的,故而彼此之间存在一定的竞争,知名校友、高影响力的论文、世界级奖项、高被引论文的作者等是"后发型"世界一流大学群体竞争的重要资源,并且竞争最激烈的当数顶尖师资、重大奖项、巨大影响力的科研成果等。"后发型"世界一流大学往往会提供优厚的待遇聘请各领域的知名学者;也会组建一流的科研团队、提供一流的科研设施,面向时代发展的需求开展生物技术、人工智能等前沿领域的尖端科研攻关项目,以求在这些重要的领域占据研究制高点,推动技术变革和社会生产力的进步,并在全球产生更加广泛的影响力。"后发型"世界一流大学通常是结合社会经济大环境的发展趋势超前定位学校的发展方向,在高等教育系统中合理定位,找出和自身实力相当的位置,从而避免过度竞争。[①]

第二,合理分化生态位。在大学生态系统中,越来越多的大学制定了差异化发展战略,并纷纷形成了自身的发展特色和难以模仿的特征,这样更容易在竞争中以特色取胜,也有利于生态位的合理分化。"任何组织的管理者都必须高度重视竞争者,否则会被竞争者快速超越"[②],"后发型"世界一流大学的发展也是如此,永远处于一种竞争的环境之中,并在激烈的竞争中促进了生态位的分化。事实上,任何一所"后发型"世界一流大学要想在竞争中立于不败之地,最重要的任务就是全面分析竞争对手、拓宽信息渠道、时刻关注竞争对手的战略目标和战略行动,以找准自身的生态位。例如,新加坡国立大学和南洋理工大学关注到哈佛大学、麻省理工学院在发展战略中增加科研投入、引进卓越人才后,通过各种渠道加大科研经费投入、加大力度引进顶尖人才、寻求更宽领域的科研合作,并提倡本科生参与科研项目,以不断缩小与美国顶尖高校在科

---

① 郭树东,赵新刚,关忠良,等. 研究型大学学科发展战略选择的生态位策略研究 [J]. 教育理论与实践,2009,29(30):9-11.
② 耿乐乐. 世界一流大学战略规划:价值追求、理性抉择与战略行动 [J]. 黑龙江高教研究,2020,38(7):1-7.

研领域的差距。一般来说,"后发型"世界一流大学的竞争对手主要包括优势学科相似、发展战略相似的院校,那些可能对本校现有生态地位构成威胁的院校,对本校目标生态地位构成威胁的院校,有较强战略控制力的创业型院校。潜在竞争者的增加也必然会对世界一流大学的生存和成长产生一定的影响,也会增加"后发型"世界一流大学生态系统的总产出,故而会给世界一流大学的成员带来较大的威胁。近年来,越来越多的潜在竞争对手正在逐步迈向世界一流大学行列,它们纷纷以"小而精的学科布局、集中的资源投入、由顶尖学者组建的科研团队"的形式参与竞争,如香港科技大学、韩国科学技术学院等已经在世界上产生了较大的影响力。另外,随着各国政府放宽对教育产业市场的准入限制,部分世界一流大学通过自主建立分校或者合作举办研究院等形式在全球布局海外分校,这些大学在品牌影响力和教学质量等方面对各国学生都具有较强的吸引力,可能会对部分国家世界一流大学建设进程产生一定的影响。

第三,适时跃迁生态位。一般来说,"后发型"世界一流大学在判定其在所属生态系统中的生态位之前,需要基于对整个生态系统的比较分析后再对校内外环境与发展形势做出全面科学的研判,充分考虑经济社会发展对学校办学的新变化、新要求,认真研究所属生态系统的竞争程度,从而采取差异化的发展战略来设法跃迁生态位。从世界大学学术排名的生态位态势和重叠度的统计发现,生态位态势越高的大学排名越靠前,排名前100的大学生态位的重叠度很高,竞争非常激烈。[①] 由此可知,生态位态势的提升就意味着大学排名的上升和竞争程度的增强,生态位的跃迁需要从长远考虑,制定更加适宜的战略规划,才能发挥强大的战略行动效力。就南洋理工大学和新加坡国立大学的发展历程而言,两校认清自身所处的生态位,以服务国家发展需求为使命,把握不同层次高校所处生态位的态势差异,制定了更加细致的战略规划并付诸行动,以争取更多的资助和捐赠,开展高水平合作研究等一系列发展战略促进其走向卓越,顺利实现了大学生态系统位置从低阶向高阶的转变,即实现了生态位的跃迁,从而真正跨入"后发型"世界一流大学行列。为了引领全球高等教育的创新发展,南洋理工大学发布了《2025计划》,包括人工智能与增强智能,韧性城市化与自然生态系统,大脑与学习,健康与社会,企业的未来以及文化、组织与社会这几个方面的内容,以在全球高等教育领域持续扩大其影响力。正如南洋理工大学的崛起一样,"后发型"世界一流大学生态位的跃迁通常是一个漫长的过程,需要持续地、长远地规划,将大学的发展置于整个大学生态系统和社会

---

① 袁涛. 世界一流大学生态位的研究[D]. 哈尔滨:哈尔滨工业大学,2020:41-46.

生态系统中，才能在竞争中不断扩大发展优势。在特定的时空里，每所大学都可能成为"准"世界一流大学，也会面对相似的发展机遇，但只有善于发现并抓住发展机遇、适时调整发展战略的大学才能利用好发展机遇，通过有力的战略规划促进生态位的适时跃迁，不断向世界一流大学靠近。

第四章

"后发型"世界一流大学发展战略规划文本释析

为实现卓越发展的目标,"后发型"世界一流大学通过规范的战略制定程序、基于独特的价值取向和生态学思维制定了适宜的发展战略规划,并形成了内容完善、结构清晰、重点突出的战略规划文本,为其发展战略的实施提供了明确的方向导引。相较于老牌世界一流大学而言,"后发型"世界一流大学发展战略规划文本体现出更强烈的赶超发展意识,迈向世界一流并保持卓越的愿望更迫切,体现出创新创业等重要的发展元素。值得探讨的是,"后发型"世界一流大学发展战略规划文本有何特色、有哪些组成要素、有何种演化特征及规律,本章将围绕这些问题进行深入考察,先对这类大学发展环境及规划历程进行梳理和剖析,进而对文本的内容及结构释析,挖掘其共性特征和个性特点,并探寻其演化逻辑与规律。通过深入挖掘国外"后发型"世界一流大学发展战略规划文本的特征及演化规律,可为编制符合中国国情的"双一流"高校发展战略规划文本提供有益借鉴。

第一节 "后发型"世界一流大学的发展环境及战略规划演进历程

经过对国外"后发型"世界一流大学的分析,发现诞生这些大学的"追赶型"国家是新加坡、澳大利亚、法国、德国、比利时、瑞士。这些大学之所以能实现"弯道超车",获得跨越式发展,与以上各国政府推进的高等教育改革和"建设世界一流大学"计划等宏观环境密切相关。例如,德国联邦政府推出"卓越计划",以期提升德国高等教育的国际影响力,慕尼黑工业大学作为入选"卓越计划"重点资助的大学,由董事会牵头对学校的内外部发展环境进行分析,授权出台了对应的卓越计划方案,并制定了卓越战略任务,推动了其快速发展。

"后发型"世界一流大学战略规划的制定均立足于大学发展环境的分析，这也有助于制定科学合理的大学发展战略规划。

一、发展环境

大学的发展环境不仅仅指当前的环境，也要考虑过去和未来的发展环境。因而，"后发型"世界一流大学在制定大学发展规划时，既要掌握过去的发展环境，也要立足于现实环境，还要对未来的发展环境做出准确的预测和判断。为了找准后发优势，"后发型"世界一流大学的发展环境包括了大学所处的内部环境和外部环境，基于对大学发展环境的系统分析，包括对大学所处的生态系统及生态位进行分析，来确定基础生态位，进而探寻自身的办学方向和确立目标生态位，从而结合自身条件、国家需求、国际形势来制定适宜的发展战略规划。"后发型"世界一流大学在战略规划制定前进行了充分的环境分析，以明晰内外部的挑战和机遇，进而提出应对之策。具体而言，"后发型"世界一流大学发展环境可分为内部环境和外部环境。

（一）内部发展环境

"后发型"世界一流大学所处的内部发展环境包括大学现实环境和历史环境。历史环境是内部环境的重要部分，对"后发型"世界一流大学发展历史的扫描可为大学未来的发展奠定基础。"后发型"世界一流大学在发展的早期，资源基础较为薄弱，特别是战略性资源较为匮乏，故而发展的步伐较为缓慢。就新加坡两所"后发型"世界一流大学而言，新加坡建国早期仅有新加坡国立大学一所高校，其后在新加坡的经济发展对人才需求加大的情形下诞生了南洋理工大学，两所高校均为享受新加坡政府资助的公立大学。新加坡国立大学发展起步较早，几经变革并在1980年合并后，更名新加坡国立大学。[1] 1997年，为推动新加坡创新型经济的发展，新加坡政府计划将新加坡国立大学和南洋理工大学打造为国际一流的大学，以推动新加坡的科技进步。2001年，新加坡国立大学根据国家发展对创新型企业的要求，提出将其转变为全球性的知识型企业，促进新加坡成为第一世界极其重要和充满活力的经济中心。[2] 进而，新加坡国立大学加快构建充满活力的研究文化，追求卓越的研究，结合国家发展重大战略，促进学科交叉发展和跨学科研究。2002年，新加坡国立大学的发展以"跻身于享誉全球的知识型企业之列"为愿景，以"鼓励创新，发展知识、服务国家，

---

[1] 历史 [EB/OL]. 新加坡国立大学官网，2020-09-11.
[2] 2001年度报告 [EB/OL]. 新加坡国立大学官网，2020-09-11.

培育英才"为使命。① 新加坡国立大学将自身发展与国家发展紧密联系在一起。相对而言，南洋理工大学的办学历史不长，其前身南洋理工学院于 1981 年成立，办学之初体现为以培养工程人才为使命。其后，新加坡大学自主改革方案启动，南洋理工大学抓住这一契机，于 2006 年 4 月从法定的机构转变为非营利企业。② 这种管理体制的巨大变化促进了大学自治，也给南洋理工大学提供了更灵活、更自主的发展模式，能灵活调整学校的发展重点和办学方向，更好地抓住发展机遇，更加关注利益相关者的需求。2006 年，南洋理工大学以"成为全球卓越科学技术大学"为愿景，以"宽广的跨学科教育培养创新创业的领导者"为使命，以科学和工程学为基础，在商业、人文和社会科学等其他领域树立国际声誉，让利益相关者参与研究和教学，并与社区分享办学成果。③

2010 年，法国实施了"卓越大学计划"，旨在打造 5~10 所世界一流大学，以提升法国高等教育的竞争力。这一计划促进了法国综合性高校和科研机构等的紧密合作，也推动了法国高校自治，优化了大学治理体系，推动了法国高等教育科研革新、资源整合与体系转型。在这一宏观背景下，索邦大学由法国的两所知名院校在 2018 年合并而成，即巴黎索邦大学与皮埃尔和玛丽居里大学。巴黎索邦大学继承了巴黎大学优良的传统，以文学学科和人文科学的教学为主体；皮埃尔和玛丽居里大学是法国最大的科学和医学集合体，在数学等领域处于全球顶尖水平。索邦大学是一所多学科、研究密集型的世界一流大学，由三个学院组成，分别位于艺术与人文、科学与工程和医学领域。④ 索邦大学在合并后扩大了优势学科领域，致力于迎接 21 世纪的科学挑战，向世界推广多样性、创造力、创新和开放性。⑤ 索邦大学是法国知识发现的先驱，应对当代重大挑战，如气候变化和可持续性、数字化转型和数据革命、个性化医疗、开放科学等，凭借其共同价值观——质量和诚信、自由、透明和合作、多样性、思想交流，不断地追求其公共服务使命，并致力于知识的创造和发展，重点推进核心学科和交叉学科的发展。

相对而言，比利时和瑞士政府没有明确提出世界一流大学建设计划，但政府在宏观层面对高等教育发展进行调控管理，改良了大学的运行机制、提升了大学的治理能力，在一定程度上激发了大学自主办学、追求卓越的活力与动力，

---

① 2002 年度报告 [EB/OL]. 新加坡国立大学官网，2020-09-11.
② 校长致辞 [EB/OL]. 南洋理工大学官网，2021-01-11.
③ 2007 年度报告 [EB/OL]. 南洋理工大学官网，2021-01-11.
④ 伟大的冒险知识 [EB/OL]. 索邦大学官网，2021-04-18.
⑤ 关于我们 [EB/OL]. 索邦大学官网，2019-05-13.

也大大增加了本国大学快速跃升为世界一流大学的机会。鲁汶大学全称天主教鲁汶大学（KU Leuven），其教职工和学生来自150多个不同的国家与地区。鲁汶大学是比利时规模最大、排名最高的大学，并与牛津大学、索邦大学和爱丁堡大学等其他著名大学密切合作。① 作为欧洲研究型大学联盟的创始单位，鲁汶大学提供了广泛的跨学科研究项目，并在国际知名的大学和机构予以实施。鲁汶大学的教学课程呈现高度国际化的特点，创设了充分的多语言学习、多元化学习的机会；面向尖端领域开展创新性研究，集中优势资源在少数关键领域达到世界一流水平；传承严谨治学的办学文化，以开放、包容、合作为办学理念享誉全球。鲁汶大学将卓越的教学与科学研究共同推进，秉持跨学科的教育方式培育复合型人才，参与跨学科课程或项目的学生还可以参加"跨学科评估项目"（Interdisciplinary Assessment Project，IAP）或"项目创新项目"（Project Innovation Project，PIP），这些课程让来自不同项目的学生在跨学科团队中合作数周。② 洛桑联邦理工学院是欧洲卓越理工大学联盟成员，以工程技术等学科见长，在欧洲及国际上具有较大影响力。洛桑联邦理工学院的发展立足于瑞士国情和国际视野，专注于教学、研究和创新三大使命③，并建立了一个重要的合作伙伴网络，包括其他大学和学院、中学、工业和经济界等。虽然瑞士的经济社会发展水平相对较高，但洛桑联邦理工学院自1969年正式成立以来，在发展初期受到多重限制，加上瑞士的自然资源有限等因素限制了学校的快速发展。Patrick Aebischer在2000—2016年担任校长期间，认识到全球化的发展机遇，在关键领域拓展战略性资源，促进了该校的快速发展。对此，该校确立了"立足欧洲、面向全球"的发展愿景，制订了建设世界一流研究型大学的计划，并以国际化战略为核心。自2017年起，Martin Vetterli教授任洛桑联邦理工学院校长④，坚定倡导和推进跨学科研究，并鼓励研究人员将他们的研究成果商业化。洛桑联邦理工学院以其高师生比例1∶6和强大的科研、技术转移能力吸引全球的留学生，经过50年的发展实现了从普通工科高校到世界一流学府的华丽转身。

综上可知，"后发型"世界一流大学的内部发展环境既包括大学发展的历史环境，也包括大学当前的办学理念、学科建设、人才项目、科学研究等现实环境，对内部发展环境的深度考察是战略规划文本编制的重要依据。

---

① 鲁汶大学介绍［EB/OL］.鲁汶大学官网，2021-04-18.
② 为什么选择鲁汶大学［EB/OL］.鲁汶大学官网，2021-04-19.
③ 关于洛桑联邦理工学院［EB/OL］.洛桑联邦理工学院官网，2021-04-06.
④ 大学陈述［EB/OL］.洛桑联邦理工学院官网，2021-04-06.

(二) 外部发展环境

"后发型"世界一流大学所处的外部环境包括经济社会发展环境、国际化环境等,以新加坡两所大学为例,对其外部发展环境进行分析(表4-1)。首先,国家经济社会发展的需求是影响大学发展的重要环境。随着科学技术的更新日益加快,"后发型"世界一流大学开展科学研究发挥的价值日益凸显,国家的发展对本国大学知识转移的渴望与要求越来越迫切。例如,新加坡国立大学和南洋理工大学在自身发展和国家发展的双重推力下从"传统教育机构"演变为社会"轴心机构",深化了与国家发展的联系纽带,形成了"大学—企业—国家"联动发展的协同模式。20世纪90年代,新加坡面临重振经济和提升国际竞争力的迫切需求,也面临着高端技术制约、顶尖人才严重短缺的现实困境,故而开启了世界一流大学建设计划。新加坡国立大学和南洋理工大学担负着培养大量研究型、创新型工程技术人才的重任,以助力新加坡经济腾飞的重担。洛桑联邦理工学院在创校之初,即以理工类学科的教学和研究为办学重点,加强科学研究和技术转移,以满足瑞士工业化发展的需求为办学宗旨。20世纪70年代的金融危机,导致对大学的财政拨款锐减,大学的办学资源匮乏加剧,以德国国家创新体系为基础,慕尼黑工业大学在这一时期实现了从研究型大学向创业型大学的转变,拓宽了资金筹措渠道,强化科研和社会服务的能力提升。

表4-1 新加坡两所大学的外部发展环境论述

学校	类别	环境论述内容
新加坡国立大学	2005战略	《新加坡高等教育改革和发展纲要》指出以国际化推动高等教育改革。新加坡国立大学面临提振新加坡经济的重任,需要加快构建充满活力的研究文化、创业文化,追求卓越的研究,结合国家发展重大战略,促进学科交叉发展和跨学科研究
	2015战略	在国际化深入的背景下,学生流动频率加快,积极参与全球战略合作、融入全球网络。提供多元化的全球教育、研究和创业计划,学生获得跨文化经验,并对全球问题形成独特的见解
	2020战略	在信息技术快速发展和技术迭代周期缩短的大环境下,启动终身学习者方案。面临能源、环境、健康等挑战,创新创业教育持续推进,努力提供变革性的整体教育,将体验式学习、全球视野和现实世界结合起来,打造个性化教育、跨学科研究和创新型企业

续表

学校	类别	环境论述内容
南洋理工大学	2015战略	国际合作更加深入，推进海外留学计划。现代社会的挑战增多，从城市可持续发展和公共卫生问题到能源和环境问题等诸多问题需要解决，在全球合作伙伴网络的支持下开展跨学科研究
	2020战略	进入工业4.0时代，带来学习、教学和研究方式等的改变。人类的生活生产面临一系列问题，需要通过先进的技术驱动提供解决方案和实施这些解决方案的合理政策，帮助其可持续地改善生活
	2025战略	新冠疫情的影响强化了大学向决策者和政府提供必要及时的信息、科学知识和支援的重要角色。南洋理工大学具有协助应对全球挑战的机会、平台和责任，有义务在解决新加坡和区域的首要事务上扮演重要角色，并将继续支持国家重点研发工作

资料来源：新加坡国立大学和南洋理工大学官网资料的整理。

对澳大利亚而言，高等教育产业是绿色产业，在澳大利亚第三产业中占比最大。社会评价是教育产业的主要外部影响因素，对人才、生源流向和教育产业规模都有直接影响，故而澳大利亚的高校对社会评价颇为重视。由于高校的品牌影响力深刻影响着高校的发展，澳大利亚展开了对国际留学生的调查，发现超过3/4的国际学生会参考大学国际排名来选择留学目的高校；政府提供奖学金也会根据毕业生原来高校的排名情况；大学排名越靠前，越能吸引大量优秀的人才来校工作或学习。故而，蒙纳什大学和昆士兰大学等澳大利亚高校的发展目标之一就是提升其在世界大学排行榜的位次。在经济全球化的影响下，澳大利亚高校的国际化成为让大学生适应国际化劳动力市场的应然选择。同时，在澳大利亚高等教育国家政策的影响下，澳政府及高校将高等教育推向市场化、国际化，以形成有竞争力的第三产业，在一定程度上促进澳大利亚的经济增长。自2001年开始，澳大利亚联邦政府逐渐削减澳高校的办学经费投入[①]，由此激发了澳高校寻找新的融资途径的动力，不断提升全球参与的积极性。

国际竞争与合作是大学国际化发展的关键要素。进入21世纪，经济全球化为高等教育的发展带来了深刻变化，大学国际化已成为时代所趋。由于大学的发展环境处于全球的大环境中，南洋理工大学、新加坡国立大学在发展过程中

---

① MARGINSON S. Dynamics of National and Global Competition in Higher Education [J]. Higher Education, 2006 (1): 2-39.

不可避免地要融入国际化的潮流，在国际竞争中找准发展优势，积极寻求战略合作，整合优势资源，从而不断提升其竞争力。在全球化加剧的背景下，南洋理工大学、新加坡国立大学分别引进吸收麻省理工学院和哈佛大学等国际顶尖大学的办学理念，包括课程、师资等的引入，以增强其后发优势，以此来实现模仿移植和赶超战略。另外，较多世界知名大学纷纷推动国际化布局，通过建设国际分校、开展联合培养等输出优质的教育资源，由此也给新加坡国立大学、南洋理工大学的国际化带来较大的紧迫感、危机感。2005年，新加坡国立大学与9所国际顶尖研究型大学签署合作协议，成立国际研究型大学联盟，以更好地融入国际化。此外，两校分别实施"环球校园计划""全球浸儒计划"，持续保持与世界高等教育系统的联系，在世界一流大学生态系统中进行高质量的人才交换、能量交换和信息交换等，不断提升国际品牌影响力。

"后发型"世界一流大学在国家政策等发展环境的影响下，逐渐走上了国际化发展道路，其中包括加入有重大影响力的国际高校联盟，获取国外政府、企业、社会组织等的资助，逐步推进国际化合作办学等。在高等教育全球化的冲击下，蒙纳什大学和昆士兰大学等澳高校在战略规划中突出了全球参与、合作办学的办学理念，不断提高核心竞争力，积极在海外设立分校，以不断提升其影响力和其在世界一流大学中的地位。对澳大利亚这两所大学而言，昆士兰大学是环太平洋大学联盟的组成成员，在国际科研领域具有重大影响力，国际学生达6000余名，遍及世界100多个国家。① 昆士兰大学的科研经费及学术水平位居澳高校前列，并通过卓越的教学和科研对社会产生积极影响。② 20世纪末，昆士兰大学与澳其他7所高校组建"八校联盟"，整合与共享优质教育资源，建设学术共同体，利用精英大学联盟的力量进行国际推广，扩大全球影响力，在吸引留学生方面具备更强的竞争力。此后，昆士兰大学积极参与国际合作与办学，并制定了国际化战略，以更好地打入全球教育市场。

蒙纳什大学的国际学生约占在校学生总数的35%，是一所面向国际办学并多校区招生的研究型大学。③ 在国际竞争加剧的时代背景下，蒙纳什大学在全球广泛设立海外校区和科研中心，并与全球顶尖的高校建立了合作联盟关系。作为一所年轻的研究型大学，蒙纳什大学在马来西亚设有一个国际校区，在中国、意大利和印度设有办学中心，在每个校区都为人才培养转化为现实生产力提供

---

① 朱乐平. 卓越教师的堡垒：昆士兰大学教师发展机构探究[J]. 高校教育管理，2016，10(5)：74-80.
② 使命陈述[EB/OL]. 昆士兰大学官网，2020-01-19.
③ 蒙纳什大学一瞥[EB/OL]. 蒙纳什大学官网，2020-01-19.

平台和通道。从国际合作研究的机会到建立大学社区关系,蒙纳什大学的重点始终聚焦在如何通过国际化使澳大利亚能够对世界产生积极影响。蒙纳什大学提供了优良的设施并给予激励,使蒙纳什大学的学生和员工能够成为国际化变革的推动者。① 自创校以来,蒙纳什大学在历史传统与现实动因的双因素驱动下制订了阶段性、连续性的国际战略计划,逐步提升了其在全球的影响力,吸引了大量的国际留学生。

为了履行使命并在科研项目中取得成功,索邦大学制定了动态的合作伙伴政策,以适应高等教育国际化发展的需求,与国际研究组织和领先的学术合作伙伴紧密合作。2018年,索邦大学创建了国际性大学联盟,其中包括为实施索邦大学战略计划确定"卓越计划"的方向;与欧洲大学进行科学领域合作;凭借其战略性国际合作伙伴关系,为法国科学和人文科学的影响做出了贡献。索邦大学秉持多元化和开放性的精神,致力于开创国际性科学研究和促进学生获得国际化发展。

由上可知,"后发型"世界一流大学的外部发展环境既包括国家政策、社会经济发展等,也包括复杂多变的国际化环境,这些因素均对大学的发展造成一定的影响,故而,"后发型"世界一流大学发展战略规划文本的生成需对内外部环境进行综合分析。

二、演进历程

"后发型"世界一流大学发展战略规划在内外部因素的综合影响下应运而生,为大学未来的发展提供了方向指引。其发展历程体现为从借鉴模仿、实践探索到逐渐完善,尤其体现在应对未来的挑战和对迈向卓越的战略部署等方面。

对新加坡两所"后发型"世界一流大学而言,在发展初期采用借鉴模仿的理念,其后逐渐找准了自身的特色,实现了自主创新,并不断挖掘出后发优势。南洋理工大学充分借鉴了西方顶尖大学战略规划的经验,并结合自身的发展特色,于2010年制定了《2015战略规划》。制定该战略规划的过程鼓励了大学社区的所有人参与,其中有学生、教师和校友等共计超过180名加入了战略规划委员会,举办了100多个战略规划小组委员会会议,从而确定了战略规划的关键要素。《2020战略规划》是在南洋理工大学前期战略规划的实施中逐步形成的,是在2014年秋季到2015年春季进行的战略发展项目综合考察的结果,旨在向新加坡和利益相关方传达南洋理工大学的愿景,以最大限度地发挥其价值和

---

① 我们是谁 [EB/OL]. 蒙纳什大学官网,2020-01-19.

影响力，将卓越的研究推向最高峰。同时，它总结了学校现在已经取得的成绩，对未来的发展方向充满期待和信心，并对组织方面的改革和调整进行了分析。在新冠疫情蔓延的复杂环境下，南洋理工大学意识到需要发挥科研优势，为应对新加坡的发展问题、民生问题等做出更多的贡献，故而，制定了《2025战略规划》。在战略规划中，南洋理工大学阐述了如何更好地服务于新加坡和全人类，引入新的教育模式，应对科技发展所带来的挑战；面对疫情南洋理工大学有帮助全球应对挑战的责任和担当，在新加坡抗击疫情时发挥了巨大作用，并进行了有重大影响力的跨领域研究等。

新加坡国立大学在2001年开始谋划大学的变革，针对学校发展的实际情况制定了《2005战略规划》，大胆提出了海外校区建设计划，在全球主要创业中心建立了五所海外学院，培养拥有创业精神的学生，促进学术卓越与企业文化之间的协同作用。新加坡国立大学顺利在硅谷建设了第一个海外学院——新加坡国立大学学院。其后，新加坡国立大学在考虑相关咨询公司建议与专业评价机构评价结果的基础上，综合考虑各利益相关方的诉求，制定了《2015战略规划》，提出了"成为一个全球知识企业，以亚洲为中心，影响未来的全球顶尖大学"的发展愿景。在这一规划中，充分突出和体现了新加坡国立大学战略规划的战略方向和独树一帜的办学特色。在其后的《2020战略规划》中，新加坡国立大学则对战略规划的方向做出调整，"成为一个集学者、研究员、教职员、学生和校友的活跃社群，以创新与创业精神为信念，共同打造一个更美好的世界"，即从"成为全球顶尖大学"到"打造美好世界"的层次提升，旨在为国际社会的持续发展提供服务支持和人才支撑。

昆士兰大学在2010年第一次制定《2011—2015战略规划》[①]，其核心主题在于实现昆士兰大学的优势。在这次规划中，详细阐述了学校的发展优势，并提出将发展的注意力转向世界舞台，确定了学习、发现、参与这三大重点发展领域的发展计划和战略，并预见性地提出了2020年研究生获得更高学位的比例达到40%的目标。继第一次战略规划后，昆士兰大学又陆续对规划内容和目标进行调整，新增了相关领域的关键目标和详尽的实施举措等。

在此之后，昆士兰大学推出了全新的规划内容——《2012—2016战略规划》对前期规划进行了补充和调整[②]，《2013—2017战略规划》[③]《2014—2017

---

① 2011-2015战略规划［EB/OL］. 昆士兰大学官网, 2021-09-03.
② 2012-2016战略规划［EB/OL］. 昆士兰大学官网, 2021-09-03.
③ 2013-2017战略规划［EB/OL］. 昆士兰大学官网, 2021-09-03.

战略规划》①《2018—2021 战略规划》②持续围绕学习、发现、参与这三大重点发展领域进行规划。在新冠疫情的环境下，昆士兰大学通过加快转向在线学习，开发全球各地学生新的参与方式；研究社区也接受了挑战，创造了新的解决方法，合作并推进项目研究。面向 2032 年，昆士兰大学提出了《2022—2025 战略规划》③，在制定战略规划的过程中召集了大量的教职员工参与，他们参加了为期一个月的战略大风暴讨论，在讨论中他们可以分享自己对大学发展的看法，并对他们的看法集体做出回应，提出见解和想法以及探讨昆士兰大学如何继续为客户提供服务。通过这个咨询过程，最终制定了《2022—2025 战略规划》，其战略重点即学习和学生体验、研究和创新、丰富社区，这三个领域符合昆士兰大学的核心目标，"我们的全球形象，我们的人民，确保保护我们的未来"这三个因素对未来大学的成功至关重要。

蒙纳什大学于 2010 年制定了《蒙纳什大学未来十年 2012—2022 战略规划》（以下简称"《规划》"），该战略的核心为追求卓越，以最高的国际标准衡量，既着眼于未来十年的顶层设计，又具体阐释了实现计划目标的具体举措。该《规划》提出蒙纳什大学未来将在世界各国建设分校，并以此为契机建成高度国际化的研究型大学。蒙纳什大学在前期的战略规划基础上，出台了《2015 战略规划》，提出了把增长目标对准那些支持其长期发展的领域，推动大学缔造更高的国际声望。就大学本身而言，通过构建国际化、创业的和包容的大学社区，形成了一个独具特色的蒙纳什大学。鉴于内外环境形势的变化，以及澳大利亚高等教育界和其他领域在全球化竞争中的发展形势，蒙纳什大学制定了《2021—2030 战略规划》，这个战略规划提出了气候变化、地缘政治安全和繁荣的社区，这三大挑战在未来将需要特别关注，气候变化与物质生活发生的巨大变化相互关联，地缘政治安全带来的多方面的问题被理解、参与和回答，社区面临的主要挑战是全球性的，其中提出具体的发展策略是具有前瞻性的，且是以行动为本的战略规划。蒙纳什大学在制定战略规划时，充分咨询了各个利益相关群体，校董会和发展规划委员会也积极协调参与，这是历时一年多和大学社区的成员广泛沟通的结果。在这一战略规划中重点突出了教育、研究、国际化、创业、包容等重点领域的发展目标和任务，旨在利用和优化大学的发展优势，以更好地应对这些全球挑战。

---

① 2014-2017 战略规划 [EB/OL]. 昆士兰大学官网，2021-09-03.
② 2018-2021 战略规划 [EB/OL]. 昆士兰大学官网，2021-09-03.
③ 2022-2025 战略规划 [EB/OL]. 昆士兰大学官网，2021-01-03.

在建校初期，巴黎索邦大学与皮埃尔和玛丽居里大学的校领导就两所创始大学的发展优势和劣势进行了全面分析，据此制定了建设索邦大学的战略规划《2018—2019 战略规划》，以为两校的合并工作提供目标和方向指引。作为新组建的大学，索邦大学需充分整合利用两校的资源基础，面临着建设新的索邦大学社区、提升吸引力和加强国际化等多重任务。其后，索邦大学制定了《2019—2023 战略规划》，聚焦于在一个全球化的世界中采取行动，充分参与开放科学、数字和数据革命，在不断变化的世界中理解、学习和创业，建立新大学并确认其身份这四个层面的目标，并提出基于索邦大学的学科优势，将大力支持社会各领域的数字转型。索邦大学将重点发展其在欧盟实力较强的领域，开展国际学术合作，在欧洲采取重要行动，开展跨学科研究，目标是保持其高绩效水平，以巩固其在欧洲的领导地位。

第二节 "后发型"世界一流大学发展战略规划文本质性分析

为了对"后发型"世界一流大学发展战略规划形成全面的认知，有必要对战略规划文本进行深入分析，在搜集到战略规划文本后，借助文本分析工具来进行较为直观的剖析。

一、研究工具和样本的选择

为了对"后发型"世界一流大学发展战略规划进行较为系统的分析，可采用文本分析法对其战略规划文本进行深入剖析（图4-1），以探究其中的关键信息。对此，通过量化编码的形式，使繁杂的文本信息按照相应的规则处理后得以简化，在测量中剔除不重要的信息、保留相对重要的信息，可使分析结果较为准确。

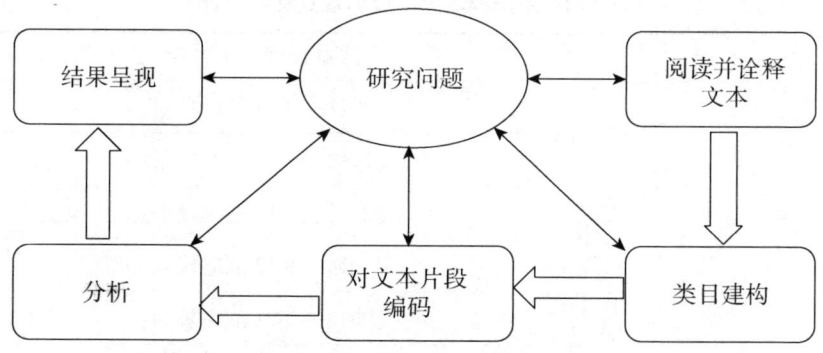

图 4-1 质性文本分析的一般过程

为了对"后发型"世界一流大学发展战略规划文本进行质性分析，本研究采用 NVivo 11 软件对八所"后发型"世界一流大学的战略规划文本进行全面考察。研究的步骤主要为准备、编码、结果分析三个阶段。准备阶段是整理好需要使用的原始资料，然后将资料导入，这也是质性分析的一个基础性工作。编码阶段是建立节点，将相关节点归属到同一类目上。一般，编码中使用的节点分为树状节点及自由节点。开始编码时，一般以自由节点为主；在建立一批节点之后，可将这些节点连接起来，形成树状节点，这类节点往往体现出一定的从属关系。考虑到分析的可操作性和便利性，编码中使用浏览式编码的形式，对文本完成初步编码，生成多个自由节点；然后根据规划文本的内容特点，建立程序、目标、举措三个父节点，将对应的子节点归于父节点之下，进而形成层次清晰、一目了然的树状节点。分析阶段为对编码结果的分析与说明，运用聚类分析和词频统计等功能，提炼出一些关键内容。本研究在完成对八所"后发型"世界一流大学的 20 份战略规划文本（表 4-2）的编码后，采用重复编码的方式，其内部一致性得到了检验。通过对编码的验证分析，得出研究的总体信度为 0.86（达到 0.8 以上即符合研究开展的标准）。

表 4-2　所选样本大学战略规划文本统计

学校名称	战略规划文本名称
昆士兰大学	《2011—2015 战略规划》
	《2012—2016 战略规划》
	《2013—2017 战略规划》
	《2014—2017 战略规划》
	《2018—2021 战略规划》
	《2022—2025 战略规划》
蒙纳什大学	《蒙纳什大学未来十年 2012—2022 战略规划》
	《聚焦蒙纳什 2015—2020 战略规划》
	《2021—2030 战略规划》
新加坡国立大学	《2005 战略规划》
	《2015 战略规划》
	《2020 战略规划》
南洋理工大学	《2015 战略规划》
	《2020 战略规划》
	《2025 战略规划》
慕尼黑工业大学	《卓越战略规划》
鲁汶大学	《在十字路口，为了一个可持续发展的社会》
索邦大学	《2018—2019 战略规划》
	《2019—2023 战略规划》
洛桑联邦理工学院	《2020 战略规划》

资料来源：根据作者整理。

二、研究结果

对于本研究而言，内容分析的信度是同一研究者对已编码的材料进行重复编码时的一致性程度。本研究选择了相符的公式。信度的计算公式为

$$R = \frac{2\,C_{1,2}}{C_1 + C_2}$$

式中：$C_{1,2}$ 为两次编码种类一致的数量；C_1、C_2 为第一次编码数量、第二次编码数量。

本研究在编码完成之后，从程序、目标、举措三个维度进行归类。在编码过程中，对于条目数小于所在类别条目数 1% 的维度直接进行剔除，剔除反馈主维度下的监察子维度。剔除后，程序维度共 240 个条目，目标维度共 329 个条目，举措维度共 534 个条目（图 4-2）。在程序维度下，主要包括环境分析、战略制定、战略执行、战略反馈四个主维度，环境分析维度下可分为发展基础、发展机遇、发展挑战、内部问题四个子维度；战略制定维度下可分为制定者、宣传动员两个子维度；战略执行维度下可分为资源支持与职责分配两个子维度；战略反馈维度下可分为院校监督、考核评估、师生监督三个子维度。目标维度下共有使命和愿景、总体目标、具体目标三个主维度，其中具体目标为研究目标、教学目标等九个子维度；举措维度下分为科研、教学、社会服务等九个主维度。

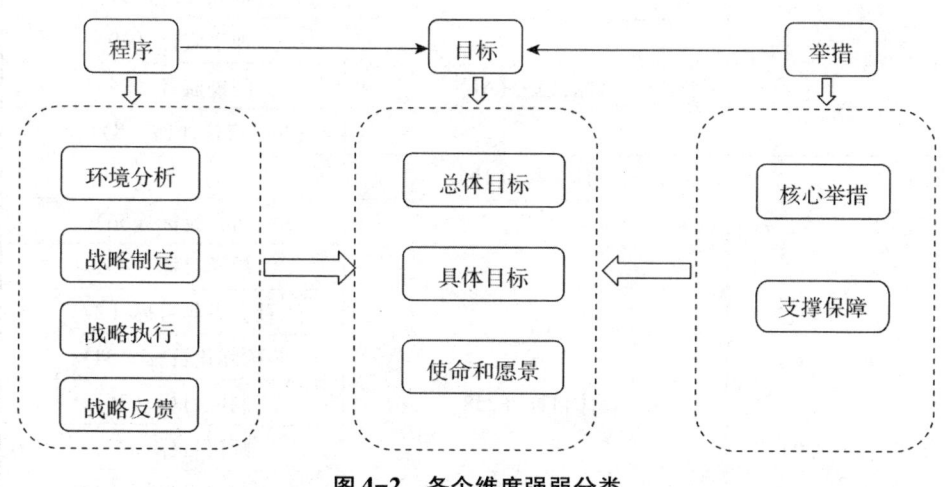

图 4-2 各个维度强弱分类

资料来源：根据作者整理。

（一）各维度条目数

为了便于对研究结果统计分析，本研究对条目数占所在类别条目总数 10% 及以上的，可称为较强维度；条目数占所在类别条目总数 10% 以下的，可称为较弱维度。在程序维度下共有 240 个条目，将大于 24 条的称为较强维度，由此得出，程序维度下较强的维度是环境分析（105 条）和战略反馈（61 条）。其中环境分析维度下，大于 11 条即为较强维度，发展基础和发展机遇两个维度最为显著；战略反馈维度下，师生监督维度最为显著。目标维度共 329 个条目，大于 33 条为较强维度，由此可知具体目标（258 条）最为显著。举措维度共 534 个条目，大于 54 条为较强维度，由此可知举措维度下研究（132 条）、教学（98 条）、社会参与（70 条）、国际化（56 条）四个维度最为显著（表 4-3）。

表 4-3 规划文本不同维度条目数统计

主维度（条目数）		子维度（条目数）
程序（240）	环境分析（105）	发展基础（48）
		发展机遇（23）
		发展挑战（19）
		内部问题（15）
	战略制定（31）	制定者（20）
		宣传动员（11）
	战略执行（43）	职责划分（22）
		资源支持（21）
	战略反馈（61）	师生监督（29）
		院校监督（24）
		考核评估（8）
目标（329）	总体目标（19）	
	具体目标（258）	研究目标（56）
		教学目标（45）
		社会参与目标（37）
		国际化目标（34）
		制度目标（26）
		师资目标（27）
		文化建设目标（13）
		基础设施目标（10）
		财务目标（10）
	使命和愿景（52）	使命（23）
		愿景（18）
		价值观（11）

续表

主维度（条目数）		子维度（条目数）
举措（534）	核心举措（356）	研究（132）
		教学（98）
		社会参与（70）
		国际化（56）
	支撑保障（178）	组织机制（45）
		校园建设（38）
		师资（36）
		财务（35）
		文化建设（24）

资料来源：根据规划文本编码分析编制而成。其中，在统计中对条目数小于类别条目数的1%进行剔除。

（二）研究结果分析

1. 目标维度的分析

通过编码，本研究将目标维度分为总体目标、使命和愿景、具体目标，条目数最多的是具体目标维度，并且在具体目标中的研究、教学、国际化、社会参与这四个方面最为显著（图4-3），充分反映了其重要性。其中，使命和愿景维度下包括使命、愿景和价值观三个子维度，其中使命和愿景更为显著。

图4-3 目标维度构成的词汇云

经过分析可知，"后发型"世界一流大学总体目标的一般条目包括"影响全球的""高度国际化的"等内容，典型条目包括"成为一流的国际化大学""卓越的研究机构""影响全世界的研究中心"等。"后发型"世界一流大学对使命的表述一般条目有"追求卓越的知识和研究""通过卓越的研究和教育应对未来的挑战""通过团结和发展，帮助塑造未来和激励下一代"等内容，典型条目是"通过一流的研究，解决人类生存发展难题"。"后发型"世界一流大学对愿景的表述一般条目包括"深入广泛的教育，为人类的利益服务""通过研究解决重大挑战""影响世界、创新高科技"等内容，典型条目是"知识领导，为人类的可持续发展提供服务"。"后发型"世界一流大学教学目标的一般条目包括"支持创新教学研究""高质量的混合学习"等内容，典型条目包括"优化学习环境""加强学生跨学科学习体验"。"后发型"世界一流大学研究目标的一般条目包括"增加研究投入""吸引研究人员"等内容，典型条目是"加大对尖端领域的研究，提高在世界大学排名前100中的位置"。"后发型"世界一流大学参与目标的一般条目包括"学校与社区合作""承担国际国内项目"等内容，典型条目包括"与主要合作伙伴和社区等保持可持续的关系""提升大学的声誉"等。"后发型"世界一流大学对师资建设目标的表述一般条目包括"加强管理""专家引进"等内容，典型条目包括"支持新晋教师的发展""吸引和留住顶尖的学者"等。"后发型"世界一流大学国际化目标的一般条目包括"深化伙伴关系""引入优秀的国际学生"等内容，典型条目包括"建立战略伙伴关系""吸引、奖励和留住高质量的教职员工、学生、合作者"等。"后发型"世界一流大学基础设施目标的一般条目包括"升级教学设备""优化实验设施"等内容，典型条目是"运用先进的技术改良学习空间，创造更优的学习和工作环境"。"后发型"世界一流大学对财务目标的表述一般条目包括"维护和增强财政实力""提供资金利用效率"等内容，典型条目是"获取社会机构的支持和企业的捐助"。

2. 程序维度的分析

通过对样本大学的规划文本进行分析，可将程序维度具体分为环境分析、战略制定、战略执行、战略反馈。其中，环境分析维度包含发展基础、发展机遇、发展挑战、内部问题（表4-4）；战略制定维度包含宣传动员、制定者；战略执行维度包含职责分配、资源支持；战略反馈维度包含考核评估、院校监督、师生监督。经过考察分析，筛选出环境分析维度最为显著。

表4-4 发展环境维度的节点信息

主维度	子维度	条目数	参考内容示例
环境分析	发展基础	48	学生成功和雇主认可，高质量、诚信和有影响力的研究，广泛的全球联系，庞大的校友社区
	发展机遇	23	颠覆性技术成为新的规范，合作伙伴逐渐增多，并在全球范围内拓宽了获取信息的渠道
	发展挑战	19	新冠疫情带来的挑战，全球性的气候变化，地缘政治安全等
	内部问题	15	运营环境需要优化，效率有待提升；传统的资金来源在减少，迫使大学向政府以外渠道寻求财政支持

在环境分析维度下，"后发型"世界一流大学对发展基础的表述一般条目包括"取得的科研突破""已经获取的教学大奖""已有的师资水平"等内容，典型条目包括"高质量、诚信和影响力的研究""学生的成功和雇主的认同"等。"后发型"世界一流大学对发展机遇子维度的表述一般条目包括"全球教育合作更加深入，合作伙伴逐渐增多"等内容。"后发型"世界一流大学对发展挑战子维度的表述一般为"在21世纪第三个十年，全球性的气候变化、地缘政治安全、繁荣的社区给我们带来影响"。在战略制定维度下，"后发型"世界一流大学对制定者子维度的表述一般为"参与规划主体的介绍"，典型条目包括"战略规划是全校所有人员努力的结果""董事会对学校的规划进行审核把关"等；"后发型"世界一流大学对宣传动员子维度的表述一般为"将战略规划公开，让师生熟悉并支持参与"。在执行主维度下，"后发型"世界一流大学对职责分配子维度的表述一般为"对战略实施任务的分配"，典型条目为"财务部门根据战略规划目标提供充足的资金准备和详细的分配计划"；对资源支持子维度的表述一般为"提供资金支持"，典型条目包括"广泛多元的社区资源""可持续的组织保障"等。在战略反馈主维度下，"后发型"世界一流大学对院校监督、师生监督子维度的一般表述为"将实施结果及时传达给内部和外部的社区，师生可对战略规划实施情况提出疑问"；"后发型"世界一流大学对考核评估子维度的表述一般为"对规划实施的效果进行考核"，典型条目包括"董事会根据相关指标考察目标执行情况""对教育的评估将通过学生保留率和成功率、毕业生就业能力来衡量绩效"等。

"后发型"世界一流大学在战略规划文本中都体现出注重环境分析这一环节，且大部分规划文本在"发展基础"中分析了学校的成就和能力，也对学校面临的外部发展机遇及挑战做了相应的说明，但对内部的发展问题提及较少，且各校之间环境分析的全面性存在差异。早期的"后发型"世界一流大学发展战略规划文本中对"反馈"的强调不足，在近期的"后发型"世界一流大学发展战略规划文本中基本都有"反馈"这一部分，这也反映出战略规划文本实施后的评价监督环节已经提前做好了部署。"后发型"世界一流大学发展战略规划文本中制定及执行是相对较弱的维度，战略制定维度下的制定者提及了教师、校友、学生、社会组织及企业代表等多元化主体，在一定程度上说明了战略规划制定的民主性得到了保障。"后发型"世界一流大学发展战略规划文本中执行维度下的职责分配是将战略规划付诸行动的重要部分，部分高校对职责分配界定清晰，且对落实战略规划任务的关键措施和标准予以了说明。

3. 举措维度的分析

在举措维度下，"后发型"世界一流大学共有研究、教学、社会参与等九个主维度，其中较强的维度有研究、教学、社会参与、国际化（表4-5）。研究、教学、社会参与、国际化条目数相对较多，说明了"后发型"世界一流大学在这四方面的战略举措更为重要。其中研究、教学与社会参与是"后发型"世界一流大学办学职能中的三大关键内容，也在战略规划文本中得到了充分的体现，故而在编码中的条目数也相对较多。而校园建设、财务、组织机制、师资、文化建设这五个主维度在举措维度下相对较弱。

表4-5 核心举措维度节点信息

主维度	子维度	条目数	参考内容示例
核心举措	研究	132	强化跨学科合作、开创有影响力的创新项目，面向人类生存发展难题开展创新性研究，在重要的战略性领域获得国际认可
	教学	98	吸引和支持优秀的学生，提高大学教与学的水平、质量和知名度，推出新的跨学科核心课程，整合学习科学，强化教学法、技术、研究和社会参与等的协调
	社会参与	70	成为公共和私营部门机构的首选合作伙伴，继续加强和深化与社区的关系，对社会产生积极的影响，加强与重点地区的合作，促进和加强合作的网络，与校友、行业、政府和慈善家建立合作伙伴关系
	国际化	56	加强学术和行业合作伙伴的国际网络和联盟；与世界上最好的研究人员进行全球合作；提供全面国际化的课程和课外选择，以促进流动性体验、跨文化和语言多样性，塑造未来的全球领导者

"后发型"世界一流大学对研究的表述较常见的条目包括"创办知识型企业""跨学科研究"等内容,典型条目包括"面向人类生存发展难题开展创新性研究""在重要的战略性领域获得国际认可""提升大学在技术转移和商业化方面的领先地位"等。"后发型"世界一流大学对教学的表述较常见的条目为"创新教与学的形式""增进互动与交流"等内容,典型条目包括"吸引和支持优秀的学生""提高大学教与学的专业水平、质量和知名度"等。"后发型"世界一流大学对师资的表述较常见的条目包括"卓越人才引进"等,典型条目包括"加强卓越人才队伍建设,吸引更多有潜力的研究者"等。"后发型"世界一流大学对组织机制的表述较常见的条目包括"大学的治理""机构和政策必须支持其使命""愿景和价值观"等内容,典型条目包括"打造一种凝聚公司价值观的企业文化,积极响应建设性的组织变革""协调治理结构,确保有效的监督和协调合作企业、联盟等,以实现大学战略目标"等。"后发型"世界一流大学对社会参与的表述较常见的条目包括"与地区企业和机构等合作"等内容,典型条目包括"继续加强和深化与这些社区的关系,对社会产生积极的影响""加强与全球重点地区的合作,利用我们的联盟成员,促进和加强合作的网络"等。"后发型"世界一流大学对校园建设的表述较常见的条目包括"空间资源分配""加强校园可持续发展"等内容,典型条目为"不断改善实验设施和信息通信技术,将可持续发展融入大学生活的各个方面"。"后发型"世界一流大学对国际化的表述较常见的条目包括"扩大合作网络""提升海外留学比例"等内容,典型条目包括"与世界上最好的研究人员进行全球合作""提供全面国际化的课程和课外选择,以促进流动性体验、跨文化和语言多样性,并塑造未来的全球领导者"等。"后发型"世界一流大学对财务的表述较常见的条目包括"增加收入来源""有效管理我们的营运资金""确保支出与战略目标一致"等内容,典型条目包括"争取企业、校友等捐赠的收入来源""提高资金使用效益"等。

(三) 研究结果探讨

1. "举措"维度与"目标"维度契合度较高

对编码结果的分析发现,"举措"维度与"目标"维度的契合度较高,即战略举措的制定是围绕战略目标展开的,总体目标与各个子目标也呈现相互对接、互为照应的关系。在对编码节点进行"分组查询"时,发现"战略举措"与"战略目标"的编码关联性极高,表现出相互对应与支撑的关系。一方面映射出"后发型"世界一流大学发展战略规划文本内容和逻辑编排的合理性与严密性,另一方面反映出"战略举措"与"战略目标"双向互动、互为支撑。例如，在子节点研究目标下，对应的战略举措有招聘优秀的研究人员、培养研究带头人、鼓励研究人员之间的合作、鼓励跨学科研究与合作、发展一流的研究环境、支持卓越合作等，为研究目标的实现提供了具象化途径。与之类似的是，在子节点教学目标下，对应的战略举措包括根据成绩和潜力选择学生；以新的和创新的方式提供课程；支持创新的教学实践；开发和推广积极的学习方法；鼓励学生与教师以及学生之间的互动；为学生提供高质量的开放访问和其他学习资源；为学生提供通过本土知识和经验获得包容性观点的机会；为学生提供通过国际化经历获得全球能力的机会；开发创新的在线课程，丰富学生的学习体验，使学生的学习个性化，提高学生的学习质量，支持教学人员使用适当的和经过验证的技术复合型教育方法等，这些为教学目标的实现提供了具象化的支撑。由此还可知，研究目标和教学目标等为相关战略举措的安排提供了方向指导，使战略举措更具针对性和方向性，从而保障了资源利用的充分性。进一步考察"后发型"世界一流大学的具体目标与战略举措，发现各校的目标存在细微差异，战略举措也体现出各校的特色。

2. 规划文本体现出较强的理性价值

一般而言，战略规划中体现出一定的"工具价值"和"理性价值"是必然的结果，这也是衡量规划文本价值的一种尺度。通常，"工具价值"是指为实现渴望的结果，规划不考虑其中的方法、策略及价值等的合理与否，以达到结果为核心目的；而"理性价值"则需要考虑战略规划的方式方法、目标、举措以及价值等的合理性。在"后发型"世界一流大学发展战略规划文本中有较多的表述都体现了一定的理性价值。例如，"确保学生始终是我们工作的核心""培养优秀的毕业生和开展高质量的研究""足够灵活地应对新的挑战""关注弱势学生群体""确保男女性别平等""用最高的标准来造福大学社区""开放包容的校园文化""尊重我们的同事，并为共享成功而共同努力""协助应对全球挑战""促进创新以产生经济价值""在应对社会需求和挑战等方面发挥着关键的作用"等。这些条目的编码均反映出"后发型"世界一流大学发展战略规划符合发展自身与服务社会的价值、物质价值与精神价值的统一，外在价值和内在价值的相通相融，这不仅为"后发型"世界一流大学的教学、研究和社会服务等的开展提供了理论层面的保障，也为"后发型"世界一流大学的跨越式发展提供了科学性、合理性、预见性的战略指导，这也从另外一个层面展示出"后发型"世界一流大学发展战略规划文本对实现学校快速发展、迈向一流战略谋划的精准性和有效性。

3. 资源基础是发展战略规划的重点

"后发型"世界一流大学发展战略规划的制定不仅是为了应对发展环境带来的挑战这一因素，还是传承大学办学文化与精神的有力保证，也是提升大学资源基础优势、推动大学迈向卓越的重要推手。与老牌世界一流大学相比，"后发型"世界一流大学的资源基础优势不显著，故而要通过加强战略规划，扩大战略性资源，从而提升其资源基础，并为实现生态位的跃迁提供坚实的基础。通过以上的编码结果可知，战略举措的条目数占比最多，尤其体现在教学、研究、社会参与和国际化。通过对这四个维度的分析发现，"吸引优秀的学生和教师""使用新的教学方法""改善研究的基础设施""增进研究人员的合作""与企业、政府、社会部门和更广泛的社区建立强有力的互利关系""欢迎更广泛的社区成员进入大学校园""扩大合作伙伴群体""扩大国际合作网络""提供全面的国际化课程""深化和丰富我们与地方、国家和国际社会的关系"等这些均体现了对各类资源的重视，获取优势资源、高效利用资源是促进大学发展的关键动力。对不同的"后发型"世界一流大学逐个来分析，发现不同高校对资源基础关注度存在一定的差异，这一方面是由于不同的大学具有不同的发展历史和资源基础条件，因而相应的战略性资源需求也不同；另一方面是不同大学的发展特色和发展理念不同，发展目标也存在一定的差异，故而在战略举措中对具体的资源获取和利用存在各自的特色。例如，昆士兰大学和蒙纳什大学在战略规划中对国际化资源的关注较多，这是由于澳大利亚将国际化作为一个绿色产业，招收大量的国际学生能为学校的发展扩充更多的财政资源，也有利于推动澳大利亚经济的发展。南洋理工大学更为重视研究领域，在规划文本中多次提到"强化跨学科合作、开创有影响力的创新项目以造福社会"，这也反映出该校将投入更多的资源开展跨学科研究与合作，以实现学校的研究目标。

第三节 "后发型"世界一流大学发展战略规划文本框架及内容特征

经过对"后发型"世界一流大学发展战略规划文本的深入剖析发现，这些高校的规划文本存在一定的共性特征，也体现出显著的个性化特色，具体可从文本框架结构、使命和愿景、发展目标、教学与科研等多个方面进行阐释。

一、规划文本框架结构特征

经过对比研究发现,"后发型"世界一流大学发展战略规划文本框架遵循了战略规划制定的一般规律,即规划文本结构包含了环境分析、愿景与使命、发展目标与举措等。不同的"后发型"世界一流大学发展战略规划文本框架存在一定的共性特征,但也存在显著的差异,具体表现为如下部分。

一是部分"后发型"世界一流大学对所处环境和优劣势进行了分析,依据此陈述为大学发展战略规划编制找准了关键维度。例如,蒙纳什大学在《2021—2030战略规划》中突出强调了大学面临的三大挑战,故而在战略规划中针对这些挑战制定了对应的策略;索邦大学在《2018—2019战略规划》中强调了大学合并面临的一些亟待处理的问题,并提出关键的举措来建设达成文化共识的索邦大学社区。

二是"后发型"世界一流大学发展战略规划文本对愿景、使命的陈述,用较为简洁的语言描绘了大学对知识创新和培育影响世界的人才的渴望,也描绘了大学发展的理想图景。例如,昆士兰大学在《2014—2017战略规划》中,提出了"知识领导,为了更美好的世界"的发展愿景,以"通过知识的创造、保存、转移和应用积极影响社会;通过团结和发展,帮助塑造未来,激励下一代和提出有益于世界的想法"为使命,其价值观为"追求卓越、诚实和责任、相互尊重和多样性、支持我们的人"。

三是"后发型"世界一流大学的发展目标陈述,一般从教学、科研、国际化等维度进行。例如,昆士兰大学在《2014—2017战略规划》中,围绕学习、发现、参与、国际化、人和文化等维度阐述其发展目标;蒙纳什大学在多个战略规划中均按照包容的、杰出的、国际的、有创业精神的来阐述其发展目标。

四是"后发型"世界一流大学的战略举措和战略保障,围绕战略目标予以展开论述。例如,南洋理工大学在《2025战略规划》中,设立了具体的战略举措以加强南洋理工大学的四个核心支柱,即教育、研究、创新和社群,并通过人才、财务和科技等保障因素来支持2025年战略目标的实现。鲁汶大学在战略规划中围绕教育、国际化、跨学科、数字化、可持续性等进行了战略部署,并开发了一种新的内部质量管理系统来全面保障大学质量的持续提升。

五是"后发型"世界一流大学战略评价标准,即制定相应的标准衡量战略目标的实现情况。蒙纳什大学在《2021—2030战略规划》中,除了设定相对具体的战略目标外,还制定了衡量战略成功与否的标准,以及衡量战略目标产生影响力的标准。相对而言,蒙纳什大学的战略规划结构更为复杂,分类更加清晰，在总体战略规划下设置了若干子战略计划（表4-6），并明确审查时间，分类详细的子战略计划更加有利于促进战略的实施。

表4-6　蒙纳什大学战略计划分类及描述

计划	描述	大体时间
蒙纳什战略计划	蒙纳什战略计划概述了我们的使命、愿景和指导原则，并探讨了其如何在整个大学实施。作为蒙纳什规划框架的主要组成部分，其他主要的大学规划也与之保持一致	5年
蒙纳什学术计划	这是我们为确保提高学术和研究成果而设定的目标。该计划侧重于吸引最有才华的教育工作者、增加参与度、改善毕业生成果以及与行业合作	5年
蒙纳什国际计划	该计划概述了提高我们在国际排名中的地位、为我们的海外学生创造机会、与全球研究人员和合作伙伴建立关系以及增加对蒙纳什全球社区参与度等目标	5年
实施计划	旨在帮助我们实现蒙纳什战略计划的机构目标的关键举措概览	3~5年审查
教师和校长主导的校园计划	概述了每个教师和校长领导确定的校园目标、风险、措施和目标，以帮助他们实现蒙纳什战略计划中的四个目标	3~5年审查
启用计划	这些是关于蒙纳什战略计划中达成目标所需的文化、基础设施、环境和资源的陈述	3~5年滚动审查

资料来源：战略规划框架［EB/OL］．蒙纳什大学官网，2020-03-16．

经过上述分析发现，"后发型"世界一流大学与中国一流高校的战略规划文本具有显著的差异，即关于环境分析的内容并未在文本中单列出来，而是在校长的信中得以展现。如昆士兰大学在校长的信中介绍了该校已经取得的成就、具有的发展基础、面临的挑战等。值得注意的是，昆士兰大学的规划文本框架也与其他"后发型"世界一流大学存在显著的区别，即以学习、发现和参与为三大支柱来展开，在规划文本中占据了一半以上的篇幅（图4-4）。蒙纳什大学的规划文本框架也独具特色，即围绕杰出的、国际的、创业的、包容的四个核心主题展开，由此形成了结构紧凑、内容贯通的战略规划。由此可知，"后发型"世界一流大学发展战略规划文本的结构并非统一的结构内容，而是灵活且重点突出的结构形式，这样更有利于加强战略管理。

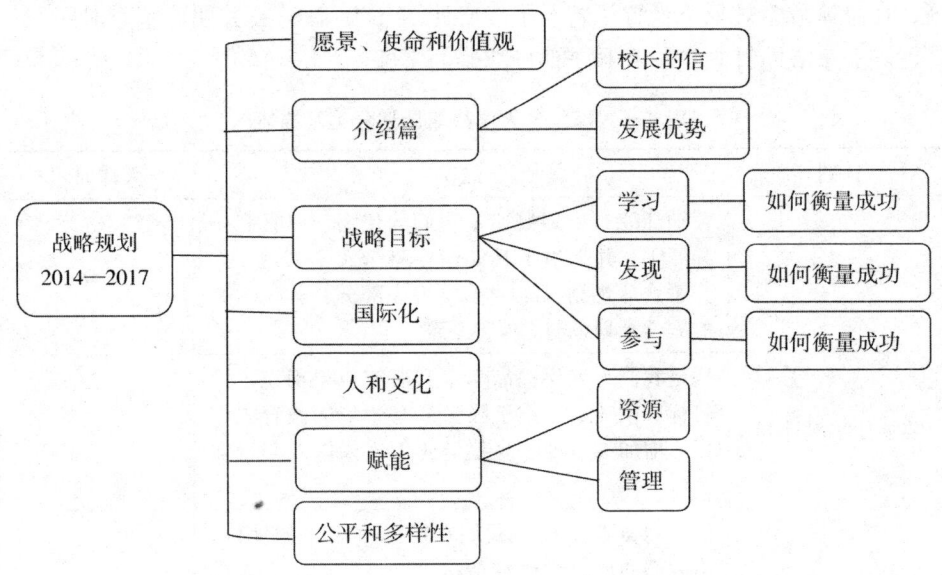

图4-4 昆士兰大学2014—2017战略规划文本结构
资料来源：根据昆士兰大学官网整理。

二、使命、愿景与价值观的特征

使命、愿景和价值观共同构成了"后发型"世界一流大学发展战略规划的战略理念，是战略规划走向完善、持续演进的动力源。"后发型"世界一流大学发展战略规划的使命、愿景和价值观向大学组织内部和相关利益群体传达了清晰的办学理念、目标和文化，也为确立战略规划目标和实施具体的战略行动提供了有力的依据和明确的行动指南。"后发型"世界一流大学的使命深刻地反映了大学的办学理念，也使大学的办学方向更加明晰，愿景指引着大学的所有成员朝着同一个方向努力，价值观指引着大学制定工作的各项标准。通过对"后发型"世界一流大学发展战略规划文本的分析，其使命、愿景和价值观富有战略性、预测性、引领性，能切实引领大学的发展方向。

就一般情况而言，大学的使命与大学的发展历史、现状和未来发展方向密切相关，"后发型"世界一流大学将使命审视与陈述作为发展的重要依据。通常情况下，大学的使命需要清楚地揭示"办学的初衷与意义所在"。随着时代的进步和发展，大学的功能变得更加丰富，社会职能的范围也有所拓展，很容易造成大学的根本被丢失和遗忘，进而使大学逐渐偏离办学的方向，也会影响到大学的可持续发展。研究发现，"后发型"世界一流大学使命高远，具有敢于超越、不懈追求新知的使命担当，具有深化合作、促进大学共同体持续发展的共生发展理念，具有追求卓越、促进社会发展和造福人类的坚定信念。昆士兰大学的发展也遵循其发展使命，始终致力于为昆士兰人民、澳大利亚和更广阔的世界提供服务，该校在1909年创建立法时将其核心职能描述为："促进良好的学习，鼓励原创研究和发明，并提供在昆士兰生活的若干追求和职业中获得自由和实用教育的手段。"到目前为止，昆士兰大学仍然以非常相似的方式定义其使命。昆士兰大学《2022—2025战略计划》的使命为"通过卓越的教育、研究以及与我们的社区和合作伙伴（本地、国家和全球）的互动来为公共利益服务"①。这一使命描述了在抓住新机遇和迎接未来挑战的同时，昆士兰大学将如何继续实现这一目标。由此反映出该校的办学宗旨，即通过教育和研究来为公共利益服务，凸显了其对社会服务功能的重视。

大学的发展愿景生动展现了学校的发展蓝图，体现了全体师生的共同愿望。其具体内容体现为对大学发展的宏观规划，包括大学未来的发展走向、发展思路和办学理念等，是对大学价值观层面的深刻思考，能作为大学发展的行动纲领。大学的发展愿景从总体上设计了大学发展的理想目标和采用何种方式来发展，简洁地描绘了大学发展的未来图景，其工作关注于大学整体，并非具体的办学事务。研究发现，"后发型"世界一流大学的愿景描绘了大学发展的理想模样，展示了大学发展的宏大目标，体现了大学的核心价值观。例如，新加坡国立大学的愿景是"引领世界，形塑未来；创新、坚毅、卓越、尊重、诚信"，表明了该校的远大发展理想，依托其先进的教学和科研水平引领世界的发展，为人类创造更加美好的未来；也说明了其核心价值观，要依托于创新、坚毅等原则来不断实现其发展愿景。通过对慕尼黑工业大学的战略规划文本词汇云分析，得出研究、工程、国际化、科学、卓越等是其发展的关键词（图4-5）。

慕尼黑工业大学的使命和愿景正是围绕研究、科学、工程和卓越等词进行定位的。整体而言，"后发型"世界一流大学的使命、愿景和价值观共同构成了其发展的核心理念（表4-7），推动其不断发挥其资源基础优势，进而不断迈向卓越。

---

① 愿景、使命、价值观［EB/OL］.昆士兰大学官网，2021-11-09.

图 4-5 慕尼黑工业大学的战略规划文本词汇云
资料来源：根据作者对慕尼黑工业大学战略规划文本的统计分析。

表 4-7 "后发型"世界一流大学的使命、愿景和价值观

大学	愿景和价值观	使命
新加坡国立大学	引领世界，形塑未来；创新、坚毅、卓越、尊重、诚信	成为研究人员、校友等的重要社区，以创新创业精神共创美好世界
南洋理工大学	一所伟大的全球性大学，以科学和技术为基础，通过跨学科教育和研究培养领导者并产生社会影响	一所伟大的全球性大学，以科学和技术为基础，通过跨学科教育和研究培养领导者
蒙纳什大学	通过其国际形象、创新和合作记录以及教育和研究质量，有能力应对这些挑战——为毕业生和我们的社区开发和装备知识，以创造更美好的未来	知识领导、创造一个更好的世界，创造变化
昆士兰大学	把学生转变为改变游戏规则的毕业生，确保他们不仅准备好在自己选择的道路上取得成功，还将提供创造变革所需的领导力	通过研究和教育，以及与政府、行业和社区合作，积极应对时代的挑战，以改善本地和全球的社区
索邦大学	建成一所创新的、民主的且深受国际社会高度认可的世界科学研究中心	为公共服务
慕尼黑工业大学	作为一所领先的创业型大学，我们是全球知识交流的场所，以人才、卓越和责任塑造未来。我们鼓励各学科的好奇心、创造力和非传统思维，并在研究、教学和创新方面设定最高的绩效标准	鼓励、促进和培养各类人才，使他们成为负责任、胸襟开阔的个人，并赋予他们权力，以最高的科学标准和技术专长，以创业的勇气和对社会和政治问题的敏感性，为人、自然和社会塑造创新的进步，以及终身学习的承诺

续表

大学	愿景和价值观	使命
鲁汶大学	发展其在欧洲和国际层面的影响力和吸引力，与领先的国际大学建立长期和全面的战略伙伴关系，包括研究和培训，参与欧盟的计划和倡议	成为一个公开讨论社会、哲学和伦理问题的场所；为学生提供基于高水平研究的学术教育；积极参与公共和文化辩论，并推动知识型社会的发展
洛桑联邦理工学院	激励和指导未来科学家、工程师和建筑师，以开发出一种可供选择的解决方案，共同塑造一个更美好的世界。通过促进、分享和转让知识，培训负责任的技术领导者以及支持和开发有意义的创新来实现塑造一个更美好的世界的目标	培养工程师和科学家，满足国家发展的需要

资料来源：作者对八所"后发型"世界一流大学规划文本的整理。

价值观为高校办学过程提供了行事准则和原则规范。经过分析发现，并非每所"后发型"世界一流大学都提出了明确的价值观，其价值观在发展使命和愿景中也能够得到充分的体现。具体而言，这类学校的价值观体现为追求卓越、开放包容、学术伦理与道德、平等尊重、创新精神、大学共治等特征。"后发型"世界一流大学的价值观阐述了其在办学运营过程中体现出的价值导向，这种导向通常会得到传承与保留。慕尼黑工业大学的价值观体现为以下几个方面：一是创业心态。质疑行动的后果，引导自己迎接新挑战，不断改进工作方法。为此，慕尼黑工业大学致力于反映社会的创新并促进创新成果的商业应用，以及在所有层面上实现可持续的技术衍生产品。二是诚信。慕尼黑工业大学的成功来自一个由不同背景、文化、思想和观点的人才组成的包容性社区，根据共同的价值观，尊重他人，透明行事。三是大学精神。在充满活力的大学社区文化中，相互尊重和激励，培养学术、经济和社会伙伴关系，使大学成为全球知识交流的场所。四是恢复力。学生可从各种经历中学习，并在自身持续变化中看到科学、生态、经济和社会可持续发展的机会——从中获得前所未有的灵感、动力和决心。① 蒙纳什大学秉持"创造、真理、包容、勇气、尊重、卓越"的价值理念，要求大学对寻求发展的结果做出长期承诺，重点是体现战略计划中教育和研究的宗旨，以及为改善大学社区做出贡献。蒙纳什大学的独特发展能力和过去十年所取得的成就是该校应对挑战的能力基础，在未来将持续与社区合作，并努力深化合作伙伴关系，以塑造和连接大学的研究和教育，以对大学

---

① 什么是卓越战略 [EB/OL]. 慕尼黑工业大学卓越战略，2021-12-19.

社区产生重大影响,从而更好地应对这些全球挑战。

从以上的使命、愿景和价值观的分析可知,慕尼黑工业大学将"卓越的研究、教学和创新"视为核心发展任务,强调以教学水平与科研水平的提高来建设创业型大学,以促进知识交流和对卓越人才的塑造;而新加坡国立大学则将"引领世界,形塑未来"作为学校发展的使命;创新、坚毅、卓越、尊重、诚信被视为价值观,表明了该校的远大理想和行动准则。蒙纳什大学的价值观"创造、真理、包容、勇气、尊重、卓越",指引着学校的办学行为,并奠定了学校的文化基础,阐明了学校的奋斗目标、合作方式以及对发现和分享真理的承诺。索邦大学以建成一所创新的、民主的、深受国际社会高度认可的世界科学研究中心为愿景,表明了其对科研的不懈追求。而昆士兰大学自创立之初即将"研究、教育和社会参与"视为发展的生命线,积极应对时代的挑战,以改善本地和全球的社区。由于发展历史、发展环境及办学文化等的差异,使得八所"后发型"世界一流大学的使命、愿景和价值观各有特色。在八校最新的战略规划文本中,八所大学都继承并保留了适宜的办学文化,并将其融入新的发展使命和愿景之中,形成了独特的价值取向。

三、发展目标的特征

一般来说,大学的发展通常是围绕着特定的发展战略目标而展开的。然而,不同的大学有着不同的使命,因而也有特定的发展战略目标定位,好的发展战略目标应该具有挑战性、可实现性、可测量性等特征。① 考察发现,"后发型"世界一流大学发展战略规划目标定位清晰,一方面致力于为短期发展提供方向指引,着手于解决现阶段发展的重点难点问题;另一方面致力于为应对未来长期发展的竞争和挑战,加强战略部署和提出战略应对方案,体现出前瞻性、动态性和开放性。"后发型"世界一流大学发展战略规划目标引领大学突破发展限制、扩大资源基础优势、提升核心竞争力,进而发挥后发优势,实现"弯道超车"。

(一)目标定位清晰且可实现

"后发型"世界一流大学发展战略规划目标定位清晰,且在不同的发展阶段,目标具有显著的差异。"后发型"世界一流大学的发展目标应与愿景和使命保持一致,目标高远、使命宏大、愿景可实现,且符合学校的发展实际。"后发型"世界一流大学在不同的发展阶段立足于大学所处的层次与环境差异制定了

---

① 陈明. 现代大学战略管理[M]. 武汉:湖北人民出版社,2012:190-195.

适宜的发展目标,这对学校发展的速度与质量起到了关键性作用。

以新加坡两所大学为例,2004年,南洋理工大学的发展目标为通过创新和创业的方式来加强其教学和研究,进而为新加坡及其他地区培养领导人才和推广先进知识。① 2010年,南洋理工大学以建设"创业型大学"为发展目标,对国际高等教育环境的变化极其敏感,不断更新发展理念,以充分应对时代的挑战。在考虑现实需求和未来发展的基础上,扩大国际合作与交流,并吸纳国际顶尖大学的有益经验,努力获得新的发展机会。为了迈进世界一流大学行列,南洋理工大学于2010年制定了《2015战略规划》,确定了五个卓越高峰战略方向,即持续加强其特色和优势学科领域,在健康医疗、可持续发展、新媒体等五大领域打造精品,成为国际水平的领先者。② 该发展战略的实施,使南洋理工大学的国际影响力得到极大的提升,在科学研究、国际合作等领域表现卓越,还使南洋理工大学在QS世界大学排行榜的排名大幅提升,从2010年的74位升至2015年的13位。随后,南洋理工大学在《南大2015战略》的基础上提出《2020战略规划》,旨在将该校推向卓越研究的更高峰。该战略侧重于环球亚洲、地球的可持续发展、健康社会、安全社区和未来学习五大研究高峰,这五大领域可以充分发挥该校的优势,即在工程、商科与教育方面的专长。

在《2020战略规划》中,南洋理工大学促进优势学科与人文等学科协同发展,以跨学科的协同作用引领南洋理工大学学科集群发展步入新进程,产生了一批新的交叉学科集群,并成为学校发展的独特优势。此外,南洋理工大学的可持续发展项目已获得充足的研究资金,将引领全球教学和研究领域的可持续发展。③ 2020年,新冠疫情对全球的发展造成了巨大影响,南洋理工大学在2020年担当起向政府决策者提供必要及时的信息、科学知识和支援的重要角色,并制定了《2025战略规划》(表4-8),提出将继续在创造新知识、培养未来劳动力、带领人类探索知识新领域、促进创新以产生经济价值、应对社会需求和挑战等方面发挥关键的作用,依赖于大学整体的卓越表现、强化跨学科合作、开创有影响力的创新项目以造福全社会。④

---

① 2004-2005年度报告 [EB/OL]. 南洋理工大学官网,2021-02-09.
② 南大2015计划 [EB/OL]. 南洋理工大学2015战略规划,2021-02-15.
③ 关于南大 [EB/OL]. 南洋理工大学官网,2021-03-09.
④ 南大2025 [EB/OL]. 南洋理工大学官网,2021-05-14.

表4-8　南洋理工大学的2015、2020、2025战略规划文本核心要点

分类	核心内容	发展目标
2015战略规划	新丝绸之路、可持续发展、保健医疗体制、科技新创意媒体和创新创业生态模式	跨学科教育培育多元人才，打造卓越的环球大学
2020战略规划	环球亚洲、地球的可持续发展、健康社会、安全社区和未来学习	发挥科学与工程领域的优势，将卓越研究推向更高峰
2025战略规划	人工智能与增强智能、韧性城市化与自然生态系统、大脑与学习、健康与社会、企业的未来以及文化、组织与社会	减轻我们对环境的影响，驾驭学习的科学、艺术和科技，探讨科技对人类的影响，应对健康生活和老龄化的需求和挑战

资料来源：根据南洋理工大学年度报告整理。

新加坡国立大学于2001年设定了面向2005年的发展目标，即在全球主要创业中心建立五所海外学院，突出且拥有创业精神的学生，将有机会在初创公司实习以及在主要创业中心的顶尖大学上课；每个学院将有一个明显的重点，研究并运用领先大学和行业的专业知识，促进学术卓越与企业文化之间的协同作用（表4-9）。① 2000年初，坐落于硅谷的新加坡国立大学学院是新加坡国立大学的第一个海外学院，专注于技术创业，培养创新创业人才。新加坡国立大学的学生将花一年时间在硅谷的初创公司实习，并参加斯坦福工程学院的课程。通过海外交流，学生可以更好地学习和体验不同的文化和教学模式，增强他们探索全球经济发展机遇的能力；将学生浸泡在蓬勃发展的创业文化中，其目标是把初露头角的学生培养成有进取心的人才，乃至成为自主创业者和成功的企业家。

表4-9　新加坡国立大学2005、2015和2020战略规划文本核心要点

分类	核心内容	发展目标
2005战略规划	在全球主要创业中心建立五所海外学院，参加海外交流项目的学生人数增加三倍，在2005年达到总数的20%	促进学术卓越与企业文化之间的协同，把学生培养成有进取心、足智多谋、独立的人才，乃至成为自主创业者和成功企业家

---

① 2001年度报告[EB/OL].新加坡国立大学官网，2021-02-09.

续表

分类	核心内容	发展目标
2015战略规划	提供独特和有影响力的全球方案，向利益相关者和更广泛的受众传达学术研究成果	成为变革性全球教育的领导者、全球领先的大学、全球具有重大影响力的研究中心
2020战略规划	投入优质教育、开展有重大影响的研究项目、打造有远大前景的新企业	以创新创业精神为信念，打造一个更加美好的世界

资料来源：根据新加坡国立大学2001、2010、2015年度报告整理。

为了进一步增强全球影响力，新加坡国立大学的发展目标在前期的目标基础上有所提升，在《2015战略规划》中，新加坡国立大学的愿景是"成为一个全球知识企业，以亚洲为中心，影响未来的全球顶尖大学"，其核心内容在于增强与中国、印度等国的深度合作，使利益相关者的利益最大化，并在全球传播其最前沿的科研成果，成为变革性全球教育的领导者。2015年，新加坡国立大学80%的本科生已经有了海外学习的经历①，培养具有国际视野的卓越人才已经基本实现。立足于《2015战略规划》，新加坡国立大学在《2020战略规划》中提出了更宏伟的目标，其愿景是"成为一个集学者、研究员、教职员、学生和校友的活跃社群，以创新与创业精神为信念，共同打造一个更美好的世界"，即从"成为全球顶尖大学"到"打造美好世界"的层次提升。在这个规划中，新加坡国立大学突出了社群建设、创新与创业精神对大学发展的影响，并将投入更优质的教育、开展有重大影响的研究项目、打造有远大前景的新企业，使新加坡国立大学成为一所全球领先的大学。②

（二）发展目标具有相对稳定性

在不同的发展阶段，"后发型"世界一流大学发展战略规划目标具有相对稳定性，且在内容上具有一定的连续性。例如，澳大利亚两所大学均设定了明确的发展战略规划目标，且目标内容的核心主题较为稳定，以保持战略的延续性。蒙纳什大学设定了《蒙纳什大学未来十年2012—2022战略规划》《聚焦蒙纳什2015—2020战略规划》和面向2030年的战略规划《2021—2030战略规划》。从蒙纳什大学的三次战略规划中可以发现，该校的发展目标始终聚焦于杰出的、国际的、有创业精神的、包容的这四个核心目标（图4-6），并从这四个方面论

---

① 新加坡国立大学全球影响力，亚洲影响力[R]. 新加坡：新加坡国立大学出版社，2015.
② 概述[EB/OL]. 新加坡国立大学官网，2021-02-26.

述了整个大学的办学思路，也表征其明确的办学定位和清晰的办学方向，且办学文化具备先进性和包容性。

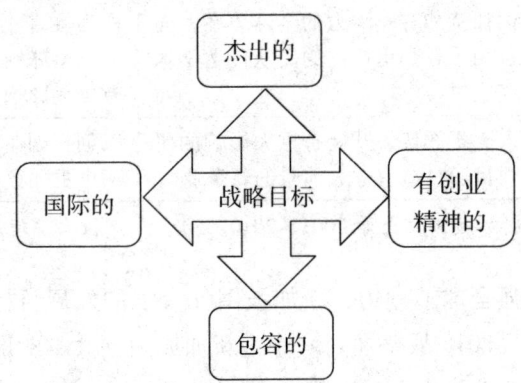

图 4-6　蒙纳什大学的战略规划目标
资料来源：根据蒙纳什大学官网整理。

自成立以来的几十年里，蒙纳什大学打造了一条独具特色的发展道路，反映了其最初的雄心壮志，并标志着对迎接进一步挑战的渴望。蒙纳什大学从成立之初，便开始寻求在更大的国际舞台上发挥其教育和研究的优势，并展示出一所大型多元化研究型大学的成就和表现特征。《聚焦蒙纳什 2015—2020 战略规划》旨在加强这些成就和表现，为大学更具竞争力和全球化的未来做好准备。它还试图强调那些使蒙纳什大学更具个性化的特点，并将扩大该大学为改善其社区所做的卓越贡献。这一战略的核心是以最高的国际标准衡量卓越，这种卓越通过蒙纳什大学真正的国际影响力，以及其学生、员工、校园和合作伙伴，包括其在亚太地区的特别关注得到加强。它通过与行业和政府建立伙伴关系和合作的进取方式，最大限度地扩大其研究和教育的影响。并且，该校在组建学生和教职员工团体时所采取的包容性方法也加强了这一点。作为真正的国际化大学，蒙纳什大学认识到有义务积极寻找全球人才，包容一切是追求卓越承诺的一部分。为了使这所国际化、具有进取性和包容性的大学能够实现其卓越愿景，必须确保财务稳健，员工队伍保持最佳状态，所有人员的行为对环境负责。当前，最大的研究挑战是社会和环境挑战，故而要通过可持续发展来支持其迎接挑战。为了大学的长期利益，蒙纳什大学并非在每一个领域都变得强大，而是将增长的目标放在那些支持大学长期卓越的领域；通过深入社区，加强国际化、创业精神和包容性，蒙纳什大学将变得更具特色。

蒙纳什大学通过教育和研究服务社区的形式是多样的、复杂的，且这些社区面临的主要挑战是全球性的,这就表明大学自然环境和社会环境发生了巨大的相互关联的变化。这些全球性挑战具有深远的地方影响和国际影响,为应对这些挑战需要国内国际以及政府、行业和社区之间的全球性努力,蒙纳什大学通过与政府、行业、慈善和社区组织的合作,成为这一联盟和网络的重要组成部分。蒙纳什大学在《2021—2030 战略规划》中确定了在未来十年需要特别关注的三项挑战,即气候变化、地缘政治安全和繁荣的社区,这涉及多方面需要理解、参与和回答的问题。这三项挑战都以不同的方式影响着大学环境、大学社区和生活,气候变化、地缘政治安全和繁荣社区之间的相互依存性使得蒙纳什大学应对这些挑战需要广泛和持续的关注和努力,故而,昆士兰大学要在大学社区中设计好充分的应对策略,来减轻这三大挑战带来的影响。

  昆士兰大学也制定了阶段性、连续性的战略规划,以支撑其不断走向卓越。其战略规划的核心内容体现在学习计划、发现计划、参与计划三个方面(图 4-7)。《2011—2015 战略规划》阐述了未来五年的战略优先事项以及到 2020 年的长期愿景,这一目标的实现需要学生、员工、校友、合作伙伴等提供支持。昆士兰大学的优势体现为:学校为学生、员工和校友提供了丰富而有凝聚力的机会。全球高等教育正受到全球化趋势的挑战,导致大学声誉方面的激烈竞争;国际排名系统的重要性将继续增长,影响学校建立富有成效的研究伙伴关系和吸引最优秀的学生和员工的能力。对此,昆士兰大学的地位也受到挑战,这是因为许多较新的海外大学,尤其是亚洲的大学,获得了显著增长和投资的回报。故而,昆士兰大学在战略规划中提出要与国际机构加强合作,在具有全球意义的问题上开展协作;同时还必须利用研究生的力量,扩大研究培训活动;调整教学计划,提供与不断变化的全球经济和劳动力相适应的教学模式和方法。昆士兰大学将重视广泛而有代表性的学生群体,无论他们的环境或背景如何,吸引最优秀的学生是至关重要的。《2022—2025 战略规划》描述了昆士兰大学在两个时间范围内的目标,即对 2032 年的长期目标定位声明和成功衡量标准中予以说明,并为 2022—2025 年的战略重点设定了方向。为了制定这一战略规划,学校邀请大量教职员工参加了为期一个月的战略论坛,教职员工可以自由发表对大学未来发展的观点,为昆士兰大学如何继续为公众利益做贡献提出了有益的见解和想法,激发了学校战略规划部门的灵感。通过这一咨询过程,确定了 2022—2025 年的战略优先事项,即学习和学生体验、研究和创新以及丰富大学社区。这些事项由三个对学校未来成功至关重要的因素支撑,即昆士兰大学的全球形象、员工和未来保障①。

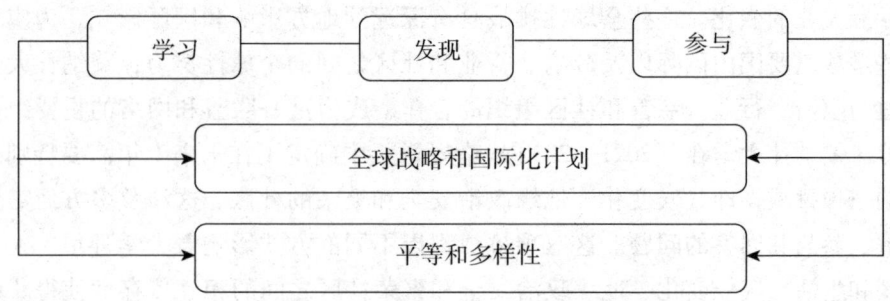

图 4-7　昆士兰大学战略规划
资料来源：根据昆士兰大学官网的整理。

（三）发展目标具有层次性和交织性

"后发型"世界一流大学发展战略规划目标往往呈现出一定的层次化特性，即在总体目标下，设置了若干具体的子目标，以此形成一个层次清晰、系统完整的目标体系。例如，鲁汶大学在科研方面的目标体现为：一是雄心勃勃，追求卓越；二是把跨学科性放在议事日程的首位；三是鲁汶大学希望提高其国际影响力，致力于扩大科学研究领域的国际监管框架②；四是鲁汶大学致力于研究对科学和社会的影响；五是鲁汶大学希望追求负责任的伦理和整体研究议程。在教育方面的目标体现为：一是形成教育和学习，二是关注学生个体，三是扩大教育与学科的互补性，四是注重素质教育，五是创造必要的先决条件。鲁汶大学的国际化目标体现为：通过更好的品牌和沟通，努力实现更好的国际定位；更好地协调自下而上和自上而下的国际化举措；选择质量而不是数量；包含多样性、国际化、流动性等多维度政策；更好地利用社会和体制网络；更多的政治决策途径。

表 4-10　鲁汶大学的发展目标

分类	目标要点
真正的国际化	从一所享有全球声誉的国立大学向真正的国际大学过渡
面向未来的教育	基于与学生学年结构相匹配的面向未来的教学模式的选择
走向数字化	以促进协作学习和多校区教育并扩大国际影响力的方式使用教育技术

---

① 2022—2025 战略规划［EB/OL］. 昆士兰大学官网，2021-11-02.
② 研究政策［EB/OL］. 鲁汶大学官网，2021-12-19.

续表

分类	目标要点
跨学科	除了学科深度,在教育、研究和公共宣传方面发展跨学科对话
可持续性	可持续管理的选择以及对研究和教育中可持续发展目标的承诺

资料来源:鲁汶大学.在十字路口,为了一个可持续的社会[EB/OL].鲁汶大学官网,2021-12-19.

此外,其发展目标具有一定的交织性。"后发型"世界一流大学根据发展战略目标设置了相应的行动计划,通过多元文化理念和各种具体目标的设定,深化了教育和科研等的融合。现阶段,鲁汶大学的发展战略规划包括五个部分,即该政策计划包括五个长期项目。[①] 这些项目之间互相联系,共同构成了鲁汶大学的发展目标体系。同时,在这一政策计划中描述的五个项目是横向联系、相互交织的,一旦一个目标得以实现,就会对其他方面的目标产生较强的推进作用,同时会对大学发展的多个政策领域产生影响(表4-10)。为了保障大学发展多层目标的对接和实现,鲁汶大学开发了一种新的内部质量管理系统,COBRA(协作、反思和行动—检查和平衡),以全面保障大学质量的持续提升;运用教育创新工具来支持教育愿景的实现,并促进COBRA方法在所有领域的推广。基于战略目标的选择,"后发型"世界一流大学在教育、科研等多方面追求共同卓越,并合理且有效地运用资源,这也是一流大学发展的目标旨归。

(四)发展目标具有鲜明的个性和特色

通常,"后发型"世界一流大学发展战略规划目标不是相互模仿的结果,而是依据学校发展实际制定的,具有鲜明的个性和特色。一方面是大学发展的资源基础条件,如学科分布等存在显著的区别,在战略目标的设置上就存在不同的目标重点;另一方面是大学的办学文化和精神存在一定的差异,故而在对战略目标要素的把握上存在一定的区别。例如,索邦大学是由两校合并而成,其发展目标具有一定的特色性元素。2017年,巴黎索邦大学、皮埃尔和玛丽居里大学以及实施卓越倡议的科学合作基金会(巴黎索邦高等教育和研究大学)编写了自我评估报告[②],描述了索邦大学从两所创始大学所继承的重要优势和明显弱点。索邦大学将重点发展实力较强的领域,其目标是保持高绩效水平,巩固其在欧洲的领导地位,其战略目标具体包括六个部分(表4-11)。

---

① 鲁汶大学.在十字路口,为了一个可持续的社会[EB/OL].鲁汶大学官网,2021-12-19.

② 我们的战略[EB/OL].索邦大学官网,2021-04-15.

表 4-11　索邦大学 2018—2019 战略目标

目标	内容
联合技能，发展跨学科	创新教学的手段，为学生提供多样化的学习途径；设置专题交叉学科，增加教育和技术资源，提供跨部门、多学科和专业的培训
为国家经济、社会和文化发展做出贡献	推进终身教育，加强学生职业生涯建设，为教学和研究竞赛做准备
发展与社会的伙伴关系	与企业联合构建高效的创新生态系统，开展跨学科研究；积极地参与科学、文化和社会之间的对话
加强吸引力和国际化	吸引学生和工作人员，推进大学国际化；对工作人员进行外语和跨文化培训；参与国际学术事务、解决社会问题和提升吸引力
组织资源优化	优化人力资源政策，支持职业发展；优化资源分配和调动政策，增加资源和促进多样化，优化大学信息系统
建设索邦大学社区	涵盖所有学科范围；维持两所创始大学在新大学校园中的学术声誉；与一些主要学校或海外大学构建类似的密集学生网络

资料来源：根据索邦大学官网整理。

其后，索邦大学致力于在全球扩大其影响力，其《2019—2023 战略》的发展目标聚焦于四个方面（表 4-12）。索邦大学的学科范围广泛，包括数学、计算机科学、实验科学、医学、文学、人文科学和社会科学，将支持社会在以下方面的数字转型。它将通过培训、研究和创新，促进社会在技术、用途以及个人和集体行为方面的数字转型；它将利用其在高等教育和研究中的地位，促进开放、参与和共享的科学；支持和承认个人和学生向开放科学过渡，包括培训、研究、知识传播、遗产传播、社会文化影响和经济发展；发展适当的基础设施，推动研究评估程序的发展，并通过明确利益关系提高透明度。

表 4-12　索邦大学 2019—2023 战略目标

目标	内容
在一个全球化的世界中采取行动	大学国际化培训和发展职业生涯；发展国际学术合作；在欧洲采取行动；向欧洲和世界社会开放
充分参与开放科学、数字和数据革命	提高对数字和数据科学的培训和认识；扩大数字和周围的研究；致力于开放科学；原始机构的数字化改造
在不断变化的世界中理解、学习和创业	为社会和与社会一起行动；推动学术活动的发展；继续大学的教学转型

续表

目标	内容
建立新大学并确认其身份	在社会上得到认可；在学术世界中坚持自己；安装设施并部署其模型；在校园和城市里聚集和让社区生活让校园和城市社区聚集在一起并相互融合

资料来源：根据索邦大学官网整理。

对洛桑联邦理工学院而言，作为一所年轻的研究型大学，洛桑联邦理工学院在发展初期面临多重困境，拥有的战略性资源非常有限，加之瑞士的自然资源有限等因素限制了学校的快速发展。对此，校领导意识在创校前期唯有抓住全球化发展的重要机遇，走向国际化，在关键领域占据发展优势、拓展战略性资源，才能为该校的快速发展提供重要基础。对此，该校确立了"立足欧洲、面向全球"的发展愿景，其使命在于为学生提供尽可能高的教育标准，给学生提供他们需要的工具，以应对改善社会做出贡献时即将面临的挑战[①]，并以国际化战略为核心，制订了一流研究型大学建设计划。同时，洛桑联邦理工学院以教学、研究和创新作为其核心要务，在三个领域不断创造佳绩以支撑学校的发展。[②] 洛桑联邦理工学院战略规划《2021：展望未来》（表4-13），其发展目标包括：第一，培养人才。既关注学生，又鼓励创新教学的方法。提出减少一年级课程的数量，以便学生可以专注于基础知识，同时将计算思维作为一年级课程的"第三支柱"。[③] 第二，加强学校重点课题。学校的优先事项是利用对社会产生重大影响的新兴科学领域提升学校的影响力，即社会的数字化转型、工程与神经科学之间的跨学科研究、极端环境和计算生命科学。第三，开展创新项目的培育等举措，落实开放科学的理念。通过培育自下而上的创新项目，基于项目的学习和实践来落实开放科学的新理念和新要求，进而促进大学整体的发展。该校依托新的创新基金和跨学科项目支持团队，鼓励其沿着创新路线进行更多的开发。在研究领域，已经成立了一个鼓励开放科学研究的新基金，并致力于开创性、灵活性、自主性研究。

---

① 2017年度报告[EB/OL]. 洛桑联邦理工学院官网，2021-11-06.
② 2018年度报告[EB/OL]. 洛桑联邦理工学院官网，2021-11-06.
③ 优先事项[EB/OL]. 洛桑联邦理工学院官网，2021-11-06.

表 4-13 洛桑联邦理工学院《2021：展望未来》战略规划

分类	具体内容
研究	加强基础科学、气候变化、成像、智能系统、神经学-X、健康科学与技术的研究
教育	不断改进我们的课程和教学方法，同时保持高质量标准；从学期项目到探索学习实验室，保持边做边学或基于项目的学习；重视计算思维课程和开放科学，提升学生的数据科学技能，培养下一代科学家
创新	扩大科技产品创新的范围，扩大与非政府组织的合作；加强与中小企业的关系，促进创新园区网络增长，创业和风险投资生态系统持续增长；继续与其他瑞士大学、企业建立强有力的研发合作伙伴关系；将与 ETHZ 和 ETH 研究机构的特殊关系继续深化
校园运营与服务	远程工作极大地推动了 EPFL 的数字化，我们将从中吸取教训；新的组织结构由一位副校长统一领导所有业务——从校园运营到建筑、人力资源和 IT 服务；为开发和实施教育、研究、创新和能源领域的可持续性举措提供过渡

资料来源：根据洛桑联邦理工学院官网整理。

综上，不同的"后发型"世界一流大学，其发展战略规划目标的特色存在一定的差异，这些个性化和特色化的元素恰好是引领大学走向卓越、迈向一流的核心所在。

四、教学与科研的特征

通过对"后发型"世界一流大学发展战略规划文本的归类整合，发现其教学与科研的特征体现如下表 4-14。"后发型"世界一流大学发展战略规划文本中教学与科研的特征存在一定的共性，也体现出较大的差异，蒙纳什大学和昆士兰大学具有明确的增强教学和科研的举措，并进行了详细的划分。

表 4-14 "后发型"世界一流大学战略规划教学与科研领域的特征

大学	科研	教学
新加坡国立大学	多学科研究人员推动前沿领域研究，产生创新的想法，通过有影响力的研究拓展边界	为学生创造多种途径，为多元化职业生涯做好准备；鼓励创造性思维，培养创业型人才
南洋理工大学	吸引全球的企业合作，催生产学合作项目；推进跨学科研究，支持国家重点研发工作	成立新的卓越教学创新研究中心，推广卓越的教学方法，提高学生学习效率

续表

大学	科研	教学
蒙纳什大学	保持和加强提高研究绩效的战略，卓越之处在于：人才、聚焦、基础设施、跨学科性	确保课程高度相关，改革教学方法，并结合适当的技术，以反映最佳的可用思维
昆士兰大学	提高合作能力来促进高质量研究	通过灵活和合作的学习环境转变学生体验
慕尼黑工业大学	致力于科学领域的创新进步，持续地改善人们的生活及其共存	以跨学科研究项目为基础开展教学
鲁汶大学	研究驱动、面向社会、个性化教育	推出弹性教学，学生可以在更自由的学习模式中构建学习；启动一些学习计划，补充和加强多样性政策、支持学生生成的内容
索邦大学	新建跨学科联合实验室，应对研究方面的挑战，无论这些挑战是学科和科学领域的挑战，还是法国或国外的其他机构提出的挑战	计划开设理工学科和人文学科相结合的复合型专业；开发跨学科课程，如气候变化和可持续性等
洛桑联邦理工学院	依据数据科学、个性化健康和先进制造等关键领域，以应对关键的社会挑战，同时确保瑞士始终处于现代技术的前沿	为学生和教师提供一个以创新为导向的环境，配备最先进的设施，培养他们的想象力、创造力和创业精神

资料来源：笔者对八所"后发型"世界一流大学发展战略规划文本的整理。

（一）教学方面的特征

1. 注重课程建设与环境塑造

"后发型"世界一流大学以其独特的全球课程为依托，以培养创新型、复合型、领导型人才为办学旨归。在教学方面，"后发型"世界一流大学致力于创造一个充满活力的学习环境，将校园学习、社区参与和学生生活融为一体，同时不断调整和开发教育产品的方法，使学习计划更加灵活。昆士兰大学注重配置教学、评估和学习空间，以鼓励积极的协作学习；扩展在线和数字化交付，为学生提供适合其个人需求的方式参与学习；加强学生、研究人员、行业和校友之间的伙伴关系，以创建更具协作性的教学方法。由此不难发现，昆士兰大学尤其注重学习环境的改善，并利用优良的学习环境、人文环境促进学生的学习和成长。同时，蒙纳什大学承担最高国际质量的研究和教育，以应对时代的巨大挑战。具体而言，该校在教学上产生了新的理念，一是确保发展和认可卓越教育，并在支持课程和教学创新方面发挥作用；二是通过对当代技术和学习空间以及教育的有效管理，支持教育学生的实践活动。蒙纳什大学教学方面的卓越之处在于把握好人才、注重学生成绩、学习和教学环境四大要素，从而确保教学的高质量开展。与之类似的是，南洋理工大学于2015年正式启用卓越教学创新研究中心，通过整合学习科学，强化各中心的教学法、技术、研究和奖学金等方面的协调，促进多元教学的协作；同时，推出新的跨学科核心课程，以为所有本科生提供企业实习机会来强化跨学科实践。

2. 注重综合能力培养与职业生涯发展

"后发型"世界一流大学旨在培养学生成为具有国际视野的全球公民，了解世界的多样性和复杂性，欣赏并同情他人及其生活，认识并接受多样性和差异性带来的变化。新加坡国立大学通过提供多样化的全球教育、研究和创业项目，以提升学生的综合能力。同时，学生有机会获得宝贵的跨文化经验，并对全球问题以及亚洲的观点形成强烈的理解。在职业生涯发展上，"后发型"世界一流大学为学生创造了多种职业发展途径，为多元化职业生涯做好准备。蒙纳什大学十分注重教育的产出和投入，以不断提高毕业生的成功技能，通过培养学生的领导力和创业精神，不断发展公民责任和数字素养，构建数字化和个性化体验，以满足不断变化的学生和行业期望。昆士兰大学提供了丰富多样的教育体验，旨在培养归属感，注重扩大学生发展就业的机会，同时让学生成为所在领域的领导者，具备在全球环境中茁壮成长的灵活性。洛桑联邦理工学院为学生提供了一个以创新为导向的环境，配备最先进的设施，培养他们的想象力、创造力和创业精神。索邦大学通过开设理工学科和人文学科相结合的复合型专业，开发多种跨学科课程，如气候变化和可持续性等，以促进学生职业生涯的发展。慕尼黑工业大学以跨学科研究项目为基础开展教学，为培养创业型人才奠定基础。

（二）科研方面的特征

1. 保持核心学科优势与推动跨学科领域发展

在国际竞争加剧的背景下，"后发型"世界一流大学唯有在科研方面保持核心研究优势，才能不断增强竞争力。南洋理工大学强化跨学科合作、开创有影响力的创新项目，将研究的重点聚焦于人工智能与增强智能、韧性城市化与自然生态系统、大脑与学习、健康与社会、企业的未来以及文化、组织与社会等前沿领域。这些领域由各学院的教员和研究员代表提出，这些领域将有助于解决人类所面临的一些严峻挑战。与之类似的是，新加坡国立大学关注前沿领域研究，并试图通过研究解决人类发展的问题。蒙纳什大学提出，在研究上确保四个要素,将从全球范围内培养和招聘高水平的研究生和研究人员;将投资蒙纳什大学已经或有能力产生影响力和具有高国际地位的研究专长的领域;将投资和维护世界一流的研究基础设施;利用跨学科研究,汇集多学科知识来应对重大研究挑战。由此可知蒙纳什大学对科研工作的推进具有明确的方向,也体现了鲜明的特色。

2. 聚焦重点领域并提升科研对社会的贡献

通过对"后发型"世界一流大学发展战略规划文本的分析,发现其重点领域如表4-15所示。不同的"后发型"世界一流大学的重点领域存在较大差异,这反映了这几所高校的战略规划采取的是差异化发展战略,即结合自身的学科基础实力和学科特色做出的战略部署,并非复制照搬而来。例如,洛桑联邦理工学院是一个通过转让知识和教育研究创造社会福利的机构,它以研究创新和转移研究成果的形式来协调洛桑联邦理工学院和工业之间的关系,也注重通过研究中心、平台、枢纽和研究所来提升重点领域的资源基础优势,进而探索对未来社会发展有重大价值的研究领域。①

表4-15 "后发型"世界一流大学战略规划重点领域

大学	重点领域
新加坡国立大学	老龄化研究、能源、亚洲研究、金融体系韧性和风险管理、医疗创新、环境及城市可持续、海事及岸外研究、材料科学研究以及智慧国
南洋理工大学	人工智能与增强智能、韧性城市化与自然生态系统、大脑与学习、健康与社会、企业的未来以及文化、组织与社会
蒙纳什大学	气候变化、地缘政治安全、繁荣的社区
昆士兰大学	在具有国家和国际意义的关键领域建立全球研究领导地位,如能源、可持续性、水、健康和社会公平
慕尼黑工业大学	通过专门的重点领域刺激TUM工业校园概念,如添加剂制造、自主系统、人工智能、机器人
鲁汶大学	涉及气候、能源、移徙、社会不平等或这些挑战中的伦理问题等各种可持续发展挑战
索邦大学	数学、计算机科学、实验科学、医学、文学、人文科学和社会科学等学科,将共同支持社会的数字转型

---

① 韩双淼,钟周. 一流大学的国际化战略:一项战略地图分析[J]. 复旦教育论坛,2014,12(2):10-16.

续表

大学	重点领域
洛桑联邦理工学院	可持续性、运动科技、空间创新、数字信任中心、能源中心、智能系统中心、交通中心、生态云中心

资料来源：笔者对国外"后发型"世界一流大学规划文本的整理。

"后发型"世界一流大学在重点领域的研究，往往并非以一个单独的单位完成的，而是与外部科研机构、院校、工业企业合作的结果，并将重点领域的成果进行输出和分享，使其在重点领域的影响力得到广泛认同。索邦大学通过培训、研究和创新，促进社会在技术、用途以及个人和集体行为方面的数字转型，促进开放、参与性和共享的科学。这就充分表明，索邦大学对数字技术颇为重视，并希冀通过知识转让和传播来推动数字革命在社会各个方面的发展，从而为社会转型提供动力。昆士兰大学通过战略投资强调高质量、跨学科的全球合作，在具有国家和国际意义的关键领域确立全球研究领导地位，注重研究人员和研究成果的质量，提升其作为全球研究机构的声誉。蒙纳什大学在与工业、政府、非政府组织和其他大学合作伙伴的深厚持久关系的支持下，研究解决了重大挑战并制定了全球议程。南洋理工大学将大学发展与环境相结合，关注学习的科学、艺术和科技，关注科技对人类的影响，应对健康生活和老龄化的需求和挑战。新加坡国立大学汇聚多元领域的科研人才，探索跨领域整合模式；维系尖端研究项目，促进大学与企业伙伴关系的协同效应；强化分析学与优化学、数据科学、网络安全的实力。鲁汶大学在重点领域的研究，致力于开发一个新的"可持续发展的全球挑战"领域，重点内容涉及气候、能源、移徙、社会不平等或这些挑战中的伦理问题等各种可持续发展挑战。故而，该校准备启动几项新举措，以支持跨学科工作，来应对重大的社会挑战，并为跨学科博士制定了一个发展框架。由此可以发现，发展重点领域往往与跨学科研究有着密切的联系，这正是"后发型"世界一流大学保持其核心竞争力和发展地位的重要推手。

在"后发型"世界一流大学的成长过程中，与国家的发展、社会的进步存在高度的相关性。新加坡国立大学、南洋理工大学、蒙纳什大学、昆士兰大学尤其重视科研对社会的贡献，即面向社会现实问题进行研究，以达到影响全世界的目的。慕尼黑工业大学也提出，通过科学研究致力于科学领域的创新进步，持续地改善人们的生活及生存质量。洛桑联邦理工学院提出加强数据科学、个性化健康和先进制造等关键领域的发展，以应对关键的社会挑战，同时确保瑞士始终处于现代技术的前沿。在孵化新创企业方面,新加坡国立大学继续发展创业和创新网络,通过伙伴关系将知识转化为有益于行业和社会的企业,以推动社会的进步。

五、社会参与和国际化的特征

通过对"后发型"世界一流大学发展战略规划文本中的国际化和社会参与的整合分析发现,其社会参与和国际化体现出鲜明的特色(表4-16)。不同的"后发型"世界一流大学发展战略规划文本中社会服务与国际化存在一定的共性特征,也有较大的差异。共性特征,即高度重视社会参与,将大学的发展与社会的进步紧密地联系在一起,力求实现大学与社会的互相促进、互相推动;同时,不断提升大学的国际化水平,在国际师生流动、建设海外校区、国际合作研究等方面做出战略部署。

表4-16 "后发型"世界一流大学战略规划社会参与和国际化

大学	社会参与	国际化
新加坡国立大学	继续贡献我们的心和手,为更广泛的社区服务;促进商业理念和技术的测试,使初创企业能够加速增长	海外学院继续扩大,更加关注东盟和中国等国家,以便在更广泛的地区实现更大的思想、人才和市场准入流动
南洋理工大学	促进跨学科合作,创造有影响力的创新项目以造福社会;在帮助解决国家和区域优先事项方面发挥重要作用	积极寻求教育、科研、创新领域中具有全球影响力的国际伙伴,携手合作,应对迫切的全球议题
蒙纳什大学	与更广泛的社区深入交往,建立一个全球校友网络,与他们建立互惠互利的关系	把我们的国际合作伙伴和海外校园建设成一个全球研究网络;确保我们的学生毕业时具有国际视野和能力,并为他们适应全球化的世界做好准备
昆士兰大学	扩大与行业互利合作的质量和规模,继续加强和深化与这些社区的关系	从工业到个人,昆士兰大学在世界各地培养战略关系,与国际伙伴在教学、研究和知识交流方面进行合作
慕尼黑工业大学	可持续地改善人们的生活及生存,与政治、商业、社会对话	建立国际网络,建立以欧洲和非洲为重点的全球联盟,扩展TUM的重要科学和工业网络,并利用领先教学和研究机构的国际联盟为学术人才开辟新的国际视野

续表

大学	社会参与	国际化
鲁汶大学	通过反思、辩论,在最广泛的意义上发展知识来帮助解决社会问题	使用各种技术扩大国际合作范围,促进学生流动
索邦大学	提高社区对其成员创新行动的认识,促进跨学科交流与合作,致力于为所有人的健康和发展、社会发展服务	充分发挥国际大学的作用,改善其国际学生和研究人员的生活条件,依靠与大量大学的交流,为更多的学生提供机会
洛桑联邦理工学院	扩大与非政府组织的合作,加强与中小企业的关系;为了社会的利益推进知识、教育和创新发展	建立国际合作网络和伙伴关系,开展合作研究

资料来源:笔者对八所"后发型"世界一流大学发展战略规划文本的整理。

(一) 社会参与的特征

1. 注重科研成果转化和提升社会服务能力

"后发型"世界一流大学的社会参与超越了传统的社会服务方面的内容,除了服务经济社会的发展、企业的创新,还包括大学社区的建设与维护等。对新加坡两校而言,新加坡国立大学积极推动新加坡各地研究和初创企业社区之间的互动,促进商业理念和技术的测试,使初创企业能够加速增长,进入国际市场,更有效地扩大规模。不同政府部门之间的战略合作也加强了该校的卓越中心建设,越来越多企业实验室的建立强调了该校对研究创造转化影响的追求。新加坡国立大学继续深化与行业的合作,加强转化研究和对社会的影响。作为一个公共资助的机构,南洋理工大学有义务在解决国家和区域优先事项方面发挥重要作用,有机会、有平台,也有责任帮助其应对全球挑战。对昆士兰大学而言,其社会参与的目标是建立伙伴关系和大学社区,积极影响社会等。昆士兰大学致力于开展与工业、企业和社区相关的基础和应用研究,对应对全球经济、环境、健康和社会挑战具有重要意义。产业伙伴关系是昆士兰大学在知识转移和研究商业化方面取得成就的关键,也是确保更广泛的社区从昆士兰大学研究成果中受益的关键。为了优化大学的表现,昆士兰大学正着手实施一项战略,以扩大与行业互利合作的质量和规模,重点关注该校的关键研究优势列表。昆士兰大学的优势以及作为知识领导者持续成功的关键是该校的全球连通性以及与世界各地的人和组织建立战略伙伴关系。

2. 注重大学社区的建设和服务全球的视野

为将知识转化为企业,南洋理工大学通过合作伙伴关系社区使行业和社会受益,在五年内培养一个多元化、具有包容性和有凝聚力的社区——"One NTU",该社区基于大学独特和多元文化的共同价值观,以每个成员的福祉为优先事项,强调建立团结精神并要求在实践流程中确保对所有成员保持尊重、公平、和建立平等的机会。昆士兰大学认识到大学社区的重要地位,提出将继续加强和深化与这些社区的关系,其目标是积极影响社会。同时认识到与更多的地方、国家和国际利益相关方建立和维持关系的挑战。蒙纳什大学将在多元化的大学中建立一个学生和教职员工深度联系的社区,与更广泛外部的社区深入交往。该校为学生和员工提供卓越的归属感体验,增强多元化社区的凝聚力;培养学生的责任感,让世界变得更美好,并让他们具备实现这一目标的技能。该校通过有效的数字环境和精心规划的校园,鼓励学生和教职员工的互动和创新,以使其充满创造活力;通过建立一个全球校友网络,利用他们的专业知识、观点和关系,努力与他们建立互惠互利的关系。另外,该校将通过建立和扩大对公众讨论的积极贡献,吸引更广泛的群体与大学对话。在进取性研究上,该校与行业、政府和其他组织建立了持久的合作伙伴关系,这将丰富大学的创新能力,提升应对重大挑战的国内和国际影响力,为学生和员工注入创业能力,并为其提供应用研究成果的机会,从而对改善大学社区产生重大影响。

(二) 国际化的特征

通常情况下,"后发型"世界一流大学的国际化以国家发展政策为基础,并将其作为发展国家未来经济生产力和竞争力的关键动力,且其与国家战略规划高度契合。"后发型"世界一流大学在国际化推进过程中受政治、经济、国际环境、教育等多重因素的影响。

1. 注重国际联通与国际化参与

国际化和全球连接是"后发型"世界一流大学迅速转型为一所全球知名、研究密集型大学的核心因素。作为全球最具国际化的大学,南洋理工大学、蒙纳什大学、新加坡国立大学、昆士兰大学在教育和科研方面的国际合作旨在为人类所面临的巨大挑战寻找解决方案,并与全球学术界、企业界、政府部门发展伙伴关系,创造合作机会,培养创新思维。对索邦大学、慕尼黑工业大学、洛桑联邦理工学院、鲁汶大学来说,其国际化在于充分发挥国际大学的作用,使大学的培训和职业与国际联通,接纳来自世界各地的学生和工作人员。索邦大学增强其接纳来自世界各地的学生和工作人员的能力,并为他们提供最佳的条件,同时还将寻求与本土社区建立强有力的伙伴关系,以改善其国际学生和研究人员的生活条件;继续执行计划中的住宿方案,将有助于交流和提高索邦大学的国际吸引力。洛桑联邦理工学院以教师和研究人员的国际化程度以及国际学生的比例作为指标,来逐步提升其开放程度和国际吸引力。鲁汶大学依靠与大量的国际知名大学的合作交流,为更多的学生提供机会。索邦大学、洛桑联邦理工学院和鲁汶大学通过加强与其他欧洲大学和国际大学的伙伴关系等方式,开展国际外联活动,协助其工作人员(教师或教职员工)在欧洲国家进行教育或培训,鼓励青年研究人员通过在欧洲空间实验室或企业工作来丰富他们的研究成果。

2. 重视国际伙伴关系与国际化项目

国际伙伴关系建设得到了"后发型"世界一流大学的一致共识。对澳大利亚的两校而言,昆士兰大学和蒙纳什大学始终关注于扩大全球视野和深化伙伴关系。从工业到个人,昆士兰大学在世界各地培养战略关系,与国际伙伴在教学、研究和知识交流方面进行合作。昆士兰大学成功的全球形象是与行业、政府、赞助、慈善、校友、高等教育和研究领域的人士和组织建立战略伙伴关系的结果。该校的国际参与侧重于优先区域和国家,以深化和丰富该校与地方、国家和国际社会的关系。在国际学生项目方面,该校将继续追求多元化战略,吸引广泛的合格学生进入昆士兰大学,这包括提供全面的国际化课程和辅助课程选择,以促进移动体验、跨文化和语言多样性,并塑造其成为未来的全球领导者。对蒙纳什大学而言,该校把国际合作伙伴和海外校园建设成一个全球研究网络,确保学生毕业时具有国际视野和能力,并为他们适应全球化的世界做好准备;同时,建立跨校区和院系的国际研究和教育网络,以确保学生对地区和世界的问题和机遇做出积极回应。南洋理工大学积极寻求教育、科研、创新领域中具有全球影响力的国际伙伴;新加坡国立大学继续扩大海外学院的全球性布局,更加关注与东盟和中国等建立深入的合作伙伴关系,以便在更广泛的地区实现更大的思想、人才和市场准入流动。慕尼黑工业大学也高度重视建立国际合作网络,建立以欧洲和非洲为重点的全球联盟,扩展其重要的科学和工业网络,并利用领先教学和研究机构的国际联盟,打造富有影响力的国际化项目,为学术人才开辟新的国际视野。

第四节 "后发型"世界一流大学发展战略规划文本演化机理

本研究将大学战略规划演化的一般规律与"后发型"世界一流大学的特性相结合,发现"后发型"世界一流大学发展战略规划演化呈现遗传与变异双重特性，分别对这两个维度进行剖析，以深入考察"后发型"世界一流大学发展战略规划演化机理。在不同的时间段上，"后发型"世界一流大学发展战略规划文本会进行一定程度的演化，其中既有共性部分的遗传，也有部分内容正在发生变异，其演化过程呈现一定的规律性。

一、遗传机理

经过对"后发型"世界一流大学发展战略规划文本的剖析，发现其战略规划在演化中呈现一定的遗传特征。遗传是指在不同时期的战略规划文本中得以延续的部分，具体可以从组织文化和大学职能的遗传机理进行考察。

（一）组织文化的遗传

在"后发型"世界一流大学发展战略规划的发展中，战略规划演化过程会呈现一定的遗传特征，即将某一战略规划的要素持续传递下去，要素是不同时期的战略规划始终保留的内容部分。通常，组织文化具有相对持久的特性，在战略规划的传递中往往会保持相对的稳定性。同时，战略的制定要结合其组织文化的特性，考虑二者之间的适切性。一般来说，组织文化包括大学使命、办学精神、价值追求等方面的内容，这些要素会在一定程度上影响组织战略目标的制定，也会对战略规划的文本结构以及战略举措等构成一定的约束和限制。[①]
对"后发型"世界一流大学来说，大学组织按照大学价值观的核心理念展开办学活动，并在持续的大学实践活动中逐渐凝缩为较为独特的组织文化。在大学组织文化的熏染下，大学的利益相关者会产生一种强烈的使命感和责任感，进而围绕大学的发展目标不断付诸集体行动。

在"后发型"世界一流大学的组织生态中，使命、愿景和价值观深刻反映了组织文化的特性，也为组织中个体的发展行为提供了依据。对"后发型"世界一流大学而言，使命、愿景和价值观是其核心办学理念的重要体现。使命阐释了大学组织存在的意义，为开展战略规划提供思想指导；愿景为大学组织发展绘制了可实现的蓝图，引导大学为之奋斗；价值观是大学组织始终坚守的办学原则与准绳，为办学活动提供价值参考和原则边界。同时，大学的愿景、使命和价值观是大学战略规划演化的动力源泉和方向指南。因此，"后发型"世界一流大学的使命、愿景和价值观共同体现了其组织的文化特性，也反映在战略规划的整个环节中。尽管大学外部生态环境复杂多变、难以预测，但"后发型"世界一流大学自身的使命、愿景和价值观都是相对稳定的，是能够遗传下去的。

[①] 厉伟. 企业战略演化内在机制与风险控制研究［J］. 中国软科学，2010（8）：148-153.

此外，三大办学职能、发展优势和重点领域是"后发型"世界一流大学发展战略规划演化中战略理念的反映，也是组织文化的遗传要素。故而，可从三大办学职能、发展优势和重点领域中发现"后发型"世界一流大学发展战略规划中战略理念的踪迹，以此来探寻其组织文化的遗传特征。

1. 使命、愿景和价值观相统一

考察分析不同时期的"后发型"世界一流大学的发展战略规划，发现使命、愿景和价值观具有一定的稳定性，能将核心的内容传承下去。同时，还发现这些高校的使命、愿景和价值观高度契合，且互为呼应，共同引领大学发展的定位、目标和方向。昆士兰大学和蒙纳什大学提出了明确的核心价值观，确定了办学的行动准则，且具有一定的遗传性和稳定性。例如，昆士兰大学一贯坚持的价值观是追求卓越，创造和独立思考，诚实和有责任，相互尊重和多样性，支持我们的人民；愿景是知识领导一个更加美好的世界。昆士兰大学的使命是通过创造、保存、转移和应用知识，来追求卓越，并积极影响社会；通过聚集和发展各自领域的领导者来激励下一代，并提出有益于世界的想法，从而塑造未来；致力于学生、员工和校友的个人和职业成功。由此可以推断出，昆士兰大学的使命、愿景和价值观存在内在的吻合性，即围绕知识创造，提升领导力，积极影响社会，以此来建设一个美好的世界。"后发型"世界一流大学发展战略规划在遗传中体现出使命、愿景和价值观统一协调的特征。

2. 教学、科研和社会服务互为支撑

通过考察分析"后发型"世界一流大学的发展战略规划，发现其文本内容基本围绕人才培养、科学研究和社会服务三个层面展开，三大职能互为支撑，相互推进，共同交织构成了一个立体交错的战略目标体系。以昆士兰大学为例，该校在战略规划中围绕学习、发现、参与这三个核心办学目标展开，这也正好体现了三大办学职能。从第一次战略规划到第五次战略规划，始终围绕这三大核心职能制定相应的发展目标。在第四次战略规划中，教学目标是以高质量的毕业生闻名于世；在研究领域的目标是进一步提高业绩，始终如一地跻身于世界大学排行榜前50名；社会参与的目标是积极影响社会。为了实现社会参与的目标，昆士兰大学将发挥其研究水平，成为知识创新的领袖，深化加强与校友的关系，在为知识、社会和经济发展做出贡献中扮演重要的角色。蒙纳什大学在第二次战略规划中提出，在教学上，改变教学方法以映射出最适宜的思维方式，并融入适当的技术；在研究上，将维持和加强在提高研究绩效方面被证明有效的战略；在社会服务上，与行业、政府和其他组织建立持久的伙伴关系，为学生和教职员工注入创业能力，并为其提供机会应用学校的研究，为改善社区产生重大影响。此外，蒙纳什大学对教学和研究的目标进行高度总结，即承担最高国际质量的研究和教育，以应对时代的巨大挑战，这就充分反映出以教学和科研来实现社会服务的目标。

3. 突出学校发展优势和重点领域

经过对"后发型"世界一流大学发展战略规划文本的剖析，发现这几所高校在战略规划中均突出了学校的发展优势，并且根据学校的发展目标制定了发展的重点领域。尽管在不同的时期和不同的阶段，高校的发展优势和重点领域存在一定的差异性，但还存在一定程度的延续性。南洋理工大学的优势学科在工程技术领域，在第三次战略规划中提出重点领域为人工智能与增强智能，韧性城市化与自然生态系统，大脑与学习，健康与社会，企业的未来以及文化、组织与社会，与第二次战略规划相比，这些领域都是时代发展最前沿的领域，也是其科学研究需要重点攻克的领域。索邦大学在第二次战略规划中提出，发挥数学、计算机科学、实验科学、医学、文学、人文科学和社会科学等学科领域的优势，在这些方面支持社会的数字化转型。昆士兰大学立足于学校的发展优势，在第四次战略规划中确定了在能源、可持续性、水、健康、粮食安全和社会公平等具有国家和国际意义的关键领域建立其全球声誉。

(二) 大学职能的遗传

通过考察"后发型"世界一流大学战略规划的演化过程，部分旧的战略被新的战略所取代，也有部分战略得以保留，进而得以持续发展。通过对战略规划文本的统计发现，不同高校在各个时期的战略规划文本都体现了对大学三大办学职能的关注，且三大办学职能的规划目标及举措在战略规划的演化过程中得到了遗传。

1. 人才培养的特征

通过分析战略规划文本，发现不同的高校战略规划文本均体现了对人才培养的重视，提出了人才培养的目标，诸如一流的研究型人才、创新创业型人才、具有国际视野的领导人才等，这些均反映了对优秀人才培养的不懈追求。具体对人才培养的目标而言，昆士兰大学在第一次战略规划中提出，利用我们世界一流的研究实力和设施、国际合作，以及行业和专业联系，以丰富学生的学习经历，培养未来的领导者。昆士兰大学在第四次战略规划中提出，培养改变规则的优秀学生，确保学生不仅准备好在自己选择的道路上取得成功，还将提供其创造变革所需的领导力。由此可知昆士兰大学对学生领导力的培养是持续贯穿、遗传下来的一大准则。慕尼黑工业大学提出鼓励、促进和培养各种各样的人才，使他们成为负责任、胸襟开阔的个人，并赋予他们权力，以最高的科学标准和技术专长，以创业的勇气和对社会和政治问题的敏感性，为人、自然和社会塑造创新的进步以及终身学习的承诺。南洋理工大学在第一次战略规划中提出通过跨学科教育培育多元人才，在第三次战略规划中提出通过跨学科教育和研究培养领导者，并使其产生社会影响，由此可知其人才培养与跨学科教育相互交织，应持续地将这一特征遗传下去。

2. 科学研究的特征

通过剖析战略规划文本发现，"后发型"世界一流大学在不同时期均高度重视科学研究，并视其为提升核心竞争力的最关键要素。一是发挥特色学科的优势，突出跨学科、交叉学科的发展。为了应对复杂外部环境的挑战，南洋理工大学在第一次、第二次、第三次战略规划中均提出，加强跨学科教育和研究，将研究的水平推向更高的层次。索邦大学也在第一次战略规划中提出，与企业联合构建高效的创新生态系统，开展跨学科研究。二是确定重点研究领域。不同的高校根据各自的发展能力，确定了不同的重点研究领域。昆士兰大学在第四次战略规划中确定了要在能源、可持续性、水、健康、粮食安全和社会公平等具有国家和国际意义的关键领域建立其全球声誉。新加坡国立大学在第三次战略规划中提出了其研究领域，老龄化研究、能源、亚洲研究、金融体系韧性和风险管理、医疗创新、环境及城市可持续性、海事及岸外研究、材料科学研究以及智慧国。三是突出科研对国家和社会的贡献。蒙纳什大学在第三次战略规划中指出，通过研究将解决重大挑战并制定全球研究的议程。索邦大学在第二次战略规划中提出，通过培训、研究、知识转让和传播来跟上数字革命各个方面的社会发展。由此可知，"后发型"世界一流大学对科学研究的重视以及对服务社会的贡献等具有一定的共性，且均将这些特征持续传递下去。

3. 社会服务的特征

通过剖析战略规划文本发现，"后发型"世界一流大学在不同时期都对社会服务的重点工作进行了调整，关键的目标和举措得以保留，仍然以相对稳定的状态遗传下去。一是积极推动科研成果转化，推动社会经济的发展。"后发型"世界一流大学的发展往往与国家社会的发展具有高度关联性，科学研究恰好可以对二者产生极大的促进作用。二是建立社会联系网络，扩大合作群体。三是社会服务的范围不局限于地区和国内，而是面向整个国际社会。随着全球化的深入发展，人类面临的气候变化、资源短缺、地缘政治安全等问题不再仅对某一个国家造成影响，而是会影响到全世界。在人类命运共同体视域下，蒙纳什大学意识到各个国家都会遇到影响人类社会可持续发展的共同难题，故而在战略规划中提出了远大的社会服务目标，即为人类生存发展难题提供解决方法的目标,这就表明大学的发展不仅要服务于本国的发展,而且要放眼世界,服务全球的发展。

(三)"后发型"世界一流大学战略规划的选择与保留

大学组织在生存发展中,会时常面临外部生态环境的变化,通常需要根据其资源基础水平,做出适宜的战略选择。在多次战略选择过程中,有一部分战略规划的内容得以选择并持续保留下去,就形成了演化的选择和保留特征。① 对"后发型"世界一流大学战略规划而言,通常会出现这种类似的情形,在演化进程中通常会将一些过时的或不合时宜的战略丢弃,而保留一些适合当前及未来一段时间的战略,其中保留下来的战略规划内容即选择与保留的结果,如在关键领域的重点举措等。

在战略规划演化进程中,一部分战略目标和战略举措得以选择并保留下去,另一部分战略举措和战略目标则会被替换。对于战略目标而言,"后发型"世界一流大学的发展目标通常是基于一定的标准而设立的,不同时期尽管目标存在一定的差异性,但也存在一定的连续性和阶段性特征。从长远来看,"后发型"世界一流大学会将部分发展目标持续下去,例如,卓越的科学研究、培育高水平的创新型人才、提升国际化的水平等,这些正是战略规划演化过程中体现出的共性遗传特征。对于部分战略举措而言,其选择和保留的是"后发型"世界一流大学结合其发展基础做出的战略安排,但依然要以发展的战略目标为价值追寻,并贯彻使命、愿景和价值观的核心精髓。在不同时期、不同阶段的战略规划中,"后发型"世界一流大学往往存在一些具有延续性、持续性的战略举措,这些举措正是学校的立校之本、动力之源,例如,昆士兰大学的战略规划中,学习战略、参与战略、发现战略三大领域的战略举措存在一定的延续性。尽管大学所处的生态环境发生了剧烈变化,但是一些核心的战略举措无法被替代,因为这些举措是支持"后发型"世界一流大学扩大其资源基础优势、保持核心竞争力的关键。这些持续留存、恒久保持的战略举措正是战略规划演化进程中不断选择与保留下来的结果。

二、变异机理

战略规划的变异是指在不同时期的战略规划文本中发生变化的部分,具体可从战略目标、结构体系等维度对变异机理进行分析。

---

① 何强. 基于行为生态学的企业战略演化研究 [D]. 天津:天津大学,2012:61-66.

(一) 战略目标的变异

通过比较"后发型"世界一流大学在不同时期的战略规划文本，发现其战略规划文本在演化中体现出一定的特征，即战略规划结构更完善、重点更突出、战略性更强等。以蒙纳什大学为例，三次战略规划的目标都集中于卓越的、国际化的、包容的、进取的这四个关键词。但是，从文本内容分析上看，第三次战略规划比第一次和第二次的目标陈述更为具体，目标的指向性更强，并对未来的挑战和危机具有更强的战略反应力。具体体现在：一是将卓越的目标增加为两个，即卓越的教学和研究。二是在战略规划的介绍中，增加了对应对未来挑战的分析，并指出要应对这些挑战需要全球的国家内部和国家之间以及政府、行业和社区之间的努力，通过与政府、行业、慈善机构和社区组织的合作，大学可以成为这个联盟网络的重要组成部分，对这些挑战产生影响。确定了未来十年需要特别关注的三项挑战——气候变化、地缘政治安全和繁荣的社区，并提出了需要理解、参与和回答的多方面问题。三是在教学方面，积累了知识和能力，以理解和满足所学领域和专业的未来需求；鼓励理解并有能力围绕气候变化、地缘政治安全和繁荣的社区以及联合国可持续发展目标产生想法和对辩论做出贡献。四是在研究方面，突出了支持研究平台和对数据的访问，鼓励新研究知识和技术的合作与开发；在所有校区建立研究能力、专注于全球挑战研究计划的关键研究主题，能够支持与关键全球挑战相关的研究能力；建立博士项目，融入国际和行业合作伙伴关系，跨越蒙纳什大学校园研究生研究培训；开发卓越网络，与合作伙伴一起开发新计划，以了解关键的全球挑战并提供解决方案。五是在国际化方面，提出了按国际绩效基准推进国际化，确保在研究、教育和服务中体现对质量、可持续性和影响力等相关国际基准的承诺。六是在进取方面，提出了建立蒙纳什企业区和技术区，创建一个转化和企业化活动的生态系统，以支持在其城市和国家产生影响的机会。

对昆士兰大学的五次战略规划比较分析，战略规划的核心目标始终定位于学习、发现和参与这三大目标。从第一次到第三次规划，规划文本的机构基本一致，但第三次的内容整合性更强；再到第四次规划，规划文本结构发生变化，在学习、发现和参与的目标后面增加了衡量指标，即对战略规划目标的成功设立了明确的评价标准，以此可以为具体的行动提供明确的参照。具体可以从以下方面进行分析，一是在学习方面，成为在线学习创新国家的领导者，以提高学生体验和教学质量；培养全面发展、备受追捧的毕业生和敬业的校友。二是在研究方面，增加了研究合作的范围和形式，将促进与全球优质公共和私人合作伙伴的有益研究合作，并且以被国际公认为专注于卓越研究的一流研究型大学为目标。在具体行动中,将培养高学历人才、博士后和具有早期职业水平的早期职业研究人员,加强和维持优秀的研究基础设施的能力,集中在大学现有和新兴的研究领域。三是在参与方面,将与企业、政府、社会部门和广大社区建立牢固的互利关系,以及与校友社区建立终身、有意义和互利的关系,由此可知昆士兰大学在参与上将建立具有战略性的关系网络,并与利益相关者增加联络及交流,有利于昆士兰大学的可持续发展。

新加坡国立大学的三次战略规划,都关注培养创新创业型人才和创办高科技企业,在人才培养上体现为,拓宽学生的国际视野,为所有的学生提供"环球校园"的机会;营造创新创业的环境,为学生将科研成果转化为科技型企业提供支持和帮助。在科学研究方面,三次战略规划都提出开展有重大影响力的学术研究,并为全球性的发展问题提供独特的解决方案,这也表明了其在科研发展上的远大志向。在国际化方面,第二次战略规划增加了与全球合作伙伴的战略合作以及积极参与全球网络,提供多样化的全球教育、研究和创业项目。学生有机会获得宝贵的跨文化经验,并对全球问题和亚洲观点形成强烈的理解;教师能与世界各地的同事保持良好的联系,促使他们在教育和研究活动中进行合作。南洋理工大学的三次战略规划均关注最前沿的研究领域,从新丝绸之路到地球的可持续发展,再到韧性城市化和自然生态系统,三次战略规划对人类的生存和发展问题给予了重点关注,并力争通过科研来解决这类发展问题。在第三次战略规划中,提出了教育、研究、创新和社群四个核心支柱,这也是对前两次发展目标的升华。另外,在科研发展目标方面,具有一次规划比一次规划目标更高的特征。在人才培养方面,第二次战略规划突出了具有国际视野的创新创业型人才培养的目标。在教学方面,第三次战略规划增加了要依托于卓越教学创新研究中心来打造跨学科核心课程的内容,以此来提升其教学的影响力。

索邦大学战略规划的目标在演化过程中,始终关注知识的全球化,并在全球化进程中与社会及其社区的所有成员一道前进。在两次战略规划中,均阐述了对优秀人才的渴望,对于博士、博士后、工程师、教师和研究人员等工作人员,将吸引、接纳和支持他们的某个专题、博士后或整个职业生涯。其演化的特点表现为如下方面:一是在国际化方面,重点发展一些战略伙伴关系。为了加强这种伙伴关系,索邦大学致力于促进其学生向这些伙伴大学流动。二是在社会参与方面,增加了与社区、企业等的合作,并与全球的非营利组织、高校开展密切的合作。三是在科学研究方面,增加了良好的跨学科研究的平台,针对全球性的挑战进行多机构合作并开展跨学科研究。四是在创新方面,索邦大学将勇敢创新,运用专业知识并灵活地回应社会提出的期望和问题,调整其教学法,支持和鼓励其创新创业。

(二)结构体系的变异

对任何一所"后发型"世界一流大学而言,形成战略规划文本是完成战略规划工作的一个重要环节。然而,"后发型"世界一流大学发展战略规划文本中的发展目标、战略举措无法完整体现出战略规划的演化特性,还需从规划文本的整体结构和体系上进行深度剖析,以此来考察其演化机理。结构与体系的演化发生在不同时期、不同阶段的战略规划中,是大学战略整体调适的结果,体现为战略规划文本结构与规划体系的变异。在"后发型"世界一流大学发展战略规划文本中,通常包括使命与愿景、目标、举措三大核心部分,规划文本的编制也是按照这一顺序进行的,但不同高校的侧重点存在一定的差异。"后发型"世界一流大学发展战略规划在不断发展中逐渐形成了一个体系,即由各个层次及类型的子规划构成,在这个体系内各个部分相互作用、互为支撑,共同构成了一个相对完善的战略规划系统。其中,战略子规划主要包括教学管理规划、科研发展规划、国际化规划等,在子规划中也设置了相应的目标和实施标准。[1] 在不同的发展时期,"后发型"世界一流大学的发展战略目标和战略举措会随之做出调整,在这个过程中结构与体系也不可避免地会受到影响。在对规划文本的编制中,就会出现编制逻辑的细微调整,进而对文本结构进行适度优化,同时部分子规划的内容和目标设置也会与先前的文本产生差异。因此,通过对不同时期"后发型"世界一流大学的规划文本结构与规划体系进行考察,可以发现其存在的一些演进趋势,以此可以探究战略规划框架结构及规划体系发生变异的逻辑起点。经过研究发现,"后发型"世界一流大学发展战略规划文本结构体系的演化呈现出一定的规律性。

1. 结构趋于完整与合理规范

随着时间的推移,"后发型"世界一流大学发展战略规划工作的开展逐渐完善起来,战略规划的结构趋于完整与合理规范。通过统计比较"后发型"世界一流大学的条目数,发现不同高校在不同时期战略规划的条目数不相同,且统一表现为第二次战略规划的条目数较第一次有了一定程度的递增,第三次、第四次规划的条目数也在递增,但增幅在下降(表4-17),由此说明战略规划在演化过程中,结构趋于完整、内容趋于丰富、体系趋于完善。

---

[1] 汤俊雅. 大学战略规划结构及其合理性 [J]. 现代教育管理, 2015 (1): 10-15.

表 4-17 不同高校不同时期战略规划条目数统计

	索邦大学	南洋理工大学	新加坡国立大学	昆士兰大学	蒙纳什大学
战略规划 T1	21	24	26	43	37
战略规划 T2	35	31	34	54	46
战略规划 T3		35	39	61	54
战略规划 T4				66	
战略规划 T5				68	
战略规划 T6				71	

南洋理工大学在第一次战略规划中，首先对学校发展的基本情况予以介绍，阐述了其使命、愿景和价值观，其次提出了几个重点领域的战略目标，并列出了几个关键性的战略举措。归结而言，第一次战略规划的结构整体清晰、内容简洁，能起到一定的统领作用。相比而言，南洋理工大学的第二次战略规划与第一次结构基本一致，战略目标和战略举措有所调整，战略举措更为详细。南洋理工大学的第三次战略规划（图4-8）较前两次更为丰富，在开篇介绍中阐述了南洋理工大学的基本发展状况，对发展环境和优势进行了剖析，并清晰地展示了其使命、愿景和价值观。其后精炼地提出了四个方面的战略目标，通过研究致力于解决这四个重大课题。最后提出了实现战略目标五个方面的战略举措，并提出了三个方面的战略支撑。

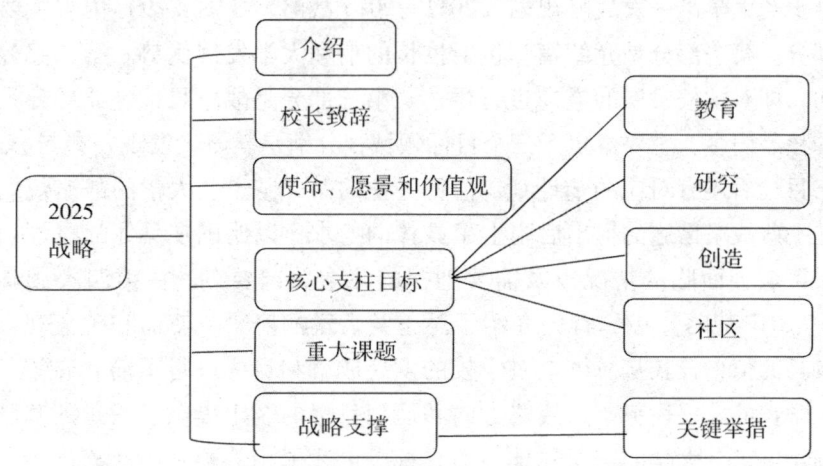

图 4-8 南洋理工大学 2025 战略规划文本结构
资料来源：根据南洋理工大学官网整理。

新加坡国立大学第一次战略规划，首先提出了使命、愿景和价值观，描述当前发展所面临的挑战；其次确立了学生培养、卓越研究等方面的战略目标，并阐述了研究、管理、教学等方面的战略举措。相较而言，第二次战略规划的结构稍显复杂，内容相对完善。首先提出了使命、愿景和价值观，结合发展环境确定了多个发展重点领域。其次确定了核心战略目标，具体从研究、教学、社会参与、国际化和校园文化五个方面展开，并提出了对应的战略举措。最后还提出了推动策略，主要包括财政、国际化、社会参与、校友关系四个方面。

索邦大学第一次战略规划的文本较为简单，主要分为介绍和战略重点两部分。在第一部分中，主要是大学介绍，对大学的发展由来进行概述，包含了对使命、愿景和价值观的解读。第二部分是提出战略重点，在战略重点下提出了对应的目标和支撑举措。比较看来，第二次战略规划较第一次的篇幅有了很大扩增，内容更加完善。首先设置了规划文本的目录，交代了规划文本的核心内容。在大学介绍部分，由原来简单的介绍增长为对学校的学院构成等办学情况进行介绍。第二部分是确立自我评估的战略绩效标准，表现为五个方面的分析。第三部分是对发展目标和战略举措的阐述，分别对应"全球化的世界行动指南"；充分参与开放科学、数字和数据革命；在不断变化的世界中理解、学习和创业；组建好索邦大学，肯定自己的身份。其中也对相关的具体战略目标进行了说明，并提出了支撑其发展的战略举措。第四部分是结论，对整个战略规划进行了高度总结和概括。

昆士兰大学第一次战略规划《2011—2015战略》（图4-9）内容主要分为三个部分。第一部分是介绍篇，包括校长的信和大学发展优势。第二部分是战略方向，即对学校发展的方向进行概述。第三部分是战略目标。此部分是战略规划的核心内容，主要聚焦于三个目标领域，分别是学习、发现、参与。并且，在战略目标后还有对应的子计划。值得关注的是，昆士兰大学的战略规划文本中，在一些战略措施的提出后附上了具体的要求，以明确在具体战略规划实施过程中可能会面临的情况以及需要把握的几个关键要点。在第四次战略规划《2014—2017战略》中，首先介绍了昆士兰大学的愿景、使命和价值观，紧接着是校长的信，校长从总体上对学校的发展成就和目标进行了简要介绍，其后阐述了学校的发展优势，为战略方向和规划目标的制定提供了一定的基础。然后，确定昆士兰大学的三个总体战略目标，论述了相关配套的战略举措，也指出了衡量战略成功的标准。最后，还确定了国际化的目标，提出了相关举措：提出了对人和文化的目标和举措；提出了从资源和管理来实现赋能的目标和举措；确定了公平和多样性的目标和举措。昆士兰大学《2013—2017战略》

《2014—2017 战略》两次战略规划文本结构图基本一致，比《2011—2015 战略》更为完整和全面。

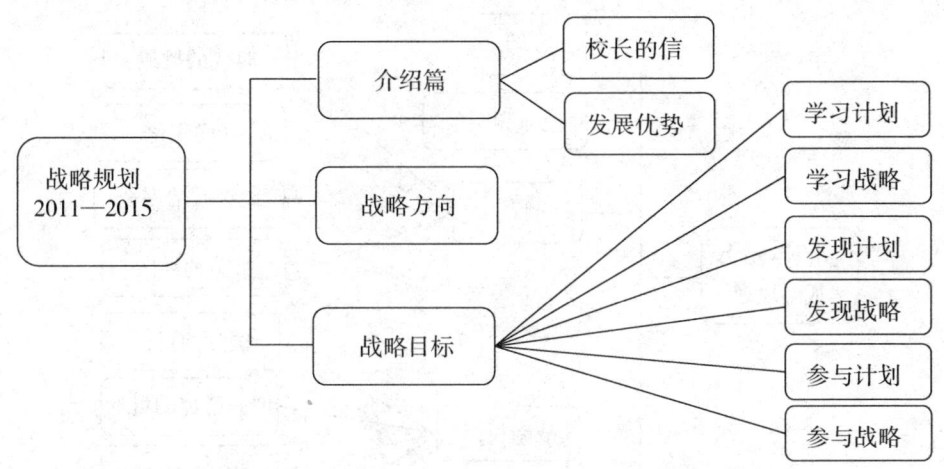

图 4-9　昆士兰大学 2011—2015 战略规划文本结构
资料来源：根据昆士兰大学官网整理。

蒙纳什大学第一次战略规划首先在开篇展示了校长的信，从信中可知该校发展的成就和目标；其次是阐述使命、愿景；最后是论述四个方面的总体战略目标，并列出了相关的战略举措。整体而言，这次战略规划结构很清晰，内容也相对完整。相比而言，蒙纳什大学第二次战略规划增加了指导原则和衡量指标两个部分。在指导原则中确立了五个价值准则，发现、雄心、开放、尊重、服务，为战略规划的实施提供了原则标准。衡量指标既是对战略规划实施成效的评价标准，也为战略规划实施与评价标准对接提供了参照。战略规划目标主要从杰出的、国际的、创业精神的、包容的、赋能元素五个方面展开，在相应的战略目标后提出了针对性战略举措。蒙纳什大学第三次战略规划（图 4-10）与前两次的结构变动较大，在开篇介绍了大学的由来，阐述了使命和愿景；其次是校长的信，紧接着对办学的宗旨进行了解释；展示了蒙纳什大学在全球的布局地图，以及其发展取得的成绩；提出了地缘政治安全、繁荣的社区、气候变化三个方面的时代挑战，并根据挑战提出了杰出的、国际的、创业精神的、包容的四个方面的战略目标，并阐述了文化基础、能力基础这两方面的战略保障。值得一提的是，在战略目标设定后，除了设立衡量战略成功的标准，还设立了衡量这个目标产生影响力的标准。

通过对以上"后发型"世界一流大学发展战略规划文本结构的剖析，发现这些大学在初期的战略规划文本结构大体一致；但随着大学综合发展水平的提升,办学经验的丰富,战略规划的工作越来越完善,规划文本的结构趋于适切性和合理性,更加规范化和体系化,为更好地发挥战略规划的效能提供了基础。

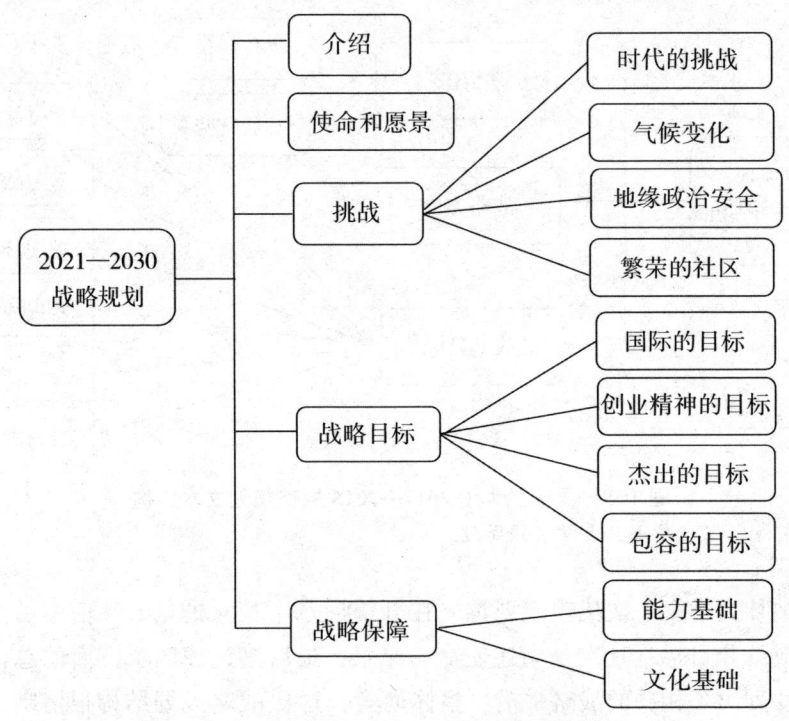

图 4-10 蒙纳什大学 2021—2030 战略规划文本结构
资料来源:根据蒙纳什大学官网整理。

2. 战略举措与战略目标的交织性变强

在"后发型"世界一流大学发展战略规划的不断演进中,可以发现战略目标与战略举措在同步演进,并且二者的交织性在不断增强。其交织特性具体体现在,一个战略目标对应多个战略举措,并且一个战略举措在功能上能支撑多个战略目标的实现。由此可以发现,战略目标和战略举措不是简单的一对一或者一对多的关系,而呈现出一种互相交织的特征,这一特性在昆士兰大学的战略规划中可以发现明显的踪迹。在昆士兰大学的第四次战略规划中,提出了 3 个战略目标和 3 个战略计划,总共设立了 14 个针对性战略举措,以支撑战略目标和计划的达成。深入分析可知,相当一部分的战略举措适用于 2 个及以上的战略计划或目标。例如,在"参与"总目标下设置的战略举措,"与校友、行业、政府和慈善家建立伙伴关系,为他们提供发挥作用的机会来参与学校未来的发展",这一举措支持"与企业、政府、社会部门建立牢固的互利关系"的目标,"与校友社区建立终身、有意义和互利的关系"的目标,"与行业、企业建立伙伴关系,开展跨学科研究"的目标,等等。另外,在"发现"总目标下设置的战略举措,"投资吸引优秀的高学位研究者,支持学生和高质量的早期职业研究人员"这一举措可以支持"我们将吸引并留住世界各地最优秀的研究人员",也可以支持"我们将培养下一代研究领导者"等目标。

再以蒙纳什大学第二次战略规划为例,在杰出的战略主题下,提出了开展最高国际质量的教育和研究,以应对全球挑战,并改善我们的社区发展和解决方案的战略目标,具体的战略举措包括:一是积累知识和能力,以理解和满足所学领域和专业的未来需求;二是为关注可持续性目标的想法和辩论做出贡献;三是支持学习和适应不断变化的环境的能力,与他人交流关键知识和技能的能力,以及参与协作以形成结果和解决方案的能力——就业能力和领导技能;四是为学生提供丰富的学习体验,促进跨国际边界和与其他文化的深度接触,特别是通过世界各地的蒙纳什校园;五是以个人或团队的形式开发和促进创新想法和项目的产生。这些战略举措不仅支持教学目标,也支持科研目标,还涉及国际化、学生的就业技能等方面。

在南洋理工大学第三次战略规划的"教育"总体战略目标下,制定了如下战略举措:一是南洋理工大学将加强对教育和研究的跨学科方法的关注,并扩大学生的整体学习机会。二是新的跨学科项目利用学习的科学、艺术和技术进步的新学习空间和模式。三是新的行业相关模块化继续教育课程。四是将南洋理工大学的独特优势与国家教育学院(NIE)和国家幼儿发展学院(NIEC)的独特能力进行协同整合。这些战略举措既支持创新人才的培养,也支持跨学科研究,还支持学生发展与课程建设以及校友的继续教育等内容。在"创新"的总体战略目标下,南洋理工大学的目标是通过以下举措逐步改变其创新和创业文化及生态系统的:一是通过技术转让支持中小企业(SMEs)的新方法;二是在南洋理工大学创建专门的创业培训;三是制定政策和实践使感兴趣的教师更容易将研究转化为商业投资;四是提高校园创业的知名度;五是创建并发展南洋理工大学与公司全球行业合作伙伴的无缝网络。经过整合分析可知,这些战略举措不仅支持科学研究,也支持人才培养,还支持社会服务等目标。

(三)变异的目标与方向

在"后发型"世界一流大学发展战略规划的演化进程中,在不同的发展阶段战略目标会出现一定程度的调整和变异,这种变异的目标与方向正是源自大学自身对一流的办学水平、一流的人才培养质量等的不断追求。在"后发型"世界一流大学发展战略规划变异目标与方向的作用下,通常会对战略规划进行重新部署，进而制定更加适宜的战略举措，以此来保障战略行动更有成效。随着时间的推移，"后发型"世界一流大学所处的外部环境和自身的办学资源都会发生变化，因此，"后发型"世界一流大学会通过调整自身的战略以适应这些变化。"后发型"世界一流大学的战略规划调整主要包括对战略目标和战略举措的调整，战略目标的变化是提升其核心竞争力的关键，这也会影响到战略的可持续性。一旦战略目标发生细微的变化，就会对支撑战略目标的相关战略举措发生变化，由此便会对利益相关者的行动内容和行动模式造成一定的影响。因此，"后发型"世界一流大学发展战略目标的调整是战略规划演化过程中最为关键的要素，因为这在一定程度上推动了大学战略规划的行动模式、实施策略等的演化。"后发型"世界一流大学战略规划的持续演进，正是来源于战略规划变异目标的牵引和驱动，其战略目标变异过程体现为对一流人才培养的探索、卓越研究的追求、服务社会的持久担当、创新创业校园文化的打造和追求更高水平的国际化。

一是对一流人才培养的持续探索。"后发型"世界一流大学从学生对知识和技能的掌握到对创新创业能力的提升、国际化视野的拓展，积极探索对一流人才的培养。在人才培养的演进过程中，昆士兰大学提到，支持创新教学实践，以提供更好的教学效果和学生的学习成果；开发和推广主动学习教学法，鼓励师生在互动中学习；为学生提供高质量的开放获取其他学习资源；为学生提供获得包容性学习的机会；为学生提供通过国际化体验获得全球理解能力的机会。新加坡国立大学提到，让所有的本科生都有出国学习的机会，拓宽他们的国际视野，从而有助于从广阔的视野中为解决社会问题提供新的思路。蒙纳什大学提出世界一流的教育需要世界一流的人才，发展和认可卓越的教育，支持课程和教学法的创新；通过当代技术和学习空间以及对教育的有效管理，支持最好的教学和知识的灵活传递。

二是对卓越研究的追求。"后发型"世界一流大学随着时代发展的不同而对科研的目标做出相应的调整，但也更加关注未来全球发展问题、人类生存问题、地缘政治安全等领域。具体而言，蒙纳什大学在全球范围内培养和招聘优秀的研究生和研究人员，投资蒙纳什大学具有或能够产生影响的领域，以及具有国际声望的研究专业知识，投资和维护世界一流的研究基础设施；并支持其与研究伙伴的合作，利用专业知识广度的研究，汇集各学科来应对重大研究的挑战等方面来规划研究的发展目标。索邦大学提出将在欧洲创新和知识社区开展更广泛的培训、研究和开发活动，致力于建立欧洲创新和创业生态系统，以便与欧洲企业界建立伙伴关系。南洋理工大学提到发挥科学与工程领域的优势，将卓越研究推向更高峰；探讨科技对人类的影响，应对健康生活和老龄化的需求和挑战。

三是服务社会的持久担当。"后发型"世界一流大学不断增强与非营利性组织和个体的合作，并建立了与国内外广泛联系的合作网络。具体而言，蒙纳什大学增加了与行业、政府和其他组织建立的持久合作伙伴关系，这将丰富学校的创新能力，为学生和员工注入创业能力，并提供应用研究成果的机会，从而对改善蒙纳什大学的社区产生重大影响。昆士兰大学也提出将深化与校友和利益相关者的关系，以形成具有重大影响力的国际伙伴关系网络。索邦大学提到了与社区、企业等的合作，并与全球的非营利组织、高校开展密切的合作。新加坡国立大学提到建立独特的大学社区文化，通过营造开放、包容和合作的文化，促进大学社区的合作关系不断深化。

四是追求更高水平的国际化。"后发型"世界一流大学意识到全球化对办学的重大影响，试图在多个领域提升国际化水平。新加坡国立大学和南洋理工大学，试图为所有的本科生创造出国访学、留学等机会，以扩大学生的国际视野。蒙纳什大学按国际绩效基准推进国际化，确保在研究、教育和服务中体现对质量、可持续性和影响力相关国际基准的承诺。昆士兰大学的全球战略目标包含在发现、参与和学习战略计划中，从行业到个人，在全球范围内开展教学、研究和合作，与国际合作伙伴培养战略关系，进行知识交流，这对吸引、奖励和留住高质量的学生、员工和合作者至关重要。索邦大学提出加强国际伙伴关系，致力于促进其学生向这些伙伴大学流动。

五是打造创新创业型校园文化。"后发型"世界一流大学均关注对创新创业型人才的培养，也在校园中营造了有助于创新创业的环境与氛围。在战略目标方面，"后发型"世界一流大学都强调了创新创业的目标，例如，新加坡国立大学致力于促进学术卓越与企业文化之间的协同，把学生培养成有进取心、足智多谋、独立的人才，直至成为自主创业者和成功企业家。南洋理工大学提到，营造创新创业的校园环境，以创新创业的精神投身于跨学科研究，进而将卓越的研究推至更高水平。蒙纳什大学提出要拓展创新创业的文化，服务于全社会的发展；同时，鼓励创新性研究知识和技术的合作和开发，专注于提升全球挑战研究计划中关键研究主题的研究能力。

三、演化路径

随着现代大学的发展，大学战略规划逐渐由一种规划形态演化为大学治理的工具形态①，即大学战略规划日益成为大学治理的重要组成部分。"后发型"世界一流大学发展战略规划演化也呈现一定的共性路径，通常可以通过对不同时期战略举措的演变情况进行观测。对"后发型"世界一流大学发展战略规划而言，各个维度的战略举措是实施具体战略的操作指南，通常也是战略实施个体较为关注的内容。战略举措是为了实现战略目标而制定的一些具有较强操作性的战略实施指南，可对战略实施中的个体行为提供明确的行动标准，其落实情况与战略规划目标的达成高度相关。在战略规划的演化过程中，战略举措变得越来越科学，越来越接近实际，能为战略实施提供较为明确的指导，进而也指明了大学实现战略目标的关键路径。对此，要考察"后发型"世界一流大学规划文本演化的路径，可以通过对战略举措的调整进行监测，以此可以从整体上把握战略规划演化的过程及走向，从中探寻战略规划演化的规律性因子。通过比较"后发型"世界一流大学在不同时期的战略规划文本，发现其战略举措的变化体现为：高度重视创新创业；扩大社会服务的范围和群体；注重包容性和多样性；加强校园文化建设；深化合作关系与扩大合作网络；重视可持续发展。

（一）高度重视创新创业

通过剖析"后发型"世界一流大学发展战略规划文本，发现部分高校对创新创业尤其重视，例如，新加坡国立大学在第一次战略规划中就提到创新创业，并提出了对应的目标和举措。具体而言，在规划演进过程中，创新创业的规划也出现了不同程度的调整，包括如下多个方面：

在战略目标方面，新加坡国立大学第一次战略规划提出要在全球主要创业中心建立五所海外学院，突出且拥有创业精神的学生有机会在初创公司实习以及在主要创业中心的顶尖大学上课，研究并运用领先大学和行业的专业知识，促进学术卓越与企业文化之间的协同作用。南洋理工大学第一次战略规划提出以建设"创业型大学"为发展目标，努力扩展创新创业的组织文化、创新创业的能力，通过创新和创业的方式来加强其教学和研究，并服务于整个社会。昆士兰大学第二次战略规划提出在解决全球发展难题时，高校将承担的使命。蒙纳什大学第二次战略规划提出："与行业、政府和其他组织建立持久的合作伙伴关系，这将丰富我们的创新能力，为我们的学生和员工注入进取能力。"昆士兰大学在第四次战略规划中提出："通过创造新知识和创新合作，提供应对全球重

---

① 王鹏. 高校治理视域中的大学战略规划变形及其矫正［J］. 现代教育管理，2021（5）：38-43.

大挑战的解决方案。"创新改变了人们的思维方式，大学的成功依托于对知识创新、人才创新的不懈追求，并将大学已经取得的成就进行创新性总结，为再次创新奠定基础。要想在教学与科研领域持续创新，有必要构建一个支持创新创业的环境。

在战略举措上，蒙纳什大学第二次战略规划提出了具体的策略包括如下方面：第一，通过与企业和社会的合作，为学生提供更多学习和发现创新的机会，支持学生和校友利用这一优势，将创新的项目发展为实体创业项目，进而培养出更多的企业家。为了培养出杰出的学生和校友，学校将改进领导力培养项目。学校将通过持续提升创新创业课堂体验，开设短期课程、举办课外实践和项目研讨活动，旨在培养良好的创新文化氛围，以培育学生的创新创造能力和创业精神。第二，支持教师养成创新精神和企业家精神，开展创新性教学和活动，将创新创业形成制度化，对参与的课外创新创业活动进行认定，大力推进有助于提升创新和创业领导力的活动。同时，对教师的创新创业活动予以灵活化，工作时间灵活化，允许教师离岗建立创新型企业。第三，在国际上处于创新领先地位。蒙纳什大学的教师经常参加国际性的研讨会，这类活动对提升大学声誉极其重要。

昆士兰大学第四次战略规划中，明确提到要创造新知识和创新合作关系，以开展更有影响力的研究。具体而言，一是吸引和发展具有创新能力的研究人员，以提高其创新研究的绩效；二是建立新的合作伙伴关系，开展跨学科的全球合作，对前沿的、未知的研究领域进行创新性研究，并为学生创设体验创新创业的机会；三是构建一个创新的生态系统，以高质量的研究应对国家和全球的文化、经济和社会挑战。南洋理工大学在第一次战略规划中，就明确提到要创建"创业型"大学，以创新创业的组织文化，来增强校园的创新创业环境，在广大的学生群体中培育创新创业精神，进而实现"创新文化+创新环境+创新精神"的创新创业模式。同时，在第二次战略规划中提出构建创新创业的生态系统，以平台建设、孵化支持、转移中心来实现创新创业生态系统的良好运作，为创新成果的转移和企业创办提供跟踪式服务与支持。在第三次战略规划中，构建全面系统的创新创业教育框架，培育全面的创新创业文化，以在创造新知识、培养未来劳动力、带领人类探索知识新领域、促进创新以产生经济价值、应对社会需求和挑战等方面发挥关键作用。同时，促进学生和校友等从教育和研究工作中获得创新知识、创新想法，鼓励其更广泛地参与创新创业活动，以获得更大的社会效益。

新加坡国立大学为支持创新创业的战略目标，在第一次战略规划中便提出实施战略举措。其中包括如下方面：一是新加坡国立大学将提供创新的机会和环境，鼓励产生创新的想法，开展创新性研究，并对创新项目进行可行性评估，对创新项目提供相应的服务支持。二是在创新的环境中，提高发现创新的机会，扩大知识创新和研究创新的全球视野。同时，联结全球的企业，设立种子创新基金，鼓励将原创的科研成果的创新性的表达，支持早期的创新研究和创业项目。三是依托海外创业中心，建设更加完备的基础设施和提供创业支持，培育师生创新创造的能力，追求有影响力的创新创业成果。对索邦大学而言，在第二次战略规划中提到创新合作伙伴关系、建设创新灵活的研究组织，为取得跨学科研究成果提供创新的基础。具体而言，要从多方面入手来实现创新创业的目标。一是创新教学的手段，为学生提供多样化的学习途径；设置专题交叉学科，增加教育和技术资源，提供跨部门、多学科和专业的培训。二是扩大师生开展创新创业活动的资源，建立早期的项目扶持基金，支持校园内开展创新研究和启动创业项目。为了保障创业者受资助的渠道，建立创新创业的校友网络，联结国内外的风投企业家，建立扶持创业项目的风险基金。三是与企业联合构建高效的创新生态系统，开展跨学科研究，打造创新"走廊"，产生一大批有重大影响力的研究成果。通过培训、研究和创新，促进知识创新的开放、合作和共享，营造一个更加开放、合作多元的创新氛围，重视跨国创新合作，提升创新合作的影响范围。

由以上可知，"后发型"世界一流大学战略规划的演化对其创新创业高度重视，具体表现为建设创新创业组织、支持创新创业项目、开展创新研究、培育创新创业精神、建设创新创业文化等，为大学的发展提供了源源不断的驱动力。

（二）扩大社会服务的范围和群体

通过对"后发型"世界一流大学发展战略规划的演化考察，发现其社会服务方面的演化特征体现为服务面向群体的拓展、服务范围的扩大、服务质量的提升等方面。昆士兰大学在第一次战略规划中提出，社会参与的目标主要有：一是通过与主要合作伙伴和社区发展可持续关系，提高大学作为参与机构的声誉，并建立大学的外部形象；二是为大学的学习和发现目标做出贡献；三是为大学准备一项数百万美元的活动，将大学推向下一个卓越水平。昆士兰大学在第三次战略规划中，将社会服务的范围和重点予以调整，将工商界参与进行单独论述，提出大学的成功离不开工商界的参与，要增强其与行业企业和公共部门等的联系；并致力于开展与工业、企业和社区相关的基础和应用研究，对应对全球经济、环境、健康和社会挑战具有重要意义。为了优化昆士兰大学的参与表现，需实施相关战略，以扩大与行业互利合作的质量和规模，以增加昆士兰大学的学习和研究成果，确保毕业生做好就业准备，研究成果将对社会产生真正的影响。此外，昆士兰大学加强与全球的连通性，即与世界各地的人和组织建立战略伙伴关系，其中包括校友等，对提高大学的国家和国际声望有很大的作用。由此表明昆士兰大学将继续加强和深化与社区等的关系，其目标是积极影响全球社会。

新加坡国立大学在初期的战略规划中提出通过发展创新型企业，推动区域和国家的经济发展。在第二次战略规划中，扩大了服务的范围，增加了面向行业、企业、社会机构和政府机构的服务。两次规划相比，从范围上来看有了较大程度的变化，在具体举措上，也提出了对大学社区及校友网络的建设，积极参与处理社会公众事务等。南洋理工大学与之类似，在初次战略规划中提出，以创新创业推动创新型经济的发展，提升国家的综合国力。在具体举措上，扶持创新型企业成长，通过一流的研究能力促进企业竞争力的提升。在第二次战略规划中，将服务的区域进行延伸，既有国家层面的，也有国际社会层面的，并且内容也有了较大程度的扩展，即要为全球的发展贡献力量，主要包括地球的可持续发展、健康社会、安全社区和未来学习。此外，还提出通过发展广泛的国际合作网络，培育良好的国际伙伴关系，汇聚更宽阔的视角，对当前乃至未来出现的挑战与问题进行讨论。索邦大学在第一次战略规划中，提及社会服务的范围集中于法国的工商业，即通过一流的研究促进工业企业的创新。但在第二次战略规划中，扩大了服务面向的群体，增加了校友、社会机构、社区成员等，提到了通过加强教育和研究来提升全球的影响力，将社会服务的范围扩增到全球的社区。由此可以发现，索邦大学社会服务的范围已经有了显著提升，这对提升其国际影响力来说是极其关键的。

蒙纳什大学第三次战略规划提到，社会参与的目标主要是与行业、政府和其他组织建立持久的合作伙伴关系，这将丰富学校的创新能力，为学生和员工注入创业能力，并为其提供应用研究成果的机会，从而对改善大学的社区产生重大影响。蒙纳什大学提出通过进取的教育、进取的研究来进行广泛的社会参与。在进取的研究上，蒙纳什大学为应对重大挑战，与具有国内和国际影响力的组织建立深厚的合作伙伴关系，以对不同地区和人群产生影响。一方面，优化大学的内部结构，便于开展合作；另一方面，培育创新文化，调整激励措施，鼓励与外部合作伙伴的接触。同时，还要支持学校基础研究的翻译工作，以增加其社会影响力。在进取的教育上，蒙纳什大学将与政府、行业和校友深入合作，确保蒙纳什大学的学生学到技能，为他们成功和多样化的职业生涯做好准备。一是鼓励学生与行业和政府等合作伙伴直接接触，包括项目和实习；二是利用学校的研究优势和合作伙伴关系来启动系统的过程，以帮助学生塑造未来的职业；此外，还把本科生和研究生的技能发展与实际问题联系起来，并为学生提供发展其领导和创业技能以及商业和非营利企业的商业模式的机会。

由以上可知，"后发型"世界一流大学发展战略规划的演化对其社会服务更加重视，将服务面向的群体拓展到全球伙伴、服务的范围也扩大到全世界，并强调了服务质量的提升等。

（三）注重包容性和多样性

大学的包容性指对不同学生、不同知识、不同文化等的包容，是大学发展的高度体现，大学发展水平越高，包容性越强；大学多样性不仅指学生种族、课程等的多样，还表现为思想、个性的多样，二者是促进大学永葆生机活力的关键要素。在"后发型"世界一流大学的演化过程中，包容性和多样性得到了更多的重视。蒙纳什大学在第二次战略规划中提出，包容发展的目标为寻求有才华的学生和教职员工，不考虑社会或经济环境，并在一个多元化的大学中建立一个学生和教职员工联系的社区，与更广泛的社区深入交往。为了确保培养出最有才华的学生，学校将制订并实施一项具有高度针对性的包容性招生计划，包括过渡方法以及为来自弱势背景的学生提供配套的资助和奖学金，以增加其入学机会和提高成功率。其主要的举措包括为学生和员工提供卓越的体验，增强多元化社区的凝聚力；提供广泛的课外活动，以发展学生的才能；通过增加住校或参与虚拟学院的机会来发展和加强学生社区；培养学生的责任感，让世界变得更美好，并让他们具备实现这一目标的技能。另外，将通过有效的数字环境和精心规划的校园，鼓励学生和教职员工互动和创新，为这些校园提供正式和非正式的空间，创造充满活力、欣欣向荣的社区和文化生活。校友可以提供很多帮助，建立一个更强大的大学；建立一个全球校友网络，利用他们的专业知识、观点和关系，努力与他们建立互惠互利的关系。对于公众，学校将通过建立和扩大公众讨论的积极贡献，吸引更广泛的群体与学校对话，并将高质量的艺术和体育场馆向周围社区开放。

昆士兰大学在第三次战略规划中提出，重视多样性和包容性，通过吸引和留住来自各种背景的高质量学生和员工来形成更广泛的社区。来自不同文化、语言背景和目的地的学生和教职员工丰富了大学的文化，并促使毕业生为当今复杂的全球化工作场所做好准备，成为受人尊敬的当地和全球公民。其具体目标体现为：一是确定和解决教职员工和学生代表性不足的领域，并为他们提供各种各样的经验。二是制定多项战略和举措，以吸引和留住来自社会经济背景较低和处于不利地位的学生。三是提供全球化的学习体验，鼓励学生接触和体验全球发展的问题，如贫困……，并为全球公平发展、多样性发展做出积极贡献。四是继续努力改善土著和托雷斯海峡岛民工作人员和女性工作人员的征聘、保留和职业发展。五是继续重视其教职员工和学生的性别多样性和性别认同，并致力于为包括残疾人在内的所有教职员工和学生提供一个更加无障碍的环境。

由以上可知，在"后发型"世界一流大学发展战略规划的演化中，国际化程度逐步提升，对多样性和包容性更为重视，这对大学的持续发展十分重要。

（四）加强校园文化建设

大学校园文化体现为一种精神和氛围，是学校发展的灵魂性元素，能反映一所学校的综合实力和文化品位。在"后发型"世界一流大学的演化过程中，对校园文化的重视逐渐加强，这正是由于校园文化与战略规划存在的紧密联系，健康和谐的校园文化有助于大学战略规划的实施。昆士兰大学在第四次战略规划中，提出"通过有效的各级领导，我们将拥有积极的、以绩效为基础的文化和社区"。为了实现这一目标，昆士兰大学将从以下几个方面入手：一是鼓励营造反映昆士兰大学价值观的工作环境，在这种环境中，相互尊重、诚信和专业地行事，同时坚持最高的道德标准。二是在整个大学各个层级中发展强大、有效的、包容性和创新性的领导行为。三是认可并奖励团队和个人创新与出色表现。四是以激励和吸引员工的方式实施必要的变革，并实现可持续的组织改进。五是不断寻找机会展示我们提供的对健康和安全工作环境的承诺，以加强昆士兰大学的健康和安全文化。六是积极主动、尊重和建设性地解决表现不佳和非建设性行为。与之不同的是，昆士兰大学在第五次战略规划中明确提出了"一个昆士兰大学文化"的内涵，即"将通过强调合作和对基础设施的协调投资来拥抱一个昆士兰大学的文化"。这意味着要从多方面来入手打造这个独特的校园文化：一是利用昆士兰大学独特的校园文化，提高昆士兰大学所有人员获得成功的能力，利用昆士兰大学多元化的优势，同时汇集更广泛的优势来推动创新和成功。二是要实现这一文化，昆士兰大学需要与全球公认的教学和研究领域合作，以及与行业、政府和社区合作，以确保大学有适当的目标和有意义的影响。三是该计划致力于确定和消除合作的内部障碍，这将使昆士兰大学能够开辟更有效的外部途径，建立重要的国际联系。四是在一个以地方和全球重大挑战为特征的环境中，能够驾驭和连接不同领域的世界级研究，从而为昆士兰大学提供了巨大的机遇。五是需要一个可持续的财政基础来支持昆士兰大学的努力，并强调进一步加强精简业务和提高效率及资源利用的承诺。由此可知，一个统一的、共识的大学文化对大学的发展是极其关键和重要的。

南洋理工大学在第一次战略规划中指出，要以建设"创业型大学"为发目标，建设创业文化。由此可见创业文化对推动南洋理工大学的发展是极其关键的。南洋理工大学在第三次战略规划中指出，一是打造绿色的校园文化。"到2026年，校园的能源使用量、用水量和废物产生量与2011年相比减少一半。在未来五年中，将遵循环保设计理念和环境标准，致力为校园内的所有建筑物争取绿色标志白金认证。"二是智能校园文化。"建设智能的校园，把智能校园转变为实际的实验平台，以寻找结合尖端科学成果和数码科技应用的可持续性解决方案。"三是同心的校园文化。"建立一个更具凝聚力、包容性和互相支持的大学社群，推出同心计划（One NTU）。"① 这个同心计划表明要以南洋理工大学的文化价值为基础，致力于保障每位大学成员的文化共识，以"同心共荣"体现南洋理工大学同心精神的愿景，以创造更多元、更紧密、同心协力和充满创意的员工队伍。

与前述大学不同的是，蒙纳什大学提出以六个价值观来支撑大学的行为和决策，并塑造了独特的蒙纳什文化。在第三次战略规划中，蒙纳什大学提出在大学社区中学生、校友、员工、合作伙伴、行业、政府和非政府组织的行为方式都将体现这一独特文化。具体包括：一是发现，在追求新知识的过程中培养好奇心和创新精神，以建立对自然和社会环境及其人民的理解。二是学习，乐于实验，用证据检验对知识的理解；适应并从经验、他人和新环境中学习；总是"还在学习"。三是目标明确，渴望利用大学的知识和学习来改善我们的社区；努力转变理解和参与，通过为重大挑战和持续存在的问题提供解决方案来产生影响。四是协作，寻求与他人的合作以实现大学的目标，并致力于以合作、协作和响应的方式发展共同的目标和利益。五是诚实，承诺在大学内外的关系中诚信、透明地行事。六是公平、承诺公正和尊重地对待所有人，做出客观和公正的决定，并防止歧视、诽谤、骚扰和暴力等阻碍人们充分参与大学社区的行为。由此可知，蒙纳什大学以其价值观为依托建设了独特的校园文化。

由以上分析可知，"后发型"世界一流大学发展战略规划体现了加强校园文化的发展理路，具体表现为"一个昆士兰大学文化""同心共荣"等。

(五) 深化合作关系与扩大合作网络

在"后发型"世界一流大学发展战略规划的演化过程中，构建广泛的合作网络、深化合作伙伴关系得到了一致认同，并在战略规划的演化中得到不同程度的强化。由此也可说明，大学战略规划的目标单单靠大学自身是难以较好实现的，而是需要通过校内外多主体合作，依托合作网络来形成强大的战略执行

---

① 南洋理工大学 2025 [EB/OL]. 南洋理工大学官网，2021-05-14.

合力，从而促进战略规划目标的顺利达成。以昆士兰大学为例，昆士兰大学在第二次战略规划中指出："我们必须越来越多地与志同道合的国际机构如大学、政府和企业合作，这些机构也致力于提供卓越的教育和研究。"这种国际性的合作网络，将有利于昆士兰大学建立持久、有影响力的关系，这将提高昆士兰大学的研究能力和全球声誉。昆士兰大学在第五次战略规划中明确提出，建立更广泛的合作关系和合作网络，以更好地实现战略目标。一是学科合作。要为复杂的全球重要问题寻找解决方案，就需要汇集不同观点的跨学科方法，建立起与不同学科联系的合作网络。二是师生合作。允许教师和学生合作试验新的教学方法、数字资源和其他解决方案，以增强学生体验的各个方面。三是与行业企业合作。通过密切的合作关系将更多以行业为重点的学习纳入课程，以确保培养的学生能够了解并满足行业需求。四是与大学社区的成员合作。通过与大学社区的所有成员合作，寻求建立和巩固社区的行业企业伙伴关系，将推动昆士兰大学朝着"为更美好的世界提供知识领导力"这一愿景前进。

蒙纳什大学在第二次战略规划中，针对进取的目标指出，一是与行业、政府和其他组织建立持久的合作伙伴关系，这将丰富大学的创新能力，为大学的学生和员工注入进取能力，并提供应用大学研究成果的机会，从而对改善大学的社区产生重大影响。二是建立一个全球校友网络，利用他们的专业知识、观点和关系，努力与他们建立互惠互利的关系。由此不难发现，合作网络和合作伙伴关系是促进蒙纳什大学发展的重要推力。蒙纳什大学在第三次战略规划中提到，一是面对气候变化、地缘政治安全和繁荣社区的挑战，大学将通过与政府、行业、慈善家和社区组织的合作，成为合作联盟网络的重要组成部分，对这些挑战产生影响。二是与社区合作。努力通过与合作伙伴一起塑造和连接大学的研究、教育和社区，以更好地应对这些全球挑战，从而产生重大影响。

因此，在"后发型"世界一流大学发展战略规划的演化过程中，尤其注重合作关系与合作网络的建设，这对于在战略实施中形成战略共识、促进利益相关者的集体行动十分关键。

（六）重视可持续发展

可持续性在"后发型"世界一流大学的发展战略规划中得到了越来越多的关注和强调，充分表明了这类大学高度重视大学生态系统的完整性，并将大学的发展与自然、社会等构成一个命运共同体。蒙纳什大学在第二次战略规划中，提出可持续目标是"每个校园和主要项目都必须在环境、社会和经济上可持续发展"。具体包括：一是蒙纳什大学的校园将成为环保实践的典范。二是蒙纳什大学将获得核心运营盈余，能够对未来进行投资。这需要有效和高效地利用资源，以及有从新的来源（包括慈善事业）获得资金的能力。三是蒙纳什大学将把增长重点放在最有助于实现本计划目标的领域。这包括增加研究生的数量和研究课程，以加强研究和响应终身学习的需求；也包括增加蒙纳什大学国际学生群体的多样性。对于一些较小的校园，也有发展的空间，并将通过在这些校园建立专业领域来实现。四是确保蒙纳什大学的海外校园和财务是可持续的。蒙纳什大学在第三次战略规划中，将可持续性分为组织的可持续和财务的可持续两个部分。其中，组织的可持续目标是大学的治理、结构和政策必须支撑其文化、价值观和目标。其要求体现为：一是对土著和托雷斯海峡岛民的进步和福祉做出有效承诺，包括监督履行这些承诺的行动的治理；二是对联合国可持续发展目标的有效承诺，包括监督关键目标行动的治理；三是支持跨校区行动、大型多方计划和项目以及主要基础设施或系统变更的新结构；四是协调治理结构，确保有效监督和调整受控和关联实体、合资企业和联盟，以实现战略目标；五是创建"松散"的组织方式，以鼓励新想法和新企业在被纳入"标准"治理机制之前启动。财务的可持续具体要求：一是有能力维持足以确保教育、研究和服务质量的经营盈余；投资对我们的世界和社区产生积极影响的新知识、新课程和新运营模式。二是使主要收入来源多样化，减少对国家政府研究拨款的依赖，增加提高教育收入来源的国家和教学模式的范围。三是提供长期基金的能力，向受不利条件影响的学生提供奖学金援助；支持有助于大学社区改善和福祉的新事业。

南洋理工大学在第三次战略规划中指出，为实现持续性承诺，南洋理工大学制定了相关的目标。一是校园环境的可持续性。期望到2026年3月，南洋理工大学的能源使用量、用水量和废物产生量与2011年相比减少一半。在未来五年中，南洋理工大学将遵循环保设计理念和环境足迹标准，致力为南洋理工大学校园内的所有建筑物争取绿色标志白金认证。二是科研能力的可持续性。学校将加倍努力把南洋理工大学智能校园转变为实际的实验平台，以寻找结合尖端科学成果和数码科技应用的可持续性解决方案。由此反映出南洋理工大学对可持续性环境和科研发展的重点关注，并将可持续发展理念贯彻于学校的办学活动中。

昆士兰大学在第三次战略规划中提出，在持续改善大学的设施和信息与通信技术的基础上，承诺在可持续发展方面发挥领导作用，并将可持续发展融入大学生活的方方面面。可持续发展具体包括保持充足的财务资源，以实现持续的运营和战略目标；大学的系统和业务流程将使大学能够抓住新出现的学习、发现和参与机会；通过对建筑和自然环境的有效管理，为学生和教职员工创造独特的校园环境；环境可持续性将在大学的各个层面得到推进。其中环境的可持续性目标的主要举措包括如下几个方面：一是将大学校园作为一个活的实验室，在实践中展示环境可持续性。二是将环境可持续性融入大学的教学和研究活动。三是利用大学的研究力量，将昆士兰大学定位为环境可持续性和气候变化解决方案的领导者。昆士兰大学在第四次战略规划中提出财务的可持续性目标，即使大学的收入来源多样化，管理大学的资源，建立可持续的财务基础。主要举措有：增加大学的国际学生方面的收入；增加来自工业界的研究经费；增加国际来源的研究经费；通过专门的活动建立慈善支持；通过资产计划和可持续预算管理大学的资源。

由以上分析可知，"后发型"世界一流大学发展战略规划体现了鲜明的可持续发展理念，不仅体现于校园建设、环境保护等方面的可持续性，还体现在科学研究、财务、组织管理等的可持续性，即将可持续性理念高度贯穿于大学的整体生态系统中。

第五章

"后发型"世界一流大学发展战略规划的实施

特色鲜明、结构清晰、重点突出的战略规划文本为"后发型"世界一流大学的发展擘画了美好的蓝图,而有效的战略实施是达成战略目标、将蓝图转化为现实的关键所在。要将"后发型"世界一流大学发展战略规划文本付诸行动,就需要在战略实施中遵循相应的步骤规范,才能将宏大清晰的战略目标转化为有效的集体行动。"后发型"世界一流大学战略的实施体现为行动导向和目标导向相一致、相协调的过程,一方面,明确的发展目标可以指引大学的发展方向,统筹大学的运营与管理,在战略实施中可以增进行动者对目标的认识和理解;另一方面,大学所处的环境会面临动态调整,大学组织会遭遇一些发展挑战和面临一些发展机遇,在战略实施中加强过程监管有助于提升大学对环境的适应能力和发展能力。为确保"后发型"世界一流大学战略实施过程顺利进行,还需要在战略实施中加强战略管理,给予一定的战略保障,以此才能较好地实现预期的战略目标。本章对八所国外"后发型"世界一流大学的实施步骤、实施特征、实施保障及实施成效进行剖析。

第一节 "后发型"世界一流大学发展战略规划实施的步骤

在"后发型"世界一流大学发展战略规划文本制定完成后,将规划文本付诸行动也需遵循一套相应的步骤规范。这些高校在战略规划实施上的基本步骤大体相似,在具体操作上存在一定程度的差异。

一、颁布实施战略规划文件

作为特殊的社会组织,大学的治理方式是否科学、能否有效,在一定程度上取决于利益相关者是否对大学战略规划认同以及能否达成共识,即在发展目标的设定中能否关照到师生的利益,尊重师生,并为师生的发展提供更加有利的资源和保障,从而才能激励师生为了达成学校目标和个人目标而共同奋斗。"后发型"世界一流大学发展战略规划文本制定后,通常会促进利益相关者形成共识,进而将规划文本付诸实践。然而,在战略规划实施前首先要厘清两个重要的问题,即战略规划由谁实施、如何实施。通常来说,制定专门的战略规划实施文件是对这两个问题的最好回应,并对实施环节的职责分工进行了规范。经过研究发现,"后发型"世界一流大学发展战略规划的文件制定后一般是由董事会讨论审核后发布的,这就表明战略规划文件经过了校领导、董事会等的多方审核,也保障了战略规划文本的可行性,更好地保障了不同利益群体的权益。"后发型"世界一流大学发展战略规划实施文件编制完成后,通过在校内外广泛宣传,调动教职员工的积极性,使他们增强对战略规划的认识,清楚战略规划的实施内容和要求。同时,针对有关实施的负责人员进行战略规划实施操作技能的培训,并进行实践考核,以不断提升战略管理工作的相关能力和技能,以确保战略实施中阶段性目标按时达成。

二、战略目标分解

对于"后发型"世界一流大学发展战略规划的目标来说,除了制定一个总体目标,为了便于操作实施,还设立了若干子目标。在实施过程中,"后发型"世界一流大学发展战略规划部门将子目标进行分解,以细分任务和职责,确立了一些可操作的关键指标;同时结合工作职能和学科专业的差异性,按照学校整体目标的要求,打破固定的单一部门负责制,采用上下结合、跨部门协作的模式,促进多部门联合负责战略子目标。同时,还将一些可操作的目标分解到学院和部门,以形成横向衔接、纵向贯通、职责明了的"目标—指标"体系,进而将战略目标、战略举措和任务要求逐渐下移至二级学院、职能部门和研究机构等,以此便于将宏观的战略目标转化为具体的实施方案。为了将战略目标落实到不同的部门和单位,蒙纳什大学设计了一套规划框架,获得了大学董事会的批准,将总体战略规划拆分为学术计划、国际计划和赋能计划等。蒙纳什大学战略规划框架按照"战略计划—实施计划—运营计划—个人绩效计划"理路来制定,具体内容见图5-1,即形成自上而下、纵向贯通的目标逐层分解体系。另外,还可以发现蒙纳什大学的战略规划框架中较为独特之处是设置了风险管理框架和治理实施监测框架,体现了对战略规划实施过程的控制和风险管理,使战略目标与实施过程紧紧相扣,并落实到个体的行动过程中。这样的战略规划实施理念使得战略规划得以层层推进，战略管理的成效更加显著。

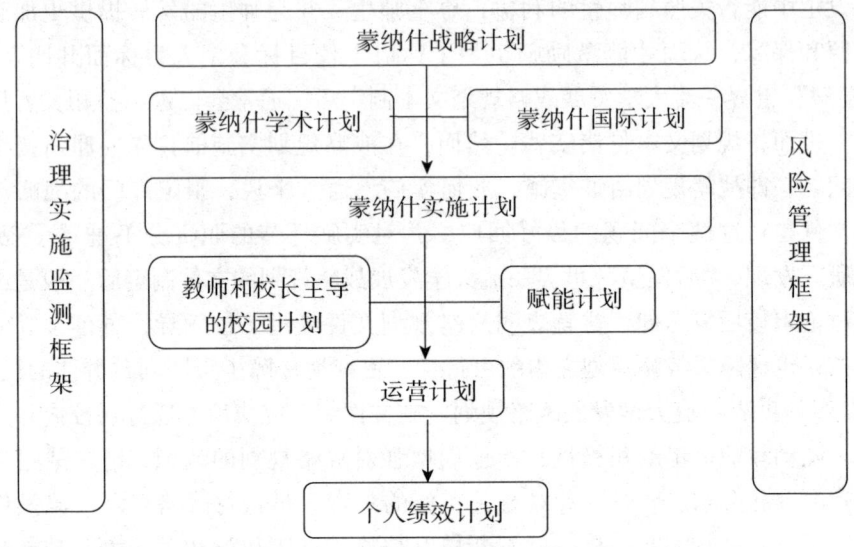

图 5-1　蒙纳什大学战略规划框架

资料来源：战略规划框架［EB/OL］.蒙纳什大学官网，2020-03-16.

三、组织结构调整

"后发型"世界一流大学发展战略规划的实施往往是牵一发而动全身的，在将规划文本转化为现实行动的进程中，表现为以组织的一系列行动来实现战略目标，其行动结果将影响到战略规划的有效性。在战略规划的具体实施过程中，"后发型"世界一流大学的内部组织结构通常会根据战略实施的需要，灵活地做出相应调整。考虑到大学组织结构高度复杂化的特点，"后发型"世界一流大学在调整其组织结构时，采用灵活性强的矩阵型结构，便于加强组织之间的横向联系和沟通，促进跨部门人员互帮互助；科研工作采用开拓型组织类型，以不断发现机会和产出科研成果；教学工作采用分析性组织类型，在寻求新的教学方法过程中，依然保持原有的教学理念和教学模式。并且，"后发型"世界一流大学在战略规划实施过程中，还特别注重战略过程管理，以实现对战略规划控制流程的再造，即围绕总的战略规划目标和核心指标来加强战略管理，以对战略实施过程形成较强的控制力；同时注重战略实施过程中关键信息的反馈，充分发挥信息数据库的信息整合与处理功能，为学院、职能部门等的行动协调与资源整合提供便利。以洛桑联邦理工学院为例，为了保障战略规划的顺利实施，学校高级管理层调整了学校的治理体系，加强了其组织和决策的流程，使其符合学术机构的国际最佳做法。这一举措包括在2017年设立一个新的财务副校长职位,由其负责制定财务战略,并实施结构化、高效和透明的决策流程,保障财务职能独立运作,并跨越学校的所有部门;确保学校的管理和治理系统有效运行,达到最高的效率且合规标准,以支持学校的三大使命。①

四、战略资源配置

"后发型"世界一流大学是一种资源依赖型组织,优质资源是其形成竞争力的关键。同理,对"后发型"世界一流大学的内部组织而言,不同的机构和部门都期待获取数量充足的优质资源,以支撑战略规划目标的顺利达成。在"后发型"世界一流大学发展战略规划实施中,在配置战略资源时由战略规划负责部门予以协调,以充分对接战略目标的要求,保证子目标在战略实施中顺利实现。对师生和其他利益相关者来说,公开化、透明化是保障战略资源合理配置的基础条件,是保证战略规划实施效果评估有效性的重要因素。故而,在"后发型"世界一流大学战略资源配置流程的设计上,给予了不同利益主体参与权和知情权,使他们能参与战略资源配置工作;同时,对关键利益相关者给予特别照顾,他们可以提出战略资源配置的改进意见或调整建议,战略决策者会根据意见反馈情况进行再次评估,将可行的建议予以采纳,从而提高战略资源配置的理性程度。此外,为了确保资源的高效使用,"后发型"世界一流大学的利益相关者可根据一定的程序来相互监督,使各部门和机构无法超越其决策和管理权限而出现资源争抢或滥用等行为,促使资源配置更公平、更高效,进而有助于实现各部门的发展目标。

第二节 "后发型"世界一流大学发展战略规划实施的保障

大学发展战略规划的实施是一项系统工程,需要多元主体的参与、多方资源的调动及组织人事的调整等,倘若缺乏一定的实施保障,将难以保障战略实施的成效。"后发型"世界一流大学在战略实施过程中强化战略管理,建立战略规划实施保障体系,对提高战略实施成效起到了关键性的作用,具体可从组织领导保障、政策体系保障、资源基础保障、校园文化保障这几个维度来进行考察。

---

① 2017年度报告[EB/OL]. 洛桑联邦理工学院官网,2021-11-06.

一、组织领导保障

纳特（Paul C. Nutt）和巴可夫（Robert W. Backoff）曾提出："在战略实施中要思考采取何种举措才能满足战略实施的基本条件和支持保障，尤其要加强对资源和利益相关者的管理。"① 这是由于在战略实施中，大学的职能部门之间、院系之间、行动个体之间等均会产生利益博弈，这些恰好是影响战略实施的关键因素，故而需要加强组织领导，才能较好地统筹资源分配和考虑利益相关者的需求。"后发型"世界一流大学在实施战略规划时依托坚实的组织领导，以保障各个职能部门各司其职，从而确保战略规划实施的高效性和目标达成度。在"后发型"世界一流大学的战略规划实施过程中，大学董事会为最高层次的组织领导，由校长牵头，战略规划与建设办公室、战略规划协调部门等负责战略的具体实施。尤其值得一提的是，在战略实施中会成立临时的战略规划协调部门，能根据实施过程中出现的突发情况，及时采取新的应对方案来使战略资源得到最大程度利用。以昆士兰大学为例，该校的组织领导结构如图5-2所示，在战略规划实施中，规划与建设办公室、大学学术规划委员会和质量促进办公室共同对战略实施过程进行管理，协调相关的资源配置以保障各个子规划的顺利实施，并能对战略实施中出现的紧急情况采取灵活处置。此外，为了提升战略实施部门的工作效率，昆士兰大学通过建立科学且合理的遴选标准，选择具有较高综合素质的专业型人才作为战略实施部门的负责人，以此来领导战略规划工作的高效开展，毫无疑问的是构建一支专业化、职业化的战略管理团队对战略实施过程中各项事务的管理具有积极的作用。

---

① 纳特，巴可夫. 公共和第三部门组织的战略管理：领导手册[M]. 陈振明，等译. 北京：中国人民大学出版社，2001：163-169.

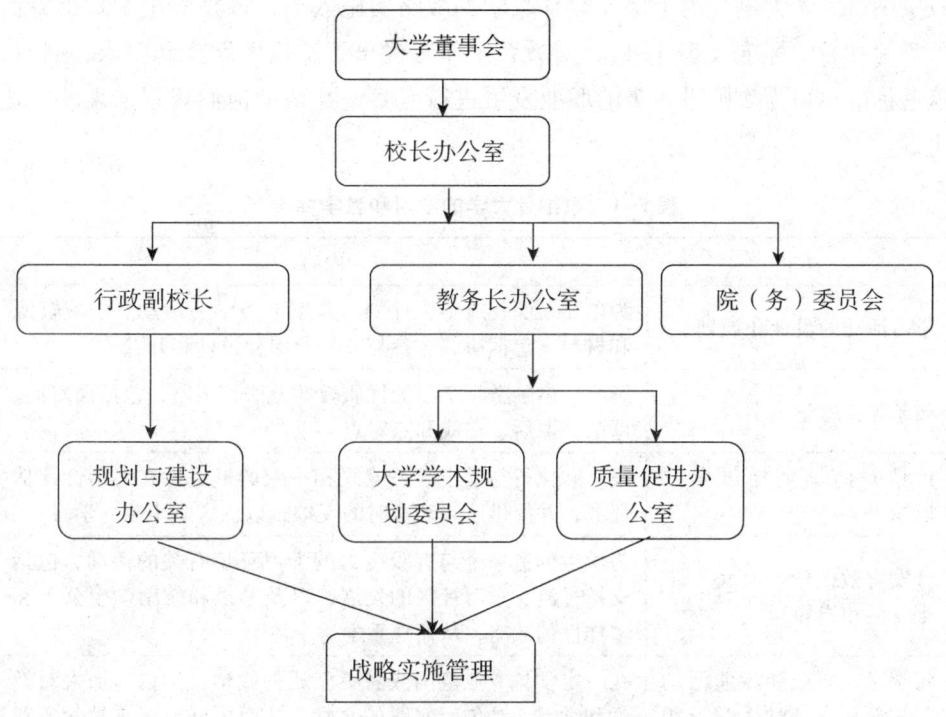

图 5-2 昆士兰大学战略规划组织结构

资料来源：根据昆士兰大学官网整理。

二、政策体系保障

"后发型"世界一流大学发展战略规划实施除了有坚强的组织领导，还有完善的政策体系保障。一是政府提供的保障体系，主要包括支持大学迈向一流的政策文件、扩大大学发展的财政拨款等。以新加坡两所大学的战略规划实施为例，由于新加坡国家的发展与两校的发展紧密相关，这也就促使两校的发展更具有战略高度。一方面，新加坡政府提供了充足的财政支持，致力于将新加坡国立大学、南洋理工大学打造成世界一流大学；另一方面，还提供相应的人才政策支持，鼓励两校引进国际顶尖人才，提供适宜的国际人才培育环境。二是，高校自身构建的保障体系。"后发型"世界一流大学通过管理保障、财政保障、人力保障等构建学校自身的保障体系。具体而言，通过优化管理体制，提升治校能力；吸纳校友、基金会的捐赠，补足资金储备，以更好地实施战略规划；同时，面向全球招聘优质的研究人员、顶级教师来壮大师资团队，提升师资团队的国际化水准和整体素质，为培养优秀人才和开展科学研究提供基础保障。

以蒙纳什大学为例，为了保障教育教学的战略实施效果，该校提出了六个方面的学习和教学标准（表5-1），对教育工作者提出了适当的期望和要求；同时，这些标准也可为教师进一步的职业发展进行考察，并帮助他们规划未来的职业生涯。

表5-1 蒙纳什大学的学习和教学标准

标准	内容
学习活动的设计和规划	为单元、课程或学位计划、开发准备学习活动、学习资源和材料，包括协调、参与或领导课程设计和开发
教学和支持学生学习	影响、激励学生学习的优质教学方法和策略，包括面对面、课前、课后、在线和点对点
评估并向学生提供学习反馈	设计和执行与学生学习成果相一致的形成性和终结性评估任务，并提供适当和及时的反馈，以促进学生独立学习
开发有效的学习环境、学生支持和指导	为学生创造一个与有吸引力的学习环境有关的活动，包括支持过渡、学习社区的发展，以及考虑和鼓励学生公平和多样性的战略，从而尊重学生个体
将学术、研究和专业活动与教学和支持学生学习相结合	在一定学科专业范围或者更广泛的教学范围内，加大对教学和学习活动创新实践的奖励，从而更好地促进教学实践和学生学习
评估和发展实践，不断提升专业水平	利用自我评估、学生和同行评估以及学术发展机会，为教学实践提供信息参考并加强教学实践

资料来源：蒙纳什大学．教育绩效标准［EB/OL］．蒙纳什大学官网，2021-11-06．

三、资源基础保障

"后发型"世界一流大学发展战略规划的实施，需要充足的办学资源来保障，这些资源或来源于政府和大学，或来源于企业和社会机构等。以新加坡两所大学为例，为保障新加坡两校战略规划的高效实施，新加坡的社会组织及企业纷纷支持，以保障和促进两校的跨越发展，这也是战略实施中尤为重要的。如新加坡赛马博彩管理局、李棕集团基金会以及其他社会机构的捐赠，还有新加坡冬海集团等知名企业为新加坡两校的发展注入了强有力的资金支撑，形成了广泛的社会认同，也使两校在新加坡及国际社会上享有良好的声誉。"后发型"世界一流大学建立发展战略规划保障系统有效促进了学校发展目标的实现，归结而言是获得政府、社会、企业等的大力支持，创造良好的发展条件；同时，自身在管理体制、运行机制上做出相应调整，有效配置办学资源，凸显办学特色，从而全方位保障战略规划的顺利实施。另外，"后发型"世界一流大学的资源基础保障也不是一成不变的，而要根据战略实施的具体情况做出相应的调整。对蒙纳什大学而言，为实现该校的发展战略规划目标，蒙纳什大学从人力资源、组织资源、财务资源等强化自身的基础能力保障，如表5-2所示，调动员工的积极性，更好地发挥员工的专长；确保组织的可持续性，以实施重大跨校项目和多方合作的基础建设等；保障财务的可持续性，扩大多元化财务收入，合理分配资金使用，以防范大学在战略实施过程中出现的风险，并保障战略规划的顺利实施。

表5-2 蒙纳什大学基础能力保障

分类	内容
员工专长	员工资料的多样性、认可奖励政策和实践的一致性、参与发展和领导力计划、领导效能、加强伙伴关系、文化转型
组织可持续性	针对土著和托雷斯海峡岛民框架目标的表现、针对联合国可持续发展目标的表现、跨校项目和重大多方科研教育项目、实施重大基础设施或系统变更、创新文化、重大举措成果的有效沟通
财务可持续性	营业盈余、多元化收入、发展基金会以支持大学的目标、由大学资金和外部资金支持的奖学金、投资风险投资和运营以应对关键的全球挑战

资料来源：根据蒙纳什大学官网整理。

四、校园文化保障

大学战略规划与校园文化的适应性、匹配性，与战略规划的实施成效高度相关。"后发型"世界一流大学发展战略规划在实施过程中，正是关注到校园文化对战略规划的作用和影响，从而在战略规划实施中不断促进战略规划与校园文化的深度融合，以促进二者协同发展、互利共生。具体表现为：一是促进战略规划与校园文化深度结合。为了保障战略规划的顺利实施，"后发型"世界一流大学不断挖掘校园文化与战略规划之间存在的某种内在联系，找出二者之间的契合点、联结点，并利用二者之间相互作用的机制形成一种互推力，在广大师生群体中形成一种积极向上、赢得未来的文化氛围，从而为战略规划的实施提供持续的价值观念等的支持。二是促进规划实施过程中与校园文化的互相调适。"后发型"世界一流大学考虑到校园文化的稳定性强、短期内难以改变等特点，通常在战略规划实施过程中对让师生非常敏感的新政策放缓行动步伐，给这些新政策设定一个过渡期，当师生对新政策的认识提升且能接受新政策带来的变化时,再逐步推进和实施新政策。三是适时变革与创新校园文化。由于校园文化具有较强的延续性,在多年的发展积淀中逐步稳定、保留下来,为了促进战略规划的顺利实施,可以在恰当的时机对不合时宜的校园文化进行革新,适时地为校园文化更换新的"血液",使之与发展战略遥相呼应、相互支撑。

"后发型"世界一流大学的大学价值观支撑了大学的行为和决策,并塑造了独特的大学文化。为了保障新一轮战略规划的顺利实施,蒙纳什大学对其校园文化做出了调整,如考虑了与社会环境的关系处理、改善大学社区、增进理解和参与等(表5-3)。改良后的校园文化体现在蒙纳什大学的办学行动中,也体现在蒙纳什大学与所在地区,国际社会中的学生、员工、校友、合作伙伴、政府和非政府组织等的关系维系上,以此对战略规划的实施产生正向推力。

表5-3 蒙纳什大学的文化和价值观

类别	具体内容
发现	我们在追求新知识的过程中培养好奇心和创新精神,以建立我们对自然和社会环境及其人民的理解
学习	我们对实验持开放态度,用证据检验我们的理解;我们从经验、他人和新环境中适应和学习;我们总是"还在学习"
目标明确	我们渴望利用我们的知识和学习来改善我们的社区;我们努力转变我们的理解和参与,通过帮助解决重大挑战和持续存在的问题来产生影响
协作	我们寻求与他人的合作以实现我们的目标,并致力于以合作、协作和响应的方式参与发展共同的目标和利益
诚实	我们承诺在大学内外的关系中诚信和透明地行事
公平	我们承诺公正和尊重地对待所有人,做出客观和公正的决定,并防止歧视、诽谤、骚扰和暴力等妨碍人们充分参与我们社区活动的行为

资料来源:根据蒙纳什大学官网整理。

第三节 "后发型"世界一流大学发展战略规划实施的特征及战略理念

经过研究发现,"后发型"世界一流大学在战略规划实施中呈现一定的共性特征,具体包括监控机制、目标分解、民主参与、规划制定与实施评估的联动等方面。

一、实施的特征

(一) 通过建立监控机制来推进战略顺利实施

建立监控机制的作用在于促进大学组织和个体形成高度负责的工作态度,使其能积极主动地按照战略规划的要求付诸行动,同时达到相关任务的业绩要求。为了促进战略规划顺利实施,"后发型"世界一流大学纷纷建立了监控机制来确保实施环节通畅,使行动个体能认真履行职责,并在遇到实施难题后能及时处理;同时,对学校宏观层面的战略目标实行责任人负责制,以确保对战略实施的及时跟踪与指导。此外,"后发型"世界一流大学建立了一种促进战略规划实施的奖励制度,奖励制度的设计以战略业绩为基础,同时对组织和个人的评价也依托于战略实施的业绩、成效。它们将组织和个人的关注焦点集中于"成绩如何,是否有突破",并非"付出努力的多少",其衡量标准突出了战略实施的有效程度,与业绩指标相一致,突出以结果为导向的特征。同时,它们还设计了相关激励制度,以促进战略规划更高效地实施。在实施过程中,针对全体战略规划实施者运用激励措施;激励与业绩目标直接关联起来,个人业绩目标突出个人努力的产出结果;秉持公平的态度推行这一制度,对业绩评定为优良的个人进行奖励,并对未能达标的个人提出奖励希望,以物质奖励为核心,并以精神奖励为辅助。例如,新加坡国立大学董事会不定期对大学的近期目标、长期目标、战略、运作和治理做法进行监督核查,具体由学校管理层在董事会议上递交季度简报,向董事会报告关键重点领域和新战略计划的最新情况,同时还定期举行教师访问、午餐会谈和简报会,以拓宽董事会成员对教育和大学运营方式的见解。此外,鲁汶大学在战略规划实施中,会根据实施情况对学校的愿景进行全面反思,在战略计划的运营和内部质量体系的关键评估中明确这一点;支持各部门展开自我评估报告,并密切跟踪各种报告审核结果;进而对评估报告进行全校范围的分析,并提出战略性意见和建议。

(二) 通过目标分解来细化战略任务与要求

在剖析"后发型"世界一流大学发展战略规划文本后,不难发现在这几所大学的战略规划中,总体目标阐述清晰,且在总目标之下也列出了多个子目标进行进一步的阐述,以此将目标细化,便于战略执行时量化目标的达成度。在蒙纳什大学和昆士兰大学的战略规划文本中可发现,子目标之下还阐述了具体的实施举措,由哪些部门负责,哪些部门配合。这样设计的目的在于提高战略规划实施的效果,使战略规划落地实施时有"抓手",并不是"虚无缥缈",而且目标的具体化，也有利于明确行动的方向。例如，昆士兰大学在三次战略规划中，将总体战略目标划分为三大部分，即学习、发现、参与，设定了学习计划、学习战略、发现计划、发现战略、参与计划、参与战略，以此使战略规划在实施中更易结合相关指标分析目标达成情况。洛桑联邦理工学院在战略规划中将总体目标进行了多维度分解，例如，对财务目标进行了细分，由分管财务的副校长负责财务战略的实施（表5-4）。为了确保战略规划实施中人力资源得到及时补充，洛桑联邦理工学院确立了三个战略目标：一是明确并在必要时更新人力资源政策和程序，使其符合学校的最高优先事项，同时考虑到特殊环境和法律要求；二是培养导师和教授的管理技能；三是提供符合企业需求的人力资源服务，包括其中一些数字化服务，[①] 以此来提升学校人力资源的整体水平。

表5-4 洛桑联邦理工学院的财务战略

战略目标	考察标准
协调内部控制和风险管理	确保洛桑联邦理工学院的财务资源在未来得到最佳利用，支持教育、研究和创新
监控所有现金流入和流出，并成为财务管理的担保人	
规划学校财政资源的使用	根据用户需求构思现代财务管理工具
协助决策	
成为实验室、学院和副校长的合作伙伴，管理其财务	不断改善与出资人和洛桑联邦理工学院内部合作伙伴的合作关系

资料来源：根据洛桑联邦理工学院官网整理。

（三）通过战略实施来扩大资源基础优势

"后发型"世界一流大学在发展初期办学的资源基础较为薄弱，通过发展战略规划的精准实施，可以获取一定的物质资本资源、人力资本资源和组织资本资源等，以此来提升资源基础优势，从而有助于发挥后发优势，进而为生态位的跃迁奠定基础。

一是物质资本资源。对"后发型"世界一流大学来说，经费资源是提升大学竞争力最为关键的物质资源。为了提升办学层次，大学要依托充足的办学经费，才能引进各类顶尖的教师、配置一流的科研设施、吸引优秀的学生和开展高水平的研究等。"后发型"世界一流大学在战略规划实施中，扩大了与慈善基金会、企业等的联系，以形成多元化的资金来源，从而为学校发展重点目标的

---

① 2018年度报告［EB/OL］.洛桑联邦理工学院官网，2021-11-06.

推进提供有力的支撑。例如,昆士兰大学依靠现有和潜在的财政来源增加资金收入,包括慈善事业、行业投资和全球融资等,有效管理学校的运营资本,以确保支出与战略目标一致。①

二是人力资本资源。对于"后发型"世界一流大学而言,其发展早期受优质人力资源缺乏的束缚而被限制了步伐,因而获取更多优质的人力资本资源是极其关键的一大要素。就洛桑联邦理工学院来说,该校的发展受限于瑞士人口基础等,采取开放的人才政策、引入各类人才是保障其核心竞争力的关键。首先是延揽国际师资。吸引全球的卓越教师是提升学术生产力的关键要素,故而学术人才成为学校发展的一大战略性资源。"后发型"世界一流大学在人才战略中,强化了延揽国际师资的倾向,从近年来延揽的学术人才中发现有半数以上是国外教师。其次是招收优秀的国际留学生。对国际留学生的吸引力正是对"后发型"世界一流大学办学实力和形象声誉的综合体现。据统计,2016年洛桑联邦理工学院本科和硕士海外留学生的比例达到45.8%,海外博士留学生的比例增长到79.8%。②

三是组织资本资源。一般而言,高校组织资本资源主要有组织结构、组织管理、组织文化和组织声誉等。③ 首先,"后发型"世界一流大学通过实施发展战略规划,显著提升了学校的管理水平、优化了学校的组织文化,并大大提升了学校的国际声誉。就洛桑联邦理工学院而言,在新校长帕特里克·埃比舍(Patrick Aebischer)的带领下,通过实施国际化战略,在与美国高校的国际交流与合作中,引入了美国顶尖高校的管理经验,实施终身教职制度等举措,显著提升了管理水平。其次,在"后发型"世界一流大学发展战略规划实施中也关注到大学治理文化的改良,在融合国际国内的管理文化后,移植了学术人才良性竞争和优胜劣汰的学术文化,为人才的良性循环提供了条件。再次,"后发型"世界一流大学在学术界发表了大量的高被引论文、转化了多项有影响力的科研成果、重视并积极参与了国际大学排名、与国际高校形成了卓越的高校战略联盟,这些都大大促进了组织声誉的提升。

(四)通过教职工的广泛参与提高对战略规划的认同

大学战略规划只有落实到行动中才能发挥出应有的效能,而行动的实现与每一个参与个体都息息相关。"后发型"世界一流大学发展战略规划能否转化为

---

① 2014—2017战略规划[EB/OL].昆士兰大学官网,2021-09-03.
② 2016年度报告[EB/OL].洛桑联邦理工学院官网,2021-11-06.
③ 任初明.战略性资源:大学竞争力构建的根基:基于资源基础理论的视角[J].现代教育管理,2012(8):35-38.

集体行动，其核心正在于相关利益群体能否达成共识，教职工等是战略规划实施的主体，其对战略规划的认同程度将直接影响到行动效力。从这个层面来说，"后发型"世界一流大学发展战略规划的制定需要教职工的广泛参与，以充分了解他们的态度和意见，由此可以得到更多教职工的支持。在"后发型"世界一流大学发展战略实施过程中，教职工等的广泛参与也是极其关键且作用巨大的。具体而言，新加坡国立大学和南洋理工大学等在战略规划出台后，以各种方式调动教职工和师生对战略规划文本进行学习和了解，有效促使战略规划利益群体的认知达成统一，为集体行动的展开提供了有力支持。

首先，以"特色化"为战略规划行动的起点。"后发型"世界一流大学对办学思路进行了特色塑造，均有着宏大的发展愿景和使命，树立了与国家同发展、共进步的决心，这对学校的发展起到较好的引领作用。在"国与校"同发展的理念下，"后发型"世界一流大学对利益相关者进行动员，如董事会、合作企业及校友等，达成一致的战略共识，以此产生了较强的行动效力。新加坡国立大学致力于成为变革性全球教育的领导者、全球具有重大影响力的研究中心，不仅将自己视为教育机构，而且视为一个企业，即通过知识型经济来扩大企业价值，故而广泛联结合作企业、校友等，持续投入高水平教育教学、开展影响深远的研究项目。南洋理工大学鼓励各院系之间展开深度合作，并优先考虑跨院系合作的科研项目；新加坡师资培训占据主导地位；积极发展"三角形区域"，即研究型大学、有创新创业精神的人才、与大学研究联系紧密的公司，并深化三者合作。

其次，增强行动个体的认同感。"后发型"世界一流大学将利益相关者纳入大学战略规划的使命和愿景中，形成了一个具有强凝聚力的合力团队，充分体现了利益相关个体的重要性和存在感。对于学术研究人员，激励他们自觉投身到学术研究活动中去，并将学术事业与大学的发展紧密联系起来，促进行动个体自我能力的提升和组织目标的实现。

再次，争取利益相关者的支持。"后发型"世界一流大学在战略规划中体现出一定的本体价值取向，强调学生的全面发展；也体现出一定的工具价值取向，提升学校的综合竞争力和社会声望；还体现出一定的社会价值取向，推动国家创新型经济发展和社会进步。新加坡两所大学发展战略规划充分尊重利益相关者的利益，考虑他们的权益诉求，有利于获得利益群体的信任和支持，最终形成战略行动合力。从这两校战略规划的文本中可知，两校的发展目标已经上升到关注人类社会进步、推动全球可持续发展的高度，这个目标较好地兼顾了公共利益和个人利益，促进了不同利益群体形成科学全面的利益观和统一的战略认知;并且为相关利益群体付诸集体行动提供了正确的观念导引,激发大学中的教师、学生、校友等积极参与战略实施,进而有助于战略目标的顺利实现。

(五)通过规划制定、实施和评估的联动来保障效果

通常在战略规划实施前,"后发型"世界一流大学将战略规划目标分解为一系列可执行、可评估的工作任务,并在实施中向战略管理协调机构反馈实施情况及数据信息,保障信息的可靠性和及时性,以此为学校管理层实施下一轮战略规划提供有说服力的支撑。昆士兰大学在制定长期发展战略规划中,正是充分地依据关键绩效指标,并根据实施情况,对指标进行再评估,从而对战略目标做出调整(图5-3)。在这个框架中,"指标再评估"为学校制定下一轮战略目标提供了充分的依据,也是促进发展战略规划逐渐完善的抓手;同时,学校和二级学院依照关键绩效指标考核体系,持续检测并及时反馈,根据实施中取得的成效和存在的问题来衡量所选择的关键绩效指标是否妥当。昆士兰大学运用关键绩效指标对总体目标进行层层分解,这一举措促进了个人目标、集体目标与学校总体战略目标高度对接,也保障了组织战略目标在实施中不会出现严重偏离的风险,也以此有效地反映出集体绩效及个体绩效的水平如何,为提升战略实施的整体绩效水平发挥了较好的价值评价和行为引导作用。

此外,"后发型"世界一流大学在战略实施中的考核评估除了学校整体层面的运营管理,还对学院和职能部门进行关键绩效指标考核,对于学生权益、教工权益、科研成果转化等进行考核(图5-4)。具体而言,昆士兰大学学院考核主要包括教学、科研、学生实践、学院发展的可持续性等。在这个考核体系中,学院重点考核日常教学质量、科研投入及成果转化、学生和教职人员的权益与激励等。同时,学院结合学校的指标体系进行全面考核,包括师资配备整体水平、学生综合素质评价等方面内容,并与全校的平均考核指标进行比较,从而得出该学院的综合发展水平在学校所处的位置。其中,对学院进行考核评估中关键绩效指标的数据来源于学生在校的学习生活数据统计,教职员工工作情况的数据统计、科研部门的数据统计、财务分析数据等。根据关键绩效指标考核的结果,"后发型"世界一流大学可以对战略实施的成效进行合理评估,从而对战略实施中存在的问题加以分析和优化,进而通过规划制定、实施和评估的联动来保障战略规划的成效。

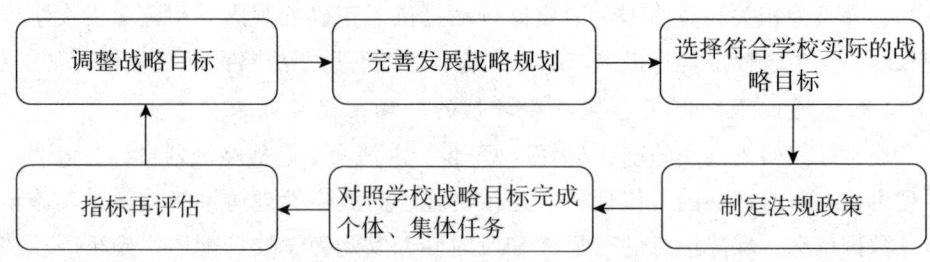

图 5-3 昆士兰大学的 KPI 框架
资料来源：作者根据昆士兰大学官网整理。

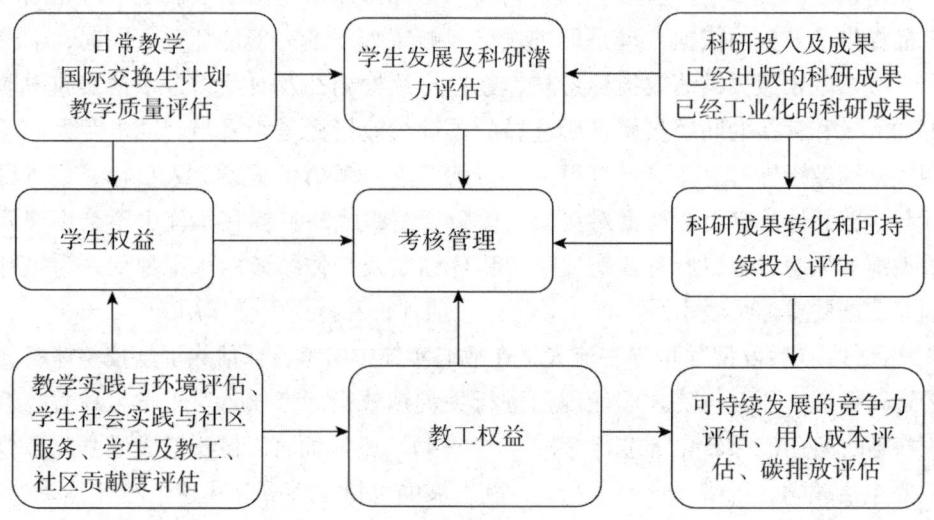

图 5-4 昆士兰大学的学院 KPI 考核体系
资料来源：作者根据昆士兰大学官网整理。

二、实施的战略理念

"后发型"世界一流大学在实施发展战略规划中，通常会将其置于大学生态系统中，为了提高生态位进行相应的战略设计，这就体现出一定的战略理念，这些理念对大学发展的方向和重点均会产生重大的影响。结合生态学理论综合考察研究发现，"后发型"世界一流大学发展战略理念主要表现为生态位共生战略、生态位协同战略等。

（一）生态位共生战略

与生物界的共生关系类似，大学的发展也存在相依性的关系，也称为共生关系。就"后发型"世界一流大学而言，生态位共生战略是通过加强大学之间合作的一种战略行为,来实现大学优势资源和核心竞争力的相互融合,从而实现增强大学群体的竞争力,也有助于单一的大学个体获取新的竞争优势。"后发型"世界一流大学通过加强合作办学或参与大学联盟,表现为生态位共生战略。例如,蒙纳什大学和昆士兰大学加入 G8 高校联盟,实现联盟高校的互帮互促,在澳大利亚和全球都保持了强大的竞争力。另外,蒙纳什大学通过加强国际合作办学来推进生态位共生战略。2012 年,蒙纳什大学与英国华威大学建立了"蒙纳什—华威"联盟①,汇集了两所顶尖的世界一流大学的力量,并实现了多种能力的互补,致力于共同解决面向 21 世纪的全球性挑战。蒙纳什大学与英国华威大学的"共生"体现为同质共生,表现为同类型、同层次大学间的互惠合作,从而避免互相竞争。"后发型"世界一流大学生态位共生战略的作用主要体现为,促进不同的大学在大学生态系统中找准各自的生态位,并形成互补而非对立的关系。"后发型"世界一流大学实施生态位共生战略,通常要对外部生态环境有准确的判断和系统的认识,把握合作群体的发展优势、演变规律,从而增进大学之间的相互合作,找到合作的利益契合点,避免与合作伙伴的直接对抗竞争,从而大力提高大学共生发展的新机会,拓展大学共生发展的生态空间,达到大学之间优势互补互促和资源共享共创的"双赢"效果。

(二)跨越式发展战略——生态位的非均衡性

在大学生态系统中,大学组织的进化发展体现为大学生态位的自主选择和适时跃迁,同时也是大学的基础生态位不断接近目标生态位的动态过程。在"后发型"世界一流大学的进化过程中,其生态位的变迁通常展现出一种非常规、非均衡的发展态势。通常来说,"后发型"世界一流大学生态位的非均衡发展体现为多个方面,一是在不同生态位、各维度之间呈现出不均衡的特点,不同生态位的竞争激烈程度存在显著区别;二是一些关键生态位维度的变化幅度不均衡,在一定的条件下,有可能实现生态位的重大突变等。"后发型"世界一流大学生态位的变迁一般表现为非规则性的跳跃,故而其发展出现非规律性的发展态势。对"后发型"世界一流大学而言,为实现大学的跨越式发展需要一定的资源基础优势,同时表现为采取建设动态稳定的生态网、打通高质量的生态流以确保大学生态位的良性发展,由此具备适时跃迁生态位的可能,这也有利于其出现正向的"多米诺"骨牌效应,从而发挥出后发优势。例如,新加坡国立大学和南洋理工大学早期的发展受经费、师资等生态位维度的限制,影响了其可持续发展。其后,在新加坡政府的推动下,实施"东方波士顿计划",致

---

① 关于我们 [EB/OL]. 蒙纳什大学官网, 2021-05-03.

力于将两校分别打造为可与哈佛大学和麻省理工学院比肩的世界一流大学,通过政策支持和财政拨款,为两校的发展带来了重大机遇。两校正是利用这一机遇弥补了生态位维度的发展劣势,并通过优化大学治理体系、引进顶尖的师资、加强国际化等扩大资源基础优势,采用"模仿—移植—创新"的战略思路,以充分发挥后发优势,从而实现两校的跨越式发展。

(三)差异化发展战略——生态位错位

在大学生态系统中,当两个及以上的高校出现对同一类资源的需求时,会为了相同的资源进行竞争,就容易出现生态位的重叠。由于空间和资源的限制,生态位重叠的两个及以上的高校由于对资源竞争激烈而难以实现和谐共存,故而就会有高校根据大学生态环境的激烈程度选择适时退出,进而实现生态位的调整,从而使生态位重叠的现象减轻或者消失。这一生态位的变化过程体现了生态位分离的原理,即当大学生态位处于分离的状态时,则几所大学之间的竞争关系便不再存在。基于此,"后发型"世界一流大学为了实现差异化发展,通常先厘清竞争者生态位的重叠程度和竞争优势,然后通过空间和资源的分离,将有限的资源分布到不同的空间或拆分为若干部分,从而实现在特定的生态位上空间和资源利用相分离。"后发型"世界一流大学正是考虑到生态位维度上的重叠和恶性竞争,采用差异化发展战略实现差异化发展,具体表现为:一是采用国际化分校建设实现空间和资源分离的生态位,例如,蒙纳什大学大力推进海外分校建设的战略思路,实现了空间生态位的分离,有利于在更广阔的生态空间中提升其竞争优势。二是在学科建设和办学重点领域采用资源整合、重点打造、聚焦优势等策略实现特色发展、错位发展,例如,鲁汶大学提出"专注于一些重要的行动方针,而不追求面面俱到",昆士兰大学提出"通过高质量、跨学科的全球合作,在能源、可持续性、水、健康、粮食安全和社会公平等具有国家和国际意义的关键领域建立全球声誉",由此避免出现生态位的重叠现象,也有利于在特定的学科及其他领域实现生态位跃升。

(四)协同发展战略——生态位进化

在大学生态系统中,往往会出现大学的发展受竞争加剧、资源束缚等的限制,从而出现大学与大学、大学与企业等协同的战略倾向。具体而言,一是大学与大学协同。"后发型"世界一流大学通常会在竞争中选择适合的生态位,加入大学联盟,并与同生态位层次的大学协同发展,有利于提升整个联盟大学的竞争力,进而保持大学联盟的相对稳定性。联盟大学在演化过程中通常会选择协同进化,其目的在于构建一种协同进化的机制,以价值提升为导向,实现联盟内各主体的价值共存、协同进化。例如,蒙纳什大学、昆士兰大学、慕尼黑工业大学等"后发型"世界一流大学为了促使在互利合作下的协同进化,通过加入大学联盟,促进联盟大学之间的互助,实现协调发展、合作共赢,也有利于大学联盟的协同发展。对协同进化中面临的竞争问题,"后发型"世界一流大学则采取各自寻找生态位分离的有效路径,如生态位的错位经营等,具体而言联盟大学的生态位可以根据大学所处的环境以及资源基础来适时调整生态位,从而促进联盟大学的协调发展以及可持续发展。而且大学联盟作为一种特殊类型的群落,通常也存在一定的生命周期,嵌套在联盟中的大学也存在生命周期。联盟大学只有在合作、协调、互补的基础上,适时调整和优化自身的生态位,才能构建一个可持续发展的联盟。

二是大学与企业协同。在"后发型"世界一流大学的实际进化过程中,面临激烈的竞争,由此触发大学产生前进的驱动力,每一所大学都在与竞争对手的竞争与合作中不断提升,从而实现逐步进化。在这个过程中,为了强化自身的资源优势,"后发型"世界一流大学在战略中通常体现为与企业等保持良好的伙伴关系、与企业开展合作研究、联合培养人才等,并借助企业实现研究成果的孵化和转移。例如,洛桑联邦理工学院提出,继续与当地企业建立强有力的研发合作伙伴关系,促进创业和风险投资生态系统的增长;索邦大学提出与企业联合构建高效的创新生态系统,开展跨学科研究。"后发型"世界一流大学与企业的协同发展战略,表现为大学与企业在合作中实现资源共享、供需对接,以此来互相促进、共同成长,其核心宗旨在于确保这一合作共同体的稳定和持续发展。简言之,协同发展战略的终极目标在于延长协同发展共同体的生命周期,这也预示了可以拓宽大学自身的生命周期,由此获得大学与大学、大学与企业等的和谐共存与可持续发展。

第四节 "后发型"世界一流大学发展战略规划实施的成效

"后发型"世界一流大学发展战略规划的实施是将大学发展战略规划的美好蓝图付诸实践的过程,在这个过程中,通过调动行动者个体参与战略实施的积极性,将一系列战略举措转化为集体行动,进而在最大程度上达成战略目标,对推动大学的发展发挥了积极作用。衡量"后发型"世界一流大学发展战略规划的有效性,关键在于评估其战略实施的成效,故而可以从大学整体维度和具体办学维度进行阐释。

一、大学整体的成效分析

"后发型"世界一流大学在战略规划制定过程中,为了保障战略规划实施的效果,通常会预先设立好相关的绩效指标,以指引战略规划实施按照预定的计划进行,进而避免发生方向的偏离。具体而言,以昆士兰大学为例,该校在制定《2018—2021战略规划》中,制定了衡量战略目标达成的标准,其指标体系主要包括四个关键维度,即教学、发现、参与、实现,从学校的整体出发对战略规划的具体实施成效进行评估。在战略实施过程中,昆士兰大学按照战略规划的绩效指标来指导战略实践(表5-5),以确保战略目标的顺利达成。为全面衡量战略规划的实施成效,昆士兰大学一方面依托校内机构进行自我评估,另一方面也委托校外第三方机构开展评估,这就为保障战略规划评估结果的公正性、科学性和客观性奠定了一定的基础。

表5-5 昆士兰大学《2018—2021战略规划》的成功衡量标准:关键绩效指标[①]

目标	衡量标准
毕业生就业结果的改善	昆士兰大学国内本科生毕业后4个月的正规化全日制毕业生就业率
	昆士兰大学国内课程研究生毕业后4个月的正规化全日制毕业生就业率
增加学生与外部合作伙伴的互动	参加工作综合学习(WIL)课程的课程学生百分比(临时指标)
学生全球参与度的提高	在就读学位期间具有国际交流或短期流动经验的、完成学业的本科生的百分比(临时指标)
学生满意度在全国前五名之内	在澳大利亚教育、技能和就业部的学生体验调查中,昆士兰大学的本科生对整个教育体验的整体质量感到满意
标准化引用的增加	昆士兰大学在8所大学中的类别标准化引用影响(CNCI)排名
	昆士兰大学在8所大学中的排名基于引用率在前10%以内的出版物比例

---

① 2020年度报告[EB/OL]. 昆士兰大学官网,2020-04-03.

续表

目标	衡量标准
在有影响力的大学排名中位列全球前65名	昆士兰大学在以下国际排名中的位置：世界大学学术排名、《泰晤士报》高等教育世界大学排名、QS世界大学排名、美国US news排名
在澳大利亚吸引工业研究收入方面排名第一	昆士兰大学因从工业领域吸引研究收入而跻身八大大学之列
在全国竞争力排名前三的大学	昆士兰大学在吸引国家竞争性拨款研究收入方面的国家地位
与外部国际或行业合著的出版物比例增加	昆士兰大学在8所大学中的排名基于与国际合著者发表的出版物的百分比
	昆士兰大学在8所大学中的排名基于与非学术合著者发表的出版物的百分比
改善内部合作	2021研究合作度量标准
	同意昆士兰大学各部门沟通良好的员工比例、同意昆士兰大学不同部门之间合作的员工比例
名誉	《泰晤士报》高等教育学术声誉调查——教学声誉投票
	《泰晤士报》高等教育学术声誉调查——研究声誉投票
慈善收入增长至5亿美元	如果慈善收入将增长至5亿美元，则与"不"运动保持一致
来自低社会经济、地区或偏远背景的学生比例增加	来自低社会经济背景的国内学生的百分比（基于他们的第一次地址——澳大利亚统计局：统计区域1级）
	来自偏远地区背景的国内学生的百分比（基于他们的第一次地址——澳大利亚统计地理标准）
昆士兰大学内土著或托雷斯海峡岛学生人数增加	昆士兰大学的国内学生中确定为原住民或托雷斯海峡岛民的比例与该州原住民或托雷斯海峡岛民的集中度之比
	确定为原住民或托雷斯海峡岛民的国内学生的成功率与其他国内学生的成功率
国际学生来源国多样性的改善	来自单一来源国家的昆士兰大学国际学生比例
在雅典娜天鹅宪章中获得机构奖	女性在10多名专业人员中的代表性
	D级学术人员和E级学术人员中女性的代表性

续表

目标	衡量标准
符合我们战略目标的可持续财务业绩	昆士兰大学息税折旧摊销前利润占收入的百分比
	昆士兰大学的法定会计结果
提高员工对大学宗旨的参与度和承诺	员工对声音调查中的激情/投入指数的反应

通过对比分析2010年至2020年大学排行榜的相关排名数据，8所"后发型"世界一流大学在世界大学排行榜的地位有了一定程度的上升（表5-6），且2018—2020年全部稳定在前100名之内，由此反映出8所"后发型"世界一流大学的竞争实力得到了一定程度的稳固和提升。例如，洛桑联邦理工学院在实施战略规划后，比较2014年和2020年的排名情况，从QS大学排行榜中第81名前进到第14名，跃进了前20名之列，从THE大学排行榜中的第98名进入第43名，实现了大幅跨越。南洋理工大学在实施《2020战略规划》后，比较2014年和2020年的排名情况，从QS大学排行榜中的第41名前进到第13名，从THE大学排行榜的第61名前进到第47名，从ARWU排行榜的第151~200前进到第91，实现了在三大排行榜上的大幅提升。昆士兰在实施《2014—2017战略规划》后，比较2014年和2018年的排名情况，发现其从ARWU排行榜的第85名前进到第55名，这就在一定程度上反映出战略规划的实施取得了较大成效。综上可知，8所"后发型"世界一流大学发展战略规划的制定和一系列的战略行动，切实发挥了后发优势，推动了学校整体办学实力的提升，实现了赶超的目标。

表5-6 "后发型"世界一流大学2014—2020年的排名情况统计

学校	排行榜	2014	2015	2016	2017	2018	2019	2020
新加坡国立大学	QS	22	12	12	15	11	11	11
	THE	25	26	24	22	23	25	25
	ARWU	101~150	101~150	83	91	96	67	80
南洋理工大学	QS	41	13	13	11	12	11	13
	THE	61	55	54	52	52	51	47
	ARWU	151~200	151~200	151~200	151~200	96	73	91
慕尼黑工业大学	QS	54	60	60	64	61	55	50
	THE	98	53	46	41	41	44	41
	ARWU	53	51	47	57	48	57	54

续表

学校	排行榜	2014	2015	2016	2017	2018	2019	2020
鲁汶大学	QS	82	82	79	71	81	80	84
	THE	55	35	40	47	47	45	45
	ARWU	96	90	93	90	86	85	97
昆士兰大学	QS	43	43	46	51	48	59	46
	THE	63	65	60	60	65	84	62
	ARWU	85	81	55	55	55	73	55
蒙纳什大学	QS	69	70	67	65	60	59	55
	THE	91	83	73	74	80	84	64
	ARWU	101~150	101~150	79	78	91	73	85
索邦大学	QS	-	-	-	-	75	72	83
	THE	-	-	-	-	73	80	87
	ARWU	-	-	-	-	36	44	39
洛桑联邦理工学院	QS	81	102	98	12	22	18	14
	THE	98	81	93	38	35	38	43
	ARWU	60	61	60	76	81	78	83

根据泰晤士高等教育世界大学排名、QS世界大学排名，软科世界大学排名官网的整理。

在学科建设上，"后发型"世界一流大学培植了一批有竞争力的特色学科，在若干学科领域取得了较大进步，进入了世界顶尖水平。以新加坡两所"后发型"世界一流大学为例，新加坡国立大学和南洋理工大学以世界顶尖学科水平为标杆整合学科资源、加强跨学科研究和合作，近五年来两校进入 THE 世界大学排名前 100 名的学科数量不断上升（表5-7）。由于发展历史和条件的差异，新加坡两所大学的特色学科亦不相同，南洋理工大学的学科优势集中于工程技术、教育、物理科学与商科等领域，新加坡国立大学则以物理科学、法律、社会科学、工程与技术等为发展优势，两校有针对性地彰显学科特色，将大学发展战略规划要素的优势发挥到极致，这是"后发型"世界一流大学迈向卓越的关键特征。两所学校在学科设置上做到有所取舍，充分发挥其优势，重点发展两校的优势学科，如工程技术、计算科学、物理科学。并且，两校在跨学科教育项目的实施中，使这些优势学科与医疗健康、社会科学等学科协同发展，从而引领新的突破，成为两校跨学科发展的一大显著优势。① 而对薄弱学科而言，两校进行适当整合和舍弃，并通过优势学科带动相近薄弱学科的发展，从而构建一批特色学科集群。在新一轮发展战略规划实施后，近两年新加坡国立大学的计算科学和法律，南洋理工大学的临床与健康、社会科学和心理学的国际影响力有了大幅提升。南洋理工大学和新加坡国立大学通过加强对优势学科的支持与持续投入，从原来的少数特色学科发展到相近学科的学科集群的整体提升，并促进教学、科研等质量的不断提升。

表5-7　2017—2021年新加坡国立大学、南洋理工大学在THE学科排名统计

学科领域	2017		2018		2019		2020		2021	
	新加坡国立大学	南洋理工大学	新加坡国立大学	南洋理工大学	新加坡国立大学	南洋理工大学	新加坡国立大学	南洋理工大学	新加坡国立大学	南洋理工大学
艺术与人文	48	-	30	126~150	32	101~125	35	101~125	27	126~150
商业与经济	13	58	16	78	17	65	14	52	14	58
临床与健康	31	-	28	126~150	26	126~150	19	101~125	18	101~125
计算科学	10	14	13	31	15	29	11	13	8	18
教育	-	-	27	-	-	46	-	39	-	37
工程技术	7	18	8	16	8	15	12	15	12	15
法律	-	-	30	-	21	-	15	-	12	-
生命科学	29	-	26	27	60	29	50	25	58
物理科学	18	44	16	42	18	43	19	41	18	40
心理学	-	-	55	-	52	126~150	45	101~125	57	101~125
社会科学	37	82	21	87	22	82	23	61	22	52

资料来源：根据2017—2021年THE官网世界一流学科排行榜整理。

二、具体维度的成效分析

"后发型"世界一流大学发展战略规划的内容编制主要围绕教学、研究、社会服务及国际化四个维度展开，故而从这四个具体维度出发来检视"后发型"世界一流大学发展战略规划实施成效。

---

① 南洋理工大学．愿景［EB/OL］．南洋理工大学官网，2021-01-09．

(一) 教学维度

对"后发型"世界一流大学而言，一流的教学和卓越的科研是相辅相成、互为促进的关系。"后发型"世界一流大学实施了一系列教学举措，如更新教学手段、改进教学设施、创新教学形式等，取得了显著成效。由 THE 排行榜的教学得分统计对比可以发现（表 5-8），慕尼黑工业大学和洛桑联邦理工学院在教学方面的进步最大，其他高校也有一定幅度的提升。

表 5-8 "后发型"世界一流大学在 THE 排行榜的教学得分统计

大学名称	2014	2015	2016	2017	2018	2019	2020
新加坡国立大学	72.0	71.7	76.7	77.4	77.3	76.8	75.9
南洋理工大学	43.9	48.4	50.6	49.5	55.4	57.6	57.1
鲁汶大学	53	59.9	57	54.2	56.9	58.7	58.7
慕尼黑工业大学	45.6	61	61	60.3	62.9	64.6	63.8
蒙纳什大学	43.7	48.3	49.5	47.4	46.1	47.3	52.9
昆士兰大学	45.8	49.2	49.7	47.6	47.3	49.3	54.3
洛桑联邦理工学院	54.7	61.3	62.9	58.8	66.5	66.6	74.1
索邦大学	—	—	—	—	63.2	62.3	63.2

资料来源：根据泰晤士高等教育世界大学排行榜整理。

以昆士兰大学为例，在《2011—2015 战略》实施后，2015 年昆士兰大学在研究生成绩方面达到优秀标准，且在 2015 年发布的《2016 年好大学指南》中，该校在学生需求、教职员工资格和就业方面获得了最高的五星评级。根据澳大利亚研究生就业机构 2015 年的调查显示，73%以上可从事全职工作的昆士兰大学学士学位毕业生在完成课程后四个月内都获得了全职工作，超过了全澳高校平均水平的 68.8%。此外，昆士兰大学非常注重教学质量，获得的澳大利亚教学奖总数位列澳大利亚高校首位。在杰出师资建设方面，2015 年，来自健康与康复科学学院的艾莉森·曼德卢西克（Allison Mandrusiak）博士是仅有的两个获 Universitas 21 教学优秀奖的全球获奖者之一，在推进跨专业和国际化教学方面做出了杰出贡献。2015 年，结合学生的需求，昆士兰大学的心理学院、传播与艺术学院和人类学学院开始大规模开放在线课程。昆士兰大学自 2014 年 3 月在 edX 上发布第一门课程以来，已经拥有来自 219 个国家的超过 64 万名注册用户，充分反映了昆士兰大学的教育质量受到了国际认可。在实施《2014—2017 战略规划》后，昆士兰大学教学声誉在 2019 年澳大利亚 G8 高校的排名统计中跃升为第4名（图5-5）。

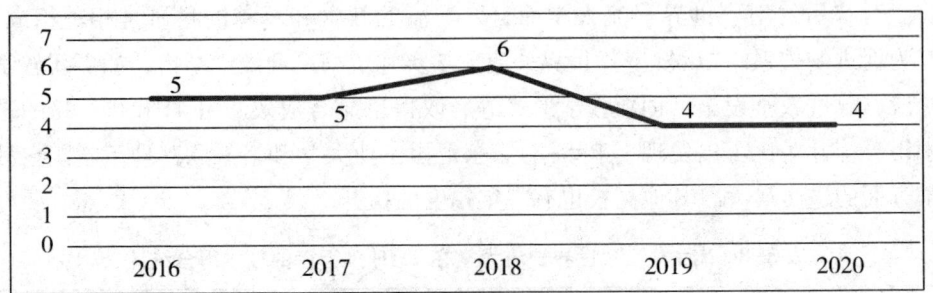

图5-5　昆士兰大学教学声誉在澳大利亚G8高校的排名统计。
资料来源：泰晤士高等教育学术声誉调查结果。

大学生对整个大学阶段教育体验的评价能够在相当大的程度上反映出教学相关战略实施的成效。由第三方机构对澳大利亚大学生教育体验的整体质量满意程度进行调查，结果显示昆士兰大学在全澳的排名自2014到2018年整体呈上升趋势，进到第7位（图5-6）。这也在一定程度上体现出昆士兰大学高效实施了学习战略，通过灵活整合和合作的学习环境，改变了学生的体验。

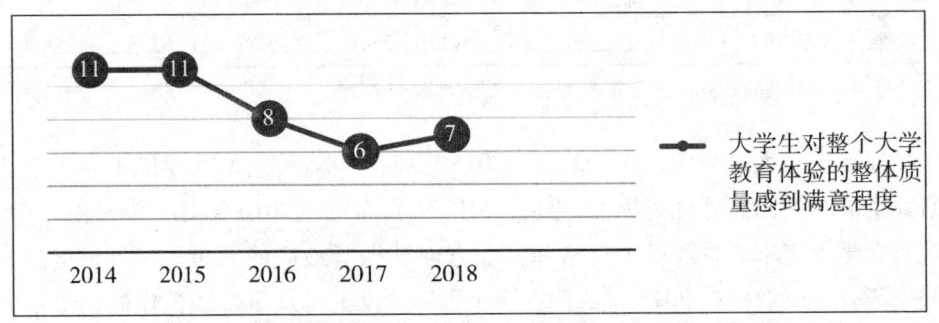

图5-6　昆士兰大学学生满意程度调查结果排名统计
资料来源：根据昆士兰大学官网整理。

另外，昆士兰大学2016—2019年毕业生就业情况的统计结果显示，其保持了较高的就业率（图5-7）。2020年，昆士兰大学卓越的教学在澳大利亚大学教学区获得认可，获得的奖项数位居第一。在昆士兰大学学者获得的8个奖项中，布莱克·麦基米教授、芭芭拉·马塞兰教授和马克·霍斯威尔教授被联合评为澳大利亚大学年度教师。① 受新冠疫情的影响，昆士兰大学的教学模式及时向在

---

① 2020年度报告［EB/OL］.昆士兰大学官网，2020-04-03.

线教学转变,使学校能够继续发展学生的知识和技能,并为他们未来的职业生涯做好准备。

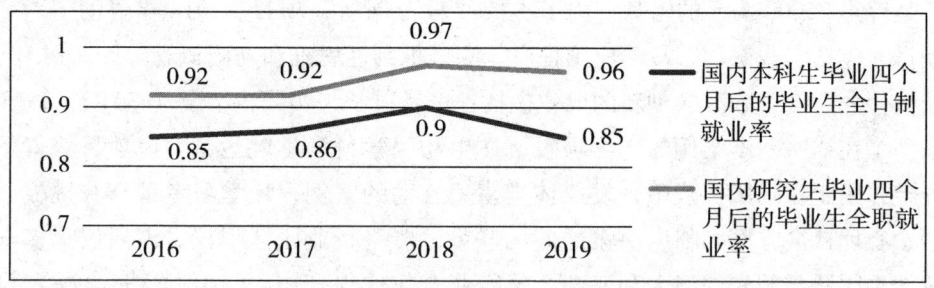

图 5-7　昆士兰大学毕业生就业结果的统计
资料来源:根据昆士兰大学官网整理。

对新加坡国立大学而言,在战略规划实施后,其在教学方面主要取得了如下成效:首先是加强了本科教育。一是学生可以设计自己的学习模块,选择他们想学什么、如何学以及向谁学,并作为他们课程的一部分。这将使他们有机会学习目前新加坡国立大学课程未涵盖的一系列领域,从行业领袖中选择教师或访问顶级大学的在线课程来追求个人兴趣。二是技术增强学习(TEL Imaginarium)。该项目于 2018 年 10 月推出,为学生提供了一个体验式学习的空间,提供了混合现实室、全息透镜和投影映射等技术增强工具。学生可以尝试虚拟现实设备,通过增强现实工具操纵虚拟物体,并了解无人机、机器人、3D 打印技术等,鼓励他们思考如何将这些设备应用于深度学习。三是创业型技术专业毕业生录取。新加坡国立大学在新计划中录取在接受理工教育期间表现出很强的理工素质和创业能力的有才华的毕业生,使这些学生能够从积极的行业伙伴关系和体验式创业教育中受益,其中包括新加坡国立大学海外学院项目和新加坡国立大学企业暑期项目。其次是培养为职业做好准备的大学生。一是实施全球导师计划。该计划由新加坡国立大学未来毕业生中心管理,旨在帮助对全球职业感兴趣的学生发展关键的就业技能。学生将与经过特别挑选的全球专业人士匹配并接受其指导,这些专业人士来自不同领域,包括咨询、技术、金融、非营利组织、工程和教育。二是职业规划的新应用。与领先的人工智能和大数据分析技术公司 JobTech 合作开发了新的职业规划应用程序 NUS career+,可指导学生进行教育规划和职业选择,确保学生获得所选职业所需的适当技能,并根据他们获得的技能推荐工作机会。

为提供卓越的学生体验,蒙纳什大学实施了广泛的学习和教学结构变革举措,以提供大规模高质量的教育。在学习与教学办公室的领导下,蒙纳什大学实施了以下倡议，以促进创新：一是表彰和奖励处于职业发展上升期员工的计划。二是为教育工作者提供原工作技能，以改进教学方法并展示新的视听技术。三是筹集75000美元的赠款，用于支持"教育创新"项目。2014年资助了六个项目，包括实践课程、教学应用程序、测试批判性思维和动画概念等。2014年，蒙纳什大学学习和教学创新的成效包括：一是科学与实践相结合（iSAP）。iSAP是一个在线、基于案例的学习项目，在生物医学科学学院运营。该项目获得了资金并用于在临床实践中开发媒体丰富、互动的案例，让学习者参与并挑战科学、心理社会方面和临床决策之间的联系。二是行业团队倡议。该倡议让多学科学生团队与领先的澳大利亚和全球行业合作伙伴合作。学生们通过合作和设计创新解决方案来解决当今商业世界中的实际问题，为他们提供对所选职业的宝贵见解，以及对未来有利的实践经验。另外，在澳联邦政府学习与教学办公室颁发的"对学生学习的杰出贡献"奖中，蒙纳什大学教职员工获得了四项奖励：商业与经济学院致力于通过支持公平、课程进步和职业成功的包容性教学实践，培养文化多样的学生成为有效的税务会计；工程学院在开发一套新颖的数字和物理教学环境方面发挥领导作用，促进大班环境中的互动学习；药学和药学科学学院创新学习设计，指导药学学生沟通技能的发展、评估和反馈，以提高其就业准备和实践能力；蒙纳什大学的教育项目对其课程进行了审查，以简化其本科课程设置，加强研究生课程设置，同时为学生提供广泛的选择，这些改进受到了学生和企业的好评。蒙纳什大学通过加强与Pearson的关系，并通过Future Learn平台进入大规模开放在线课程（MOOC）市场，增加了其在线教育的影响力。2014年，蒙纳什-皮尔逊联盟（Monash-Pearson Alliance）推出了三个学科的全额付费研究生课程——心理学硕士、卫生管理硕士和公共卫生硕士。① 这三个学科的五门课程在开设的第一年参加的学生约400名，并在2020年扩展到8个学科的20门课程，人数达3100人。2019年新冠病毒的出现加速了蒙纳什大学支持校园和在线学习的步伐，推出了在线教学网站，实施卓有成效的大规模在线教育，提供了7900多份个性化学习计划，以确保学习方式的变化不会降低学生体验的质量。②

由上述分析可知，"后发型"世界一流大学取得的教学成效并非完全表现为教学获奖增加、就业率的提升等方面，尤其体现在教学改革更加关注学生的发展、激发学生的自主性和创新性、拓展学生体验式学习的空间、提升学生的就

---

① 2014年度报告［EB/OL］.蒙纳什大学官网，2021-07-19.
② 2020年度报告［EB/OL］.蒙纳什大学官网，2021-07-19.

业技能和职业生涯规划水平、采用跨学科方式教学等，这些正是我国"双一流"高校有待提升之处。

(二) 科研维度

卓越的科学研究是提升"后发型"世界一流大学综合竞争力的核心要素，是促进"后发型"世界一流大学生态位跃迁的重要条件，也是促进"追赶型"国家创新发展的重要推力。"后发型"世界一流大学在发展战略规划付诸实施过程中，通过加大科研经费投入、引进顶尖的研究型人才、建立跨学科研究平台等，产生了一大批有价值的科研成果。通过比较 2014—2020 年"后发型"世界一流大学在 THE 排行榜的科研得分，发现鲁汶大学、南洋理工大学、慕尼黑工业大学、昆士兰大学等取得了极大进展（表 5-9）。

表 5-9 "后发型"世界一流大学在 THE 排行榜的科研得分统计

大学名称	2014	2015	2016	2017	2018	2019	2020
新加坡国立大学	78.1	84.5	86.9	88.2	88.8	90.4	75.9
南洋理工大学	43.9	61.3	60.2	63.0	65.8	70.4	57.1
鲁汶大学	53.0	76.9	73.7	70.9	70.4	73.9	74.4
慕尼黑工业大学	45.6	66	70.5	71.2	68.6	70.4	73.6
蒙纳什大学	54.4	59.1	57.4	55.4	53.7	56.6	61.7
昆士兰大学	45.8	62.8	60.4	59.4	57.4	58.7	61.0
洛桑联邦理工学院	56.9	67.5	66.1	66.8	66.5	66.3	66.7
索邦大学	—	—	—	—	53.1	50.6	54.5

资料来源：根据泰晤士世界大学排行榜整理。

以昆士兰大学为例，在《2011—2015 战略规划》实施后，2015 年昆士兰大学保持了澳大利亚顶尖研究密集型大学的良好声誉，并在第三次澳大利亚卓越研究（ERA）评估重审了昆士兰大学研究的卓越质量，在所有 22 个广泛研究领域和 97 个专门研究领域进行评估，昆士兰大学 95% 的广泛研究领域被评为高于或远高于世界标准。[①] 在《2016 年好大学指南》中，昆士兰大学获得了研究资助和研究强度方面的最高五星评级。在国际上，昆士兰大学的研究在质量和影响力方面均表现不凡，为时代发展的一些重大挑战提供了解决方案。截至 2015 年，昆士兰大学发明的拯救生命的 Gardasil 宫颈癌疫苗已获准在 120 多个国家使

---

① 2015 年度报告 [EB/OL]. 昆士兰大学官网，2020-04-03.

用，预计每年将拯救 25 万人的生命；三重积极育儿计划已经惠及 400 多万儿童及其家庭；世界上大型矿业公司已使用昆士兰大学地面探测矿山安全技术；世界上三分之二的磁共振成像（MRI）机器使用昆士兰大学图像校正技术。

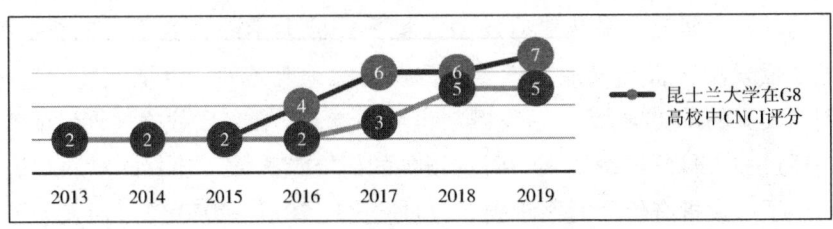

图 5-8　昆士兰大学类别标准化引用影响分数
资料来源：根据昆士兰大学官网整理。

近年来，昆士兰大学在战略规划实施后，其科研实力显著提升，在澳大利亚 G8 高校的标准化引用评分中（图 5-8），得分明显增加。2016 年，昆士兰大学在享有盛誉的自然指数中，再次位居榜首，该指数根据研究出版物的数量和质量对机构和国家进行评级。三重积极育儿计划已在 25 个国家使用，已从英语翻译成其他 19 种语言，被联合国列为世界第一育儿项目。享有盛誉的澳大利亚生物技术公司和强生创新产业卓越奖将 Therapeutics 公司评为年度澳大利亚公司。Therapeutics 公司是一家临床阶段的生物制药公司，成立于昆士兰大学分子生物科学研究所，开发用于治疗胃肠疾病（如炎症性肠病）的口服药物。昆士兰大学开发的无针纳米贴片技术已被用于成功交付灭活脊髓灰质炎病毒疫苗。这一突破是与世界卫生组织、美国疾病控制和预防中心以及疫苗技术公司 Vaxxas 合作完成的。昆士兰大学建立了一个由行业支持的 1000 万美元的生物制药计划，这为吸引世界一流的研究人员和研究带头人到昆士兰大学关键岗位任职、培养下一代科学家、增强昆士兰大学在制药领域的能力发挥了重要作用。从 2012—2016 年，昆士兰大学研究出版物与国际合著者的比例逐渐递增，获得的国际资金也逐年增加，工业收入、研究总收入均呈现良好的增长态势（表 5-10）。

表 5-10　昆士兰大学研究的关键绩效指标统计①

分类	2012	2013	2014	2015	2016
昆士兰大学研究出版物与国际合著者的比例（%）	46.9	47.1	49.1	52.1	—

---

① 2016 年度报告 [EB/OL].昆士兰大学官网，2021-07-03.

续表

分类	2012	2013	2014	2015	2016
完成更高学位的研究项目数量（个）	621	757	835	749	824
研究总收入（不包括联邦研究整体拨款）（百万美元）	368.0	381.8	377.3	385.0	381.6
工业收入（百万美元）	103.4	122.1	129.0	150.1	149.7
国际资金（百万美元）	30.4	29.1	36.6	49.9	55.9

为巩固其卓越研究的愿景，2018年蒙纳什大学继续吸引和培养高绩效的研究人员和研究生，并投资于基础设施支持。蒙纳什大学的22名研究人员被Clarivate Analytics评为高被引研究人员，是在他们所在领域世界范围内被引用次数最多的前1%的研究人员，这一成就使蒙纳什大学保持在全澳第三。① 蒙纳什大学在药理学和毒理学领域被高度引用的研究人员数量方面仍然位居全球第二。2020年，蒙纳什大学在澳大利亚和海外实现了强大的教育和获得了突破性的研究成果。该大学获得了大量的资助和奖励，包括澳大利亚研究委员会、国家卫生和医学研究委员会以及医学研究未来基金共2.59亿美元的资助，比2019年增加了900多万美元，处于澳大利亚高校资助金额第二高。在四所最负盛名的世界大学排名中，蒙纳什大学在其中三个排行榜的排名都有所上升，其中包括《美国新闻与世界报道》评选的全球最佳大学，蒙纳什大学排名上升了11位，位列全球第48位，首次跻身全球排名前50名。从维多利亚心脏研究所的成立和蒙纳什技术校区的持续发展，到印度尼西亚第一所外国校区的建立，该校的科研研究在造福当地和国外社区的使命方面取得了巨大进步。

对南洋理工大学而言，近年来卓越的科学研究高峰又取得了新的进展（图5-9）。2019年，南洋理工大学在Clarivate Analytics报告中关于标准化引用影响的分数在亚洲保持领先地位，33名南洋理工大学的科学家进入了Clarivate Analytics 2019年高被引研究人员名单，其连续两年位居新加坡高校的首位，这一成就也表征了南洋理工大学的学科和交叉学科在全球处于领先水平。在研究出版物方面，南洋理工大学教师在顶级国际权威期刊上的出版物数量在2016—2019年增加了两倍，在高影响力期刊上的出版物也增加了近一倍。南洋理工大学研究的有效性体现在如何在实验室之外继续应用以产生更大的利益。例如，南洋理工大学开发的一种抗菌化合物被用作可重复使用口罩的织物整理剂，由新加

---

① 2018年度报告［EB/OL］. 蒙纳什大学官网，2021-04-03.

坡政府在全国范围内推广。2019年，南洋理工大学的创新研究和成果商业化取得蓬勃发展，商业转化收入达到140万新元，并形成了23项创纪录创新产品。

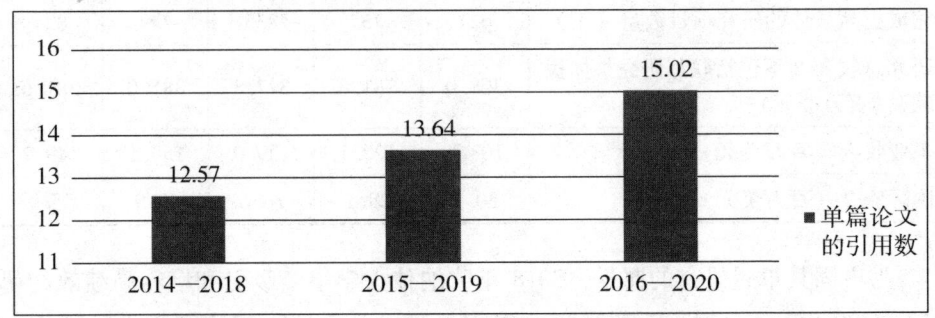

图5-9 南洋理工大学单篇论文的引用数（以五年为间隔）①

由上述的分析可知，"后发型"世界一流大学的卓越研究声誉并非完全表现为在各类大学排名中的进步，尤其是在科研成果转化及应用上创造了较大的国际影响力，并为全球人类的生存发展做出了贡献，这一点正是我国"双一流"高校的薄弱之处。

（三）社会服务维度

社会服务是"后发型"世界一流大学的一项重要职能，其社会服务具有创新导向、多主体协同、系统联动、网络拓展等特点，是由多主体、多要素、多渠道等相互作用形成的关系复杂的系统。②"后发型"世界一流大学在发展战略规划实施过程中，通过各种途径、采取各种举措参与社会服务，为社会发展贡献了巨大力量，也为其发展获得了一定的资金收益。通过比较2014—2020年"后发型"世界一流大学在THE排行榜的行业收入得分，发现慕尼黑工业大学自2015年以来持续保持在最高的行业收入水平，新加坡国立大学、昆士兰大学等也取得了较大进展，如表5-11所示。

表5-11 "后发型"世界一流大学在THE排行榜的行业收入得分统计

大学名称	2014	2015	2016	2017	2018	2019	2020
新加坡国立大学	53.4	49.8	61.3	61.9	67.6	58.8	77.8
南洋理工大学	100.0	99.9	93.5	94.0	83.1	76.5	83.2

---

① 事实与数据［EB/OL］.南洋理工大学官网，2021-04-03.
② 胡昌翠，石晓男.研究型大学何以高质量服务社会：对一流研究型大学社会服务关键要素的考察［J］.中国高教研究，2021（11）：75-82.

续表

大学名称	2014	2015	2016	2017	2018	2019	2020
鲁汶大学	99.9	100	99.8	99.9	99.9	99.3	97.2
慕尼黑工业大学	49.0	99.2	100.0	100.0	100.0	100.0	100.0
蒙纳什大学	73.4	82.5	76.0	71.5	74.1	67.2	73.9
昆士兰大学	66.2	76.7	70.6	76.2	70.3	80.9	81.0
洛桑联邦理工学院	61.9	65.4	69.8	76.0	69.1	66.4	73.3
索邦大学	—	—	—	—	39.0	38.4	36.9

根据泰晤士世界大学排行榜整理。

昆士兰大学与社会企业合作广泛，具体就拥有国际合著者出版物的百分比而言，昆士兰大学在2013—2018年G8高校中的排名持续上升；就拥有非学术合著者的出版物百分比而言，昆士兰大学在G8中的排名稳居第5（图5-10）。2015年，昆士兰大学接待了来自60个国家的外交领导人，展示了昆士兰大学的全球影响力，并为大使、高级专员和外交代表提供了一个会见昆士兰大学高级管理小组讨论全球合作的机会。昆士兰大学校友一直是大学知识领导力愿景的缩影，在这个愿景中，政府、法律、科学、体育、商业和艺术领域的领导者在世界各地发挥着重要作用。事实证明，昆士兰大学校友在文学和体育领域也取得了丰硕的成绩。

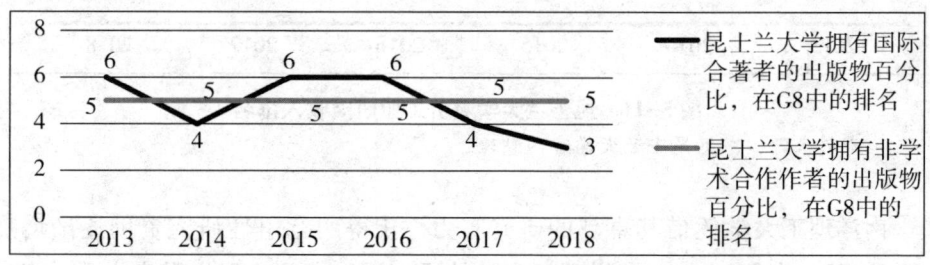

图5-10 昆士兰大学与外部合著者的出版物排名统计情况
资料来源：根据昆士兰大学官网整理。

另外，该校在与校友、行业和社区建立关系方面取得了成功，2015年的慈善事业筹集了6581万美元，创下了纪录，为学生、教学活动和研究提供了重要支持。2016年昆士兰大学启动了全球战略和伙伴关系种子资金计划，以及一系列广泛的国际举措，如国际会议、访问、伙伴关系和研讨会。与中学保持联络仍然是吸引学生选择昆士兰大学的一个关键战略特征，昆士兰大学针对中学开展了一些活动开放日、学校参观、学术项目、校园参观、教师和指导官员培训、学生辅导和实践体验日等。不仅如此，昆士兰大学与工业企业的合作研究带来了巨大的收益，在2013—2018年期间昆士兰大学在吸引工业研究收入的全国排名，长期稳定在1~2名（图5-11）。

对新加坡国立大学而言，在2018年收到了超过7.816亿美元的研究资金，是十年前的两倍，这为学校开展高水平的研究奠定了基础。据统计，新加坡国立大学2018年共计发表了超过1万篇研究论文。同时，还寻求深化与行业的合作，加强转化研究和研究对社会的影响，其中包括与世界顶级半导体和显示设备公司Applied Materials合作建立了第五个企业实验室，在先进材料工程领域实施R&D项目；其他著名的研究合作伙伴还包括Grab-NUS人工智能实验室，以及下一代港口建模和模拟卓越中心。为了鼓励研究成果的商业化，新加坡国立大学设立了研究生研究创新项目（GRIP），以支持博士生和研究人员的创新项目，并将其从实验室转化为市场；通过提供种子资金和经验丰富的商业导师，加速研究生和教师的研究成果转化为有前途的初创企业，GRIP已经承诺投资2500万美元，共同创建和投资了250家基于研究和深度技术的初创企业。

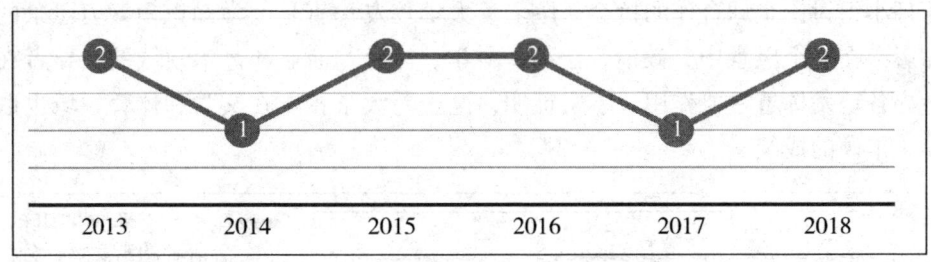

图5-11　昆士兰大学吸引工业研究收入排名
资料来源：根据昆士兰大学官网整理。

南洋理工大学凭借其卓越的研究实力，获得的竞争性研究资助逐渐增加（图5-12）。在2019年，南洋理工大学的研究资助达到了历史最高水平，超过了6.02亿新元的年度研究资助，主要行业合作包括在南洋理工大学建立第六个企业实验室——与Surbana Jurong合作投资3600万新元，提供更清洁的能源；从国家电网运营商SP Group获得2000万新元的资金，用于在该校建立一个联合实验室，利用人工智能和机器学习开发未来能源电网的解决方案；标普集团还出资1000万新元，为能源行业培养下一代专家；与新加坡大陆汽车公司和一家人工智能公司合作建立另一个企业实验室计划，研究医疗保健中的智能移动和人工智能算法，分别获得5000万新元和8800万新元的资金支持；与格芯

(Global Foundries Singapore）价值 1.2 亿新元的合作正在推进，用于研发智能系统的下一代嵌入式存储器。此外，还与国家医疗保健集团和国家神经科学研究所合作，在该校的医学院推出了新加坡第一个大脑银行——大脑和脊髓组织的研究资料库；由南洋理工大学医学院主办的人口健康科学中心被指定为世界卫生组织的第一个数字健康和教育合作中心。

图 5-12　南洋理工大学获得竞争性资助统计
资料来源：事实与数据［EB/OL］.南洋理工大学官网，2021-04-03.

通过以上分析表明，"后发型"世界一流大学在发展战略规划实施后在社会服务方面取得了显著成效，不仅表现为服务国内社会、企业等，而且表现为与国际企业、社会机构等的合作，显著提升了行业企业收入，也提升了其社会服务价值。

（四）国际化维度

"后发型"世界一流大学在发展战略规划实施过程中，以开放合作、多元并包、特色发展的国际化理念为指引，引领国际化办学实践向纵深方向发展，探索出了有院校特色的国际化实施路径；以政府支持、国际院校和企业组织支撑等多元力量耦合为基础，从积极参与国际合作、广泛招收留学生、实施学生环球游学计划、建设海外校区等方面推进富有成效的国际化行动，并取得了显著的成效。通过比较 2014—2020 年 "后发型" 世界一流大学在 THE 排行榜的国际化得分情况，发现洛桑联邦理工学院的国际化办学一直处于较高水平，鲁汶大学、蒙纳什大学、昆士兰大学等也取得了极大进展（表 5-12）。

表 5-12 "后发型"世界一流大学在 THE 排行榜的国际视野得分统计

学校名称	2014	2015	2016	2017	2018	2019	2020
新加坡国立大学	94.9	96.2	96	95.8	95.5	95.5	94.8
南洋理工大学	92.5	94.6	95.7	95.9	95.4	95.1	94
鲁汶大学	62.3	68.6	67.4	68.3	70.1	71.8	82.7
慕尼黑工业大学	64.0	63.8	66.6	66.8	70.5	72.9	74.4
蒙纳什大学	79.6	87.6	87.1	83.8	88.7	89.9	90.3
昆士兰大学	80.4	89.3	88.6	88.8	91.7	92.9	93
洛桑联邦理工学院	98.8	98.6	98.6	98.7	98.7	98.6	98.5
索邦大学	–	–	–	–	67.3	69.2	68.5

资料来源：根据泰晤士世界大学排行榜整理。

留学生的招生规模是"后发型"世界一流大学国际化水平的重要体现。昆士兰大学提供各类优惠政策，实施全球招生计划，致力于扩大招生规模。昆士兰大学在国际化战略的推动下，采取多种举措积极招收海外留学生，在2015—2020年实现了留学生招生人数的持续增加、比例持续增长，成为一个高度国际化的大学（表5-13）。为了深入推进国际化办学，昆士兰大学丰富办学形式、开拓办学渠道，实现办学资源的有效拓展。昆士兰大学的海外拓展计划得到了极大的加强和扩展，现已经在印度尼西亚雅加达和美国华盛顿特区等地成立了昆士兰大学办事处，在越南河内设有全球参与持续进修学院，以及位于智利圣地亚哥的可持续矿产研究所、国际卓越中心等，以促进与世界各地的大学、政府机构、企业网络和非政府组织的互动，并为该地区的校友提供支持。此外，昆士兰大学也不断丰富合作形式，与芬兰、意大利、法国、挪威和加拿大五所领先的商学院联合培养两年制的全球管理硕士研究生，除了联合办学、联合培养，还开展短期培训和举办学术论坛等。

表 5-13 昆士兰大学国际学生人数及比例

年度	国际学生（人数）	国际学生占比（%）
2015	12664	24.9
2016	13338	26.1
2017	15431	29.5
2018	18074	33.7

续表

年度	国际学生（人数）	国际学生占比（%）
2019	20213	36.5
2020	20382	37.1

资料来源：昆士兰大学. 学生数量［EB/OL］. 昆士兰大学大学官网，2021-04-13.

2015 年，昆士兰大学国际发展中心为巴布亚新几内亚的 20 名女性公务员开展了为期 5 周的密集型培训，在培训中大力培养学员的国际视野，收到了显著成效。①2016 年，昆士兰大学主办 UQ 拉丁美洲学术讨论会，反思过去昆士兰大学发起的伙伴关系和项目，探讨了澳大利亚与拉丁美洲之间的各种联系，并寻找如何增进昆士兰大学与拉丁美洲的合作；2018 年 4 月，在昆士兰大学举办的印尼研究论坛，为与印尼的合作以及探讨印尼的变革发展提供了思路。2019 年，来自尼泊尔的 21 位政治家参加了昆士兰大学国际发展中心举办的第 100 届南亚和西亚包容性治理有效减少灾害风险短期课程。该课程的重点是通过探索各种可行的办法来发展参与性灾害治理机制，有效提升了各级政府的治理能力。②2020 年，昆士兰大学国际发展部专门为来自非洲国家的参与者设计的"澳大利亚奖—非洲农业综合企业短期课程"，提供与农业综合企业有关的学习经验，以增强参与者应对和影响本国可持续经济发展挑战的能力。

为吸引更多学生来澳留学，蒙纳什大学提供了多种类别的奖学金，并开设了各种层次的预科班。据统计，蒙纳什大学为留学生提供的奖学金达到 200 多种，具体包括澳大利亚奖学金、蒙纳什奖学金、外部奖学金、全球教育奖学金计划四大类。为了更好地输出优质教学资源，蒙纳什大学在全球联合其他高校建立了 6 所校区，成为其走向国际化的最有效途径，在全球逐步扩大了影响力，也受到了更多学生和高校的关注。一是设立国际校区。为了将优质的教学资源输出，蒙纳什大学开始布局在海外建设国际校区（表 5-14），当前已在马来西亚和南非等国建立了校区，并推动跨校区合作开展科学研究、选修跨校区课程等，建立了在校生可以跨校区交流学习的机制。1998 年，蒙纳什大学在马来西亚创办分校时，采取与双威（Sunway）集团合作的模式，共享校园基础设施，并与双威大学结成联盟③，现该校区已有 8000 名左右学生遍布 70 个不同国家。

---

① 澳大利亚奖学金［EB/OL］. 昆士兰大学官网，2020-04-03.
② 昆士兰大学国际发展助力于改进灾害治理［EB/OL］. 昆士兰大学官网，2020-03-30.
③ HEALEY N M. Is Higher Education in Really "Internationalizing"? ［J］. High Education，2008（3）：333-355.

2012年，蒙纳什大学与中国东南大学建立了联合研究生院，以培养研究生为主，学科门类涉及商科、人文、工程等。目前，蒙纳什大学与全球100多所高校签订了互换交流生的协议，提高了在校生赴外留学的可选择性。通过灵活多样的办学方式，蒙纳什大学较好地拓展了办学资源。蒙纳什大学将海外分校建设提升至长远战略规划层面，海外分校既实现了办学资源的输出，也深化了与各国地方政府、院校间的伙伴关系。① 二是成立了驻外研究中心。该中心可以加强与国外高等教育机构的联系，为蒙纳什大学的在校生提供赴海外实习的机会，也设置了留学生的短期培训课程，可以帮助蒙纳什大学与外国政府建立良好的关系，深化高校间的合作研究，以及通过校企合作培养人才、研发技术等。

表5-14 蒙纳什大学的海外校区办学统计

分校名称	办学详情
中国蒙纳什苏州学院	2012年成立，由东南大学和蒙纳什大学联合培养研究生。2020年，招收了工程、信息技术等9个硕士专业的553名硕士研究生，以及11名博士研究生
印度理工学院蒙纳什研究院	成立于2008年，于2018年推出互惠博士项目，在蒙纳什大学学习三年，在印度理工学院学习一年
蒙纳什大学印度尼西亚校区	2021年开始提供硕士学位，教职员工招聘活动已经启动，四个硕士项目的宣传工作已经开始
马来西亚蒙纳什大学	蒙纳什大学和双威集团合资办学21年。截至2020年11月30日，共有9219名学生入学，其中27%为国际学生，73%为国内学生
蒙纳什大学普拉托中心	成立于2001年，每年蒙纳什大学10个学院中有7个教师在普拉托中心教授学术课程，而到普拉托学习的学生通常占蒙纳什大学从澳出国学习学生总数的五分之一左右
蒙纳什南非独立教育学院	于2019年获得蒙纳什南非校区的所有权，命名为IIE MSA，已得到南非监管机构的批准

资料来源：蒙纳什大学．蒙纳什大学2020年度报告[EB/OL]．蒙纳什大学官网，2021-02-04.

近年来，新加坡国立大学在国际化方面收到了显著的成效。一是，耶鲁—新加坡国立大学学院和新加坡国立大学计算机学院之间引入了三个新的工程专业和一个新的并行学位课程，增加了该大学丰富且全面的教育课程。二是，新

---

① 全球化：对海外校区持谨慎态度[EB/OL]．大学世界新闻网，2011-03-13.

加坡国立大学还在国际上扩展了研究网络,成立了新加坡国立大学(重庆)研究院和天津大学—新加坡国立大学福州联合研究所。三是新加坡国立大学海外学院的东南亚项目已经扩展到两个新城市——印度尼西亚的万隆和越南的胡志明市。新加坡国立大学独特的孵化器概念 BLOCK71、launchpad 和 network 已经拓展到印度尼西亚的日惹和万隆,旧金山、苏州、雅加达和新加坡一起共同构成了一个充满活力的 BLOCK71 网络,该孵化器网络促进了更大范围的信息交流,促进了初创企业和创新生态系统之间的融合式增长,并为新加坡初创企业带来更多进入国际市场的机会。①

由以上分析可知,"后发型"世界一流大学在国际化实施过程中,除了在留学生招生、国际合作研究等方面取得了十分显著的成效,而且在国际合作网络建设、国际海外校区建设、国际创业项目孵化等方面均有所突破,这就在很大程度上推动了这些学校的国际影响力。

---

① 2019 年度报告 [EB/OL].新加坡国立大官网,2020-01-20.

第六章

国外经验对完善我国"双一流"高校发展战略规划的启示

本研究在前述三个章节中从战略规划制定、规划文本释析、战略规划实施三个维度对国外"后发型"世界一流大学发展战略规划进行了深度剖析,发现其战略规划具有多方面的特征及经验。在战略制定方面,"后发型"世界一流大学发展战略规划有一套相对固定的组织机构及制定程序,有独特的价值取向和生态思维导向的制定逻辑。在规划文本方面,"后发型"世界一流大学遗传特征体现为使命、愿景和价值观相统一,教学、科研和社会服务互为支撑,突出学校发展优势和重点领域;其变异特征体现为战略目标的变异和结构体系的变异,结构体系趋于完整与合理规范,战略举措与战略目标的交织性变强;其变异的方向体现为对一流人才培养的探索、对卓越研究的追求、对服务社会的持久担当、对创新创业校园文化的打造和对更高水平国际化的追求。其演化的路径体现为:高度重视创新创业;扩大社会服务的范围和群体;注重包容性和多样性;加强校园文化建设;深化合作关系与合作网络建设;重视可持续发展。在战略实施方面,"后发型"世界一流大学发展战略规划特征体现为通过建立监控机制来推进战略顺利实施;通过战略实施来不断完善规划文本;通过教职工的广泛参与提高对战略规划的认同;通过规划制定、实施和评估的联动来保障效果。反观我国"双一流"高校发展战略规划的现状,正面临战略规划的特色彰显不足、缺乏对办学隐性因素的关照、战略实施监管乏力、后发优势发挥受阻等现实羁绊,与国外"后发型"世界一流大学存在显著的差距,故而有必要对"双一流"高校发展战略规划的现状及困境加以深入剖析,结合国外"后发型"世界一流大学发展战略规划的有益经验,从战略制定、规划文本、战略实施三个维度思考完善"双一流"高校发展战略规划的政策建议。

第一节 对我国"双一流"高校发展战略规划的检视与审思

在"双一流"建设方案实施后,我国"双一流"高校纷纷行动,制定了对应的发展战略规划,以回应高等教育强国建设的目标和要求,从而也推动大学自身的可持续发展。在"双一流"高校中,C9高校位居我国大学生态系统的最高生态位,具有相当的代表性。故而,以C9高校作为分析样本,以此对"双一流"高校发展战略规划进行深入研究,可从整体上把握"双一流"高校发展战略规划的基本概况,从而明晰其发展战略规划的特征及存在的困境。

一、我国"双一流"高校发展战略规划现状检视

(一)我国"双一流"高校发展战略规划制定的程序

整体来看,在我国"双一流"高校发展战略规划制定过程中,基本的程序如下:首先是在高校内设立对应的规划领导小组,对战略规划的制定做出部署和安排。其次,战略规划领导小组要求各个学院、部门设定对应的战略规划目标,加以统筹协调后,形成初步的战略规划文本。再次,战略规划初稿会通过座谈会等形式,征求相关教师以及专家的意见,加以修订后形成正式文本。具体以中国科学技术大学和北京大学为案例进行剖析可知,两校在制定战略规划时,均有一套规范的运作体系,具有专门的战略规划负责机构、领导小组,同时争取了广大师生的意见,最终经过了多次修订,才形成体系完善、结构完整、内容精炼的战略规划文本。

[案例1]

以中国科学技术大学(简称中科大)为例,该校的"十三五"发展规划遵照了战略制定的基本程序。2015年4月27日,中科大正式启动"十三五"改革发展规划的编制工作,成立了对应的领导小组和工作小组,明确了战略规划的编制原则,确立了战略规划体系的构成要素,划定了相关工作的进度安排。该校"十三五"发展规划分为总体规划、事业发展专项规划和学院级规划三部分。为了保障战略规划的科学性,规划编制秉持发扬民主、广泛参与的理念。10月7日以来,规划编制工作小组对校内各教学科研单位、各学术委员会、民主党派及无党派人士等进行调研,与400余人次师生代表、老领导、两院院士和各类委员沟通,收集了300多条意见、

建议，先后进行了20多轮较大修订，最终形成了相对完善的送审稿。2016年6月13日，该校举行教职工代表大会主席团会议，专题讨论并审议《中国科学技术大学"十三五"改革发展总体规划（送审稿）》（以下简称《总体规划》），教代会主席团会议审议通过《总体规划》。

[案例2]

以北京大学为例，为更好地加强规划的组织领导，增强规划与改革方案的衔接，保障规划实施的有效性和科学性，形成发挥集体智慧制定并实施规划的合力。自2015年11月起，北京大学发展规划部连续组织了六场座谈会，广泛收集和听取各方的修改意见和建议。六场座谈会具体如下：2015年11月27日下午，王杰副校长主持召开理工科院系以及理工科研、国内合作、信息化建设、保密、军工等相关部门负责人征求意见座谈会，13位理工科院系负责人、8位职能部门负责人出席会议。12月4日下午，吴志攀常务副校长主持召开中青年教师代表以及人事、离退休、工会教代会、校友和法律事务等相关部门负责人征求意见座谈会，11位中青年教师、7位职能部门负责人出席会议。12月11日下午，高松副校长主持召开人文社科院系以及本科、研究生教育、学科发展规划、继续教育、体育等相关部门负责人征求意见座谈会，19位人文社科院系负责人、7位职能部门负责人出席会议。12月24日下午，王仰麟副校长主持召开校园建设、后勤和安全生产相关部门征求意见座谈会，10位专家学者、19位职能部门负责人以及2位学生代表出席会议。12月25日上午，李岩松副校长主持召开海归学者、院系国际化分管负责同志以及国际合作、港澳台合作、档案校史等相关部门负责人征求意见座谈会，8位海外中青年教师代表、8位院系国际化事务负责人、4位职能部门负责人出席会议。2016年3月25日，党委副书记敖英芳主持召开党外人士代表征求意见座谈会，18位党外人士代表出席会议。在上述座谈会中征求了49位职能部门负责人、48位院系负责人以及教师、学生、党外人士代表共计136人的意见，在一定程度上表明了学校领导层对战略制定中各个利益群体的心声均颇为重视。与会者结合《北京大学"十三五"改革与发展规划纲要（2016年—2020年）》（征求意见稿）文本，针对"十三五"规划的内容展开了激烈讨论，并提出了许多可行性建议，其中150余条建议和意见被吸纳到"十三五"规划的文本中。

对以上两个案例的分析可知，首先，我国"双一流"高校"十三五"发展战略规划制定程序较"十一五""十二五"发展战略规划有了很大的改进，制定程序已较为科学化和规范化，且吸纳了部分教职工、师生参与，这种提倡民主参与的战略规划制定理念在一定程度上提升了战略规划的适用性与科学性。其次，学生代表参与战略规划制定的比例依然较低，这也反映出学生群体在战略决策中地位相对不高、话语权相对较弱，对战略决策的影响力不足。再次，在战略规划的座谈会中未提及行业企业的参与，事实上作为用人单位的行业企业等具有充分的发言权，它们对大学人才培养的要求与期待更值得从战略高度加以考虑。最后，我国"双一流"高校发展战略规划在战略制定中未邀请第三方咨询机构参与，这一方面是由于我国专门的校外教育咨询机构较少，另一方面是受我国高等教育管理体制的影响，在第三方咨询机构参与战略规划制定方面做出的探索尚显不足。

（二）我国"双一流"高校发展战略规划文本框架

通过对我国9所最高水平的"双一流"高校"十三五"战略规划文本进行剖析，发现这9所高校的战略规划文本框架有着一定的联系，也存在一定的差异（表6-1）。这些高校的战略规划文本都包括指导思想、战略思路、目标任务和保障措施，部分高校还有前期的发展回顾、发展环境分析等，由此可知代表我国最高水平的C9高校并非按照统一的文本框架来制定发展战略规划，其文本框架较以前的"十一五""十二五"战略规划文本而言显得更为完善，这也反映出对战略规划的重视有一定程度的提升。"双一流"高校发展战略规划均立足内外部环境分析，结合学校发展的实际做出具有战略性、引领性的制度性规划。深入探究"双一流"高校发展战略规划文本框架，发现其中存在的共性元素多，但个性特征少；规划文本篇幅长，但重心不突出；规划文本框架包含的内容多，但对规划实施标准以及战略评估等论述较少。

表6-1 C9高校战略规划文本框架统计

学校名称	分类
北京大学	1. 基本形势；2. 战略思路；3. 目标与任务；4. 实施保障
清华大学	1. 总论；2. 学科建设；3. 队伍建设；4. 人才培养；5. 科技创新；6. 社会服务；7. 文化建设；8. 全球战略；9. 党的建设；10. 支撑保障；11. 组织实施
复旦大学	1. 发展环境；2. 指导思想与主要目标；3. 主要任务；4. 深化综合改革，全面激发创新活力；5. 思想政治和组织保障
南京大学	1. "十二五"发展简要回顾；2. 机遇与挑战；3. 指导思想与总体思路；4. 总体目标与发展战略；5. 行动计划；6. 保障措施

续表

学校名称	分类
上海交通大学	1. 已有基础与优势；2. 主要不足与问题；3. 发展机遇与挑战；4. 战略目标与策略；5. 建设重点与方案；6. 保障举措与支撑；7. 组织推进与实施
西安交通大学	1. 历史回顾与发展环境；2. 谋篇布局与发展目标；3. 体制改革与机制创新；4. 人才培养与实践教学；5. 科学研究与基地建设；6. 学科布局与队伍建设；7. 国际合作与开放交流；8. 文化建设与社会服务；9. 校园建设与民生工程；10. 领导体制与实施保障
浙江大学	1. 基础与形势；2. 目标与思路；3. 建设与发展；4. 改革与保障 5. 组织与实施
哈尔滨工业大学	1. 发展目标；2. 发展思路；3. 主要建设任务；4. 重点建设项目
中国科技大学	1. 指导思想与目标；2. 建设任务；3. 改革任务；4. 预期成效；5. 组织保障

资料来源：根据 C9 高校官网整理。

（三）我国"双一流"高校发展战略规划的目标与理念

发展目标是引领大学发展的方向指引，是鼓舞斗志、凝聚力量、坚定信念、砥砺前行的动力之源。在"两个一百年"交汇的关键时刻，我国"双一流"高校确定了远大的发展目标，肩负起举旗定向、服务国家创新发展的重任，迈向战略迭代、跨越发展的新征程。远大的发展目标有利于提升战略思维，更好地引领我国建设"双一流"。通过对"双一流"高校的发展目标分析，可以发现其中的规律，培养人才、学科建设、师资建设等是发展的重点；学术、学科、学生、学者这"四学"是大学战略的重要元素。由此可知，"双一流"高校依然是以教学和科研为发展中心，同时，提升大学治理能力、参与国际合作等是"双一流"高校的重点内容。另外南京大学提出"彰显南大特色"的发展定位，复旦大学坚持"一流育人质量、一流学术成果、一流社会贡献"的发展思路，上海交通大学、西安交通大学等提出要实现"管理体制的转变、发展方式的转变"等转变思路，这对"双一流"高校的内涵式发展具有重要的战略意义。归结而言，"双一流"高校对发展目标的描述最大的特色是发展目标高远且有多个目标，对大学的师资、育人水平都提出了"一流"的标准，具有很好的概括性和针对性。"双一流"高校的工作重点包括人才培养、学科建设、师资建设、科研平台建设、大学治理、服务国家和地方等方面。

另外，"双一流"高校的发展目标呈现阶梯状特征，基本按照 2020 年、

2025年或2030年、2050年这三个时间节点来制定发展目标，这一方面体现出"双一流"高校的发展目标与我国高等教育现代化强国的目标相一致，即2030年，我国总体实现高等教育现代化目标；另一方面，也体现出与国家发展的目标相统一，即"两个一百年"的奋斗目标，到21世纪中叶，建成高等教育强国，也同步实现社会主义现代化强国目标。以复旦大学为例，复旦大学的总体发展目标是：2025年，整体进入世界一流大学行列。① 复旦大学的发展理念是：在"十三五"期间，要秉持"守训笃实、融合创新"的发展理念，全面深化综合改革，不断追求卓越，开创世界一流的育人水平，产出世界一流的科研成果，促进学校总体水平步入新台阶，综合办学指标和学术声誉达到世界一流水平，为国家和社会发展做出突出的贡献，在促进人类知识和文明的进步上发挥更大的作用。为推进"十三五"规划的顺利实施，需要认真落实大学的发展理念。"守训笃实"，是要通过制度等的建设，保证校训精神及"育人为本、学术为根"的优良传统贯彻到全校工作的始终及方方面面；通过作风建设，形成笃实学校文化；通过校风建设，保持良好的学术自由氛围。复旦大学还提出了形成一流的学术成果、一流的育人质量、一流的校园、一流的社会贡献、一流的师资等重点任务，既从整体上概括了重点内容，又从微观上阐释了实施标准。从"双一流"高校发展目标分析可知，"双一流"高校的发展目标和理念注重发扬自身的特色，尤其是"南大特色""复旦特质""第一大北大"等表述。就另外一个层面而言，"双一流"高校对学科的重视程度非常之高，学科交叉、学科融合的趋势日益加强。各校制定了总体发展目标后，还设置了相对具体的子目标，例如，南京大学提出"人才培养体系创新、队伍建设一流、科学研究转型、学科建设特色发展、基础支撑精神强校"五个方面的战略目标，便于将战略目标付诸实践。

（四）我国"双一流"高校发展战略规划文本演化检视

通过对我国"双一流"高校的"十二五"规划、"十三五"规划进行比较，可以探究我国"双一流"高校发展战略规划的演化规律，具体从演化特征及演化路径两个层面展开。

1. 演化的特征

第一，结构更趋合理。从规划文本的结构分析可知，我国"双一流"高校发展战略规划文本的结构更清晰、更合理，使环境分析、战略规划目标、战略

---

① 复旦大学. 复旦大学"十三五"规划纲要［EB/OL］. 复旦大学信息公开网，2017-10-23.

保障等一目了然。清华大学的"十三五"规划相较于"十二五"规划而言，人才培养、队伍建设、党的建设作为单列目录进入战略规划文本中，这也反映出对这三个方面的重视程度显著加强；西安交通大学"十三五"规划相较于"十二五"规划而言，框架结构有了较大调整，分类更清晰具体。上海交通大学的"十三五"规划相较于"十二五"规划而言规划文本结构有了一定变化，目录更加精简、清晰，增加了基础与优势，按照SWOT对其进行了战略环境分析，并在结构中增加了一项战略目标与策略，将改革重点变为建设重点与方案，使结构更加合理与完善。

第二，内容更趋完善。从规划文本的内容分析可知，我国"双一流"高校规划的内容更趋完善，包含了对内外部环境分析，机遇和挑战分析，战略规划目标、举措及保障等。清华大学在"十三五"发展规划中提出将国际合作上升为全球战略，并增加了构建国际化校园的目标；科技创新上，增加了加强国家智库建设；社会服务上，增加了学习型社会建设；组织实施上，增加了落实行动计划和发展路线图①，由此反映出清华大学的发展战略规划较之前有较大程度的变化。"双一流"高校规划文本在人才培养、科技创新和社会服务上均有一定程度的补充和完善，并且有了更高的发展格局，服务国家发展的领头作用更为突出，在国际上的影响力也有一定程度的提升。

第三，特色更加凸显。对规划文本分析可知，我国"双一流"高校的战略规划特色更加凸显，即战略规划中有关提法不再是互相模仿的结果，开始出现了一些新思想和个性化的发展理念。北京大学"十三五"规划相较于"十二五"规划而言，战略思路的原则与方针由"学术自由，大学自主；师生治学，民主管理；使命自觉，创新驱动；人文关怀，文化引领；精耕本土，融会全球"变为"使命自觉，创建自信；差距自省，奋斗自强；守正创新，提高质量；综合改革，依法治校"②，这就反映新一轮的战略规划突出了"自信、自省、自强"，有助于激发大学内在的发展动力；并且提出了依法治校，反映出大学治理的法治化意识。近年来，我国高等教育在全球的地位有了显著提升，这在一定程度上反映出以清华、北大为首的高水平大学已经在世界大学体系中广受认可。此外，南京大学、复旦大学、北京大学分别在规划文本中提到"南大特色""复旦特质""第一个北大"等表述，这也反映出我国"双一流"高校在战略规划

---

① 清华大学.清华大学事业发展"十三五"规划纲要［EB/OL］.清华大学官网，2017-12-30.

② 北京大学.北京大学"十三五"改革和发展规划纲要［EB/OL］北京大学政策法规研究室党委政策研究室，2017-07-18.

中更加强调特色,在发展理念和目标上有了更高的追求。

2. 演化的路径

通过对近年来"双一流"高校战略规划文本的剖析,发现我国"双一流"高校战略规划的演化呈现一定的特征,即战略规划文本较之前结构更加完善,分类更加清晰,内容更具针对性和战略性。同时,也可以发现"双一流"高校的"十三五"战略规划文本有了更加详细的世界一流大学建设计划,将世界一流大学建设与保持中国特色进行了较好的融合,为"双一流"建设的实施提供了明确的行动指南,并与国家的发展目标高度对接。具体而言,一是更加突出"创新、改革"等发展元素,"双一流"高校的"十三五"规划普遍比"十二五"规划的改革力度大,对加强学校内涵式发展、优化治理体系、提升内部治理能力的愿望更强烈,这也充分表明了它们为实现世界一流大学的目标展开了一系列探索,试图从"治理优化、质量提升、开放合作、变革进取"等实施战略举措,逐步实现世界一流大学目标。二是"双一流"高校"十三五"规划较"十二五"规划来说,具有更长远的发展战略眼光,对未来的发展目标和期待表述得更加清晰,深刻表达了对探索中国特色世界一流大学建设的"道路自信、理论自信",对引领中国高等教育发展方向具有强烈的使命感,为提振中国高等教育整体发展水平而发挥出应有的使命和担当将不懈努力。

二、我国"双一流"高校发展战略规划的特征

研究发现,我国"双一流"高校发展战略规划存在一些相似之处,一方面是战略规划有着共同的价值取向和指导方针,另一方面是战略制定、文本编制和战略实施等环节亦存在一定的共性特征。

(一)指导思想与国家的发展保持一致

指导思想是大学战略规划的制定过程均需遵循的核心思路与中心观念,贯穿于整个战略规划文本。通过分析我国"双一流"高校的战略规划文本可知,其战略规划制定的指导思想均与国家的发展保持一致,大学的发展规划与国家的发展规划亦高度契合,大学服务社会的意识显著。从我国"双一流"高校样本大学的战略规划文本可知,文本的前述部分均以服务国家和社会的发展为导向。例如,北京大学在《"十三五"发展规划》中提出以"五大发展理念"为指导,严格遵循党的教育方针和国家对教育发展的部署,为建设高等教育强国

做出应有贡献。① 此外，我国"双一流"高校在战略规划中，强调了为国家高质量发展做贡献和促进社会进步的使命担当，大力推动对拔尖创新型人才的培养，研发更多的原创性成果，服务于国家创新发展，并持续探索具有中国特色的世界一流大学建设之路。

（二）人才培养是大学战略规划的核心任务

21世纪的竞争是人才的竞争，提升人才竞争力最终还需要从教育入手，特别是提升高等教育的质量。在"双一流"高校的战略规划中，均提出把"人才培养"作为大学发展的核心任务，并贯穿于整个战略规划文本中，反复强调了其不可替代性，尤其提及重视本科教育，这也在一定程度上是对国家高等教育政策中回归办学大学初心发展导向的回应。统计发现，"人才"一词在复旦大学、西安交通大学和上海交通大学的"十三五"发展规划纲要中分别出现了75次、72次、83次。如复旦大学从首个战略任务中，就提出"落实立德树人任务，培养一流的人才"，并从提高生源质量、深化教育教学改革、加强创新创业教育、加强教学管理、提升学生原始创新能力、实践创新能力等多方面来实现其人才培养目标。② 由此可知，"双一流"高校为优化人才培养体系、提升人才培养质量进行了多方面的战略部署，也制定了相应的发展举措，凸显了以人才培养为核心的办学理念，这也是建设高等教育强国的内在要求。

（三）校领导是主要的战略决策者

从我国"双一流"高校的战略规划制定过程可知，党委书记和校长等校领导是战略规划的重要参与者和决策者。当前，党委领导下的校长负责制是我国高校的内部管理体制，对促进我国高校的良性发展发挥了关键性作用。首先，在战略规划过程中，通常由校长或党委书记牵头筹备战略规划领导小组，部署战略规划制定流程，并最终将战略规划付诸实施，具有较强的行政化色彩。通常，校长在发展战略规划的制定中发挥了核心作用，且一般情况下校长应具备较强的教育战略思维和战略眼光，体现为有独特的办学思想与思路，有较强的开拓精神和创新能力。事实上，我国"双一流"高校的校领导多为科研领域的专家，并非都具有较强的战略能力，且校长的任命具有一定行政化色彩，校长的专业化水准考察尚显不足。其次，校领导在制定战略决策中，体现出一定

---

① 北京大学. 北京大学"十三五"改革和发展规划纲要 [EB/OL]. 北京大学政策法规研究室党委政策研究室，2017-07-18.

② 复旦大学. 复旦大学"十三五"规划纲要 [EB/OL]. 复旦大学信息公开网，2017-10-23.

的大局观、全局观的意识,对学校的发展方向进行多维度思索与探讨,以对学校的发展运筹帷幄。对我国"双一流"高校的办学实际情况而言,校领导在战略规划的工作安排中,自上而下地推动战略规划,体现出较强的领导层意志,也体现了较强的执行能力,一方面能较好地应对上级行政部门的检查,另一方面也能在职能部门和学院层面推进战略规划,形成专项规划和学院规划等,能够推进和实施规划工作。然而,在战略规划的具体实施中,受校长的战略思维、办学理念和领导力等的影响,不同的"双一流"高校在战略实施中的监管强度、目标督导力度等具有显著的差异,故而产生的成效也有较大差别。

(四)广大师生成为战略规划制定的重要参与者

一般而言,"双一流"高校通过制定战略规划,可以在一定程度上增强师生的责任感,有利于培养他们的主人翁意识,有利于激发利益相关者在建设"双一流"高校的过程中齐心协力、携手共进,以形成巨大的发展合力。从我国"双一流"高校样本大学的战略规划文本制定中可知,民主意识和行动显著增强,即在战略规划制定过程中注重教师代表、校友、学生代表等群体的参与,把握了战略规划制定中多主体参与的必要性。例如,中国科技大学在颁布战略规划前,与400余人次师生代表、老领导等进行沟通,听取各方面意见达300条;北京大学在制定战略规划过程中,与中青年教师、无党派人士、学生等进行座谈,共将150余条建议和意见吸纳到战略规划文本中。

(五)规划内容存在较大相似性

全球化的推进对我国高等教育产生了剧烈的冲击,我国高校对办学特色、发展特色的认识逐渐深化。经过统计分析发现,我国"双一流"高校的规划文本在结构上大体相似,且内容缺乏特色的元素;部分高校在战略规划中虽提及"特色、特质",但在规划文本中未能充分体现。例如,复旦大学在《"十三五"发展规划纲要》中提及"复旦文化特质",但在规划文本中却缺乏详细解读,并且在规划文本的布局和内容要点的编制上与南京大学存在较多相似之处。在发展目标上均提出,"经过若干年发展,学校整体迈进世界一流大学行列,部分学科发展进入世界领先水平"。由此可发现制定这类目标,虽然可以在一定程度上引领大学的发展,却未能凸显其独特的定位和个性化发展的战略元素。另外,我国"双一流"高校发展战略规划的使命陈述高度相似,缺乏应有的差异性,使命陈述并未单独列出,且缺乏具体的使命指向。西安交通大学提出国家发展目标是学校的使命担当,"五大发展理念"是学校发展的行动指南。① 南京大学的发展规划文本提出"着力内涵发展,彰显南大特色",其使命是成为"第一大南大"、打造"南大特色"②,这一使命与其他高校有一定的区别,但是缺乏具体的表述和阐释,"第一大南大"的概念也并未加以详细说明。

(六) 战略实施中共性与个性并存

对我国"双一流"高校发展战略规划的实施来说,体现出一定的共性特征,由于各校的校情不同,也存在一定的个性特征。从共性特征来看,"双一流"高校通过颁布规划文本并实施战略规划,在引领大学发展、提升核心竞争力上发挥了关键作用。在规划文本的实施过程中,"双一流"高校将大学的办学宗旨落实到人才建设、科研创新等多个维度的战略行动中。从9所"双一流"高校的战略规划文本中可以发现,这些代表中国最高水平的大学正是通过其战略规划强调人才培养、科学研究和社会服务的重要性,也通过一系列具体的战略行动,如校企重点实验室建设、加大队伍建设力度、改革研究生培养模式等,以不断提升大学的综合办学质量。从个性特征来看,这9所大学各自的办学历程、办学文化均有独特的一面,在不同的时间段所处的发展阶段具有一定的差异性;加之各校面临的内外部发展环境存在一定的差异,发展目标虽大体相似,但战略举措却各有特色,识别发展机遇与应对发展挑战的能力存在显著的差距。因此,我国"双一流"高校在战略实施过程中,以清华大学、北京大学为首的第一方阵高校具有更多的资源优势,在顶尖人才的数量、科研经费的投入等方面远远领先于其他7所高校。上海交通大学在战略实施中,与国外世界一流大学的办学指标进行对比,查找差距、弥补劣势、扩大优势,实施了学科高峰打造、世界一流的师资建设、提升科技创新和服务能力、着力培育拔尖创新人才、开拓国际合作交流新格局等重大任务③,使战略规划在实施过程中取得了显著成效,产生了较强的国际影响力。相对而言,采取有个性特征的战略行动能促使高校在发展中避免生态位的高度重叠,灵活自主地发展创造并发现机遇。

---

① 西安交通大学. 图解西安交通大学"十三五"规划纲要 [EB/OL]. 西安交通大学官网, 2016-07-21.
② 南京大学. 学校发展规划(南京大学"十三五"规划) [EB/OL]. 南京大学信息公开网, 2016-07-15.
③ 上海交通大学. 上海交通大学"十三五"规划纲要 [EB/OL]. 上海交通大学官网, 2016-07-25.

三、我国"双一流"高校发展战略规划的问题审思

将我国C9高校的发展战略规划与国外"后发型"世界一流大学发展战略规划进行比较,发现我国C9高校发展战略规划体系尚不完善,尤其在战略制定、规划文本、战略实施等方面与国外"后发型"世界一流大学存在较大差异(表6-2)。通过比较得知,我国"双一流"高校发展战略规划存在的问题具体表现为战略规划制定机制不够完善,后发优势挖掘不足;规划文本中对使命和愿景的重视不足,文本特色彰显不充分,对办学隐性因素的关照不足;战略实施的行动合力较弱,监督环节有待进一步完善等。

表6-2 C9高校与国外"后发型"世界一流大学战略规划的比较

分类	C9高校	国外"后发型"世界一流大学
战略制定	战略制定的制度安排不完善,对后发优势和办学特色的挖掘不足	战略制定的制度安排较完善,充分挖掘后发优势和办学特色
规划文本	对愿景和使命的重视不足,对办学隐性因素的关照不足	高度重视愿景和使命,对办学隐性因素给予关照
战略实施	职责需进一步明确,战略行动合力较弱,监督环节有待改进	职责分工清晰,战略行动合力强,监督环节较完善

资料来源:作者整理。

(一)战略规划制定和支持机制尚不完善

结合我国"双一流"高校发展战略规划分析,发现战略规划的制定程序依然不尽合理,不能较好地实现民主参与,广泛征集意见。以校长和党委书记为核心的校领导是主要的战略规划制定主体,而在战略决策辅助和支持机制方面显得较为薄弱,学生以及校友等对战略规划的制定环节不熟悉,也难以真正地参与进去,故而不具备相应的建议权。此外,受我国高校行政体制的影响,"双一流"高校战略规划的内容更多地体现为高校领导层的想法,并未切实将公众参与这一环节提升至战略决策的高度。因此,"双一流"高校制定的战略规划,虽足以应对上级部门的检查,但是由于缺乏深厚的群众根基,未能在利益群体中形成广泛的共识,战略规划的系统性和协调性不足,往往会使得战略实施成效低于预期目标。通常,我国"双一流"高校在战略规划制定过程中,会按照举行战略规划研讨会议、规划意见的征求、规划文本的公示等相关流程进行,在这个过程中大多数公众参与形式往往局限于简单地"听""看",而不是"说""谈"。并且,公众参与者通常不能"事前参与",也未能做到"积极参

与",这就反映出参与环节存在一定的问题。在我国"双一流"高校战略规划制定过程中,以教师、学生和校友为主体的参与人员意愿不高,参与机会也较少,也就是说只有少数优秀的教职工代表能参与规划的制定。

另外,国外"后发型"世界一流大学战略决策制定往往会与校外咨询机构进行合作,这是由于校外机构能为制定大学战略规划提供针对性的问题预测,且能对战略决策项目进行实践论证。然而当前,我国"双一流"高校在战略规划制定中,相关的校外咨询机构参与不足,这也与我国的相关咨询机构较为缺乏存在一定的关系,且能帮助大学提供战略决策方案、调查分析战略决策执行效果的专门性机构较少。在战略决策的制定过程中,我国"双一流"高校内部的决策咨询机构,诸如高教所等发挥的功能也远远不足。通过对 C9 高校各校发展规划部门的职能定位进行比较(表 6-3),发现其发展规划部门除了完成制定发展规划、政策分析、数据分析、学校决策咨询等主营业务,南京大学、清华大学等规划部门还需要完成其他行政工作。一般而言,高校发展规划类机构理应参与决策咨询、制定发展规划、开展决策咨询研究等相关业务功能,应主要体现为服务于学校发展的决策制定、咨询和研究等支持功能。但整体来看,C9 高校的发展规划部门承担的决策支持和咨询作用更多体现在制定发展战略规划环节,即为大学的发展提供战略咨询、分析数据、规划发展等,而对战略制定过程、战略实施效果的评估追踪等方面的支持和研究则贡献不足。另外,各校的发展规划部门具有较强的大学行政系统的特征,如何保证战略决策的支持和决策咨询免受行政力量的干扰,如何保持决策的客观公正、科学合理均是当前战略规划工作中面临的难题。

表 6-3 C9 高校发展规划机构的职能定位

大学发展规划机构名称	工作职能					
	制定发展规划	进行数据分析	进行决策咨询	从事政策分析	实施院系评估	完成其他行政工作
北京大学发展规划部	√	×	√	√	√	√
清华大学发展规划处	√	×	×	×	×	√
复旦大学发展规划处	√	√	√	×	√	×
南京大学学科建设与发展规划办公室	√	×	√	×	√	√
中国科学技术大学发展规划处	√	√	√	×	√	√

续表

大学发展规划机构名称	工作职能					
	制定发展规划	进行数据分析	进行决策咨询	从事政策分析	实施院系评估	完成其他行政工作
哈尔滨工业大学发展规划处	√	√	√	√	×	√
西安交通大学学科规划与建设办公室	√	√	√	√	√	×
浙江大学发展规划处	√	-	-	-	-	-

资料来源：根据C9高校发展规划机构官方网站信息检索和整理，"-"表示未找到相关信息。

（二）对后发优势与办学特色的挖掘不足

相较而言，我国高校属于"后发型"大学，从先发大学的发展道路中学习先进的治校经验，引进老牌大学的师资、教学技术等资源，采取有效的举措实现快速发展，进而实现"弯道超车"，体现出后发优势。在建设创新型强国背景下，"双一流"建设是我国高等教育强国建设的重要一环，加强"双一流"高校发展战略规划对发挥我国高校后发优势显得尤其重要。结合我国"双一流"高校发展战略规划的分析，发现我国"双一流"高校在战略规划文本中并未较好地突出后发优势，也未深入挖掘办学特色。

首先，"双一流"高校的发展战略规划对后发优势的挖掘不足。例如，西安交通大学等"双一流"高校在《"十三五"规划》中虽然提及加强国际化合作，但并未提及如何加深与国际顶尖高校的合作，如何在国际化中凸显我国高校的优势，并且对于支持我国高校加入国际一流大学联盟的谋划也略显不足，故而难以在国际一流大学生态系统中获取有利的资源。同时，"双一流"高校对引进优质办学资源的规划还有待加强，战略规划中未明确提及如何将国际优质办学资源引进我国并结合我国国情加以创新改造，也未明确提及如何进一步提升我国高校中外合作办学水平、优势资源的整合能力来逐步缩小我国"双一流"大学与老牌世界一流大学的差距，在国际竞争中如何扩大我国"双一流"高校的国际品牌影响力也未受到充分关照。

其次，"双一流"高校在战略规划中对办学特色的挖掘依然不足。一是规划文本结构和形式的特色不突出。"双一流"高校战略规划的结构和形式虽然完整丰富，但真正有特色的部分占比过低，使得规划文本缺乏鲜明的特色。具体而言，"双一流"高校战略规划文本篇幅过长，从规划文本框架结构处着手分析，虽然分类很清晰，但重点却不突出，特色不鲜明。二是规划内容中的特色元素体现不足。虽然部分"双一流"高校在发展目标中提出了特色办学的思路，例如，南京大学虽然提出了"第一大南大"的设想，但在规划理念上却未能清晰地体现出发展特色，也未解释清楚"第一大南大"的核心内涵，如何发挥这一特色来建设"双一流"？三是，战略规划制定的理念存在一定偏误。部分"双一流"高校的发展目标过于追求"指标增长"的模式，而对提高大学社会声誉、增强社会服务能力等缺乏明确的路径指向，并且对引领未来社会发展、人类生存发展的国际战略全局性关照不足，这样将难以在现有基础生态位上实现较大幅度的跃迁。由此，这也就反映出我国"双一流"高校战略规划文本中的特色发展理念凸显不足，故而在战略实施中也难以产生根本性的发展优势。

（三）对愿景和使命的重视不足

大学的使命从宏观层面阐释了大学存在的价值，从微观层面阐释了大学存在的原因；大学的愿景是对大学理想模样的描绘。大学的使命和愿景是促进大学可持续发展的根基，也是发展战略目标制定的依据。研究发现，我国"双一流"高校在制定自身的发展战略规划时却对此重视不足，例如，西安交通大学在《"十三五"规划》中对"三步走"的发展目标进行了清晰的表述，但在规划文本中几乎没有对自身的使命和愿景进行阐述；浙江大学在《"十三五"规划》中提出了2020年、2035年、2050年三个关键节点的目标，也未对使命和愿景进行明确的阐述。结合我国"双一流"高校发展战略规划的分析，仅有个别院校提出了愿景和使命中的一个，大部分高校均未提及愿景和使命。由此可以发现，"双一流"高校发展战略规划中普遍存在忽视愿景和使命这一问题，这就容易致使整个战略规划的制定缺少关键的灵魂因素。

基于部分"双一流"高校提出的使命或愿景来分析，例如，上海交通大学提出的愿景是"综合性、研究型、国际化的世界一流大学"，但是相较于国外"后发型"世界一流大学而言，我国高校对发展愿景的提法还需优化。例如，新加坡国立大学的愿景是"引领世界，形塑未来"，昆士兰大学的愿景是"把我们的学生转变为改变游戏规则的毕业生，确保他们不仅准备好在自己选择的道路上取得成功，还将提供创造变革所需的领导力"。比较可知，我国"双一流"高校在战略规划中存在对愿景重视不足的问题，这也反映出对愿景的认识不完全、挖掘不深入，相关的阐述还不具体等问题，这样就容易使大学在谋求自身发展时难免会出现方向模糊不清的状况；除了阐述大学的层次性目标，还需表达大学对社会发展的功用及价值。另外，我国"双一流"高校对使命的认识还需完善，例如，西安交通大学在《"十三五"规划》中提出"扎根西部、服务国家、世界一流"的使命定位，但在规划文本的阐述中并未明确体现出扎根西部、服务国家的战略部署，也未提出服务国际社会的大视野和大格局，且使命的内容并未全面贯穿于战略规划文本中，故而在战略实施中难以较好地体现其引领性。由于使命和愿景是大学发展目标的重要体现，这也在一定程度上反映出我国"双一流"高校目标定位不明确的问题。因此，在充满未知、变化复杂的发展环境中，"双一流"高校的发展迫切需要由其使命、愿景和发展目标来共同指引大学的发展。

（四）对办学隐性因素的关照不足

结合我国"双一流"高校发展战略规划的分析，发现大部分高校对显性指标的关注较多，对办学隐性因素的关照不足。例如，对大学精神养成、校园环境的保护、弱势群体的关注、利益相关者的共识等在战略规划中体现不足，也缺少内在的关联性。首先，对办学特色文化挖掘不足。根据 C9 高校的战略规划分析结果发现，近一半的大学略微提及营造一流的大学文化，但未详细谈及如何培植中国特色的世界一流大学文化。以复旦大学为例，复旦大学在战略规划中提出"坚持复旦文化与特点"，但未明确地指明其文化特点是什么，以及如何将这种文化特色服务于"双一流"建设。其次，对大学利益相关者的共识关注不够。据调查显示，部分"双一流"高校的师生在学校发展战略规划实施过程中仍然不清楚学校的战略目标和内容，也不能完整地表达出自己应肩负何种使命与责任等，故而在行动中也无法与学校的战略规划进行很好的对接。由此可以表明，在我国"双一流"高校中，战略规划管理的思想未深入每个师生的学习工作，也未能引起校友和企业合作伙伴的共鸣，战略规划的共识和大学集体行动的融合度不够，也未形成和谐的战略规划文化氛围。再次，对大学发展生态的关注不够。相较而言，国外"后发型"世界一流大学在战略规划中对大学发展的可持续性、对校园环境的保护以及水资源等的利用、人与人之间的相处、弱势群体的保护等方面做出了具体部署和行动安排。例如，南洋理工大学在战略规划中制定了相关的校园环境可持续性目标，即"到 2026 年 3 月，南洋理工大学的能源使用量、用水量和废物产生量与 2011 年相比减少一半"。[①] 反观我国"双一流"高校，在战略规划中更多地将发展的重点集中于对资源的获取，对资源的高效利用和可持续性关注不足；同时，对大学发展生态的重视不足，这既包括校园环境的保护以及水资源等自然生态，也包括人与人之间的和谐相处、弱势群体的保护、大学组织生态等非自然生态，这些办学中的隐性因素在我国

---

① 南洋理工大学可持续发展历程［EB/OL］.南洋理工大学官网，2020-05-26.

"双一流"高校战略规划中未得以充分体现，这也反映出我国"双一流"高校战略规划还有较大完善和优化的空间。展望未来，我国"双一流"高校战略规划应更多关注办学中的隐性因素。

（五）职责不明且行动合力不足

一般而言，大学战略规划制定完成后，将战略规划落实落地才能发挥出应有的功效，还需要在战略实施中明确职责分工、凝聚行动合力。就当前我国"双一流"高校的战略规划而言，往往体现出目标定位高、实施过程动力不足、与目标的差距大等困境；同时，在战略规划实施环节，常常表现为职责分工不明确、凝聚力不足。尽管我国"双一流"高校对战略规划的制定工作十分重视，提出了远大的发展目标，但部分高校制定战略规划后并未完全将规划的内容付诸实施，其中就不乏一些高校是为了应对上级部门的检查，而对全面实施战略规划，指引学校高质量发展的目的性极其微小，这就与国外"后发型"世界一流大学把战略规划作为推动高校提升核心竞争力、扩大后发优势、促进利益相关者参与集体行动的重要工具具有显著的差异。一方面，我国"双一流"高校在战略实施中部分指标职责分工不明确，缺乏明确的负责单位和负责领导，任务落实中存在职责交叉、资源重复配置等问题，影响了战略举措和任务的落实效果。另一方面，我国"双一流"高校战略规划制定过程往往只是选取了少量的师生、校友、企业合作伙伴等参与战略规划制定，较大一部分高校师生、校友、企业合作伙伴等对战略规划制定既不关心也未参与，故而在高校战略规划实施过程中存在相当一部分高校教职工不了解、不支持的情形，部分校友、企业合作伙伴等参与的意愿不强烈，因而也未能积极参与到实施战略规划的行动中去。由以上可知，我国"双一流"高校战略规划的实施环节缺乏广泛的利益相关者的支持，也就无法调动利益相关主体的积极性来形成强大的战略行动合力，从而也在一定程度上影响了战略规划实施的成效。

（六）战略实施监督环节有待改进

整体而言，我国"双一流"高校在战略规划中虽然提出要开展多项战略行动，却并未对战略规划的监督工作给予高度关注，既缺乏全面的战略实施监督与反馈的制度性设计，也缺乏完善的监督机制及明确的监督举措，这就在一定程度上影响了高校战略规划的实施成效。良好的监督机制是保障战略规划高效实施的前提条件。然而，在对我国"双一流"高校的战略规划分析后发现其对规划实施监督的重要性把握还不足。例如，复旦大学在《"十三五"发展规划纲要》中对于战略实施监督环节的篇幅不足一百字，其中仅略微提及加强决策执行过程监控，及时对不适当的政策进行修正，而没有就战略实施中的监督人员和具体职责分工提出明确的要求,故而良好的监督机制尚未建立起来。西安交通大学在《"十三五"发展规划纲要》中最后一个章节较详细地论述了领导体制和保障机制,对构建战略规划保障体系做出了明确解释,仅简单提及"加强规划执行过程的监督",却未对监督的其他事宜做出说明。南京大学在保障措施方面提出要"加强党的建设、完善治理结构、统筹经费管理、弘扬南大精神"来保障战略规划实施,但对实施过程中的监督事宜未明确提及。由此可知,我国"双一流"高校在战略规划实施中还需进一步建立和完善监督机制。

第二节 完善我国"双一流"高校发展战略规划的对策建议

经过以上研究发现,以 C9 高校为代表的"双一流"高校对发展战略规划较为重视,战略规划的制定程序更加科学,同时规划文本结构更趋合理、内容更趋完善、特色更加凸显,战略规划实施成效也较为显著,这也反映出我国"双一流"高校正在逐步与世界一流的目标靠拢,在高等教育强国建设的征程上迈出了重要的一步。较"十一五""十二五"规划而言,我国"双一流"高校"十三五"战略规划已经有了较大进展,尽管如此,与国外"后发型"世界一流大学发展战略规划仍存在一定的差距。习近平总书记在清华大学考察时提出,"我们要建设的世界一流大学是中国特色社会主义的一流大学"①,这就要求我国建设世界一流大学要坚持中国特色不动摇,不能一味地模仿;要发挥中国特色社会主义的巨大优势,坚持"理论自信""道路自信",来加快推进"双一流"高校建设。因此,在"两个一百年"交汇的关键期,我国"双一流"高校要坚持"道路自信"来建设一流大学,也要结合中国国情来优化大学发展战略规划;不仅要合理吸收和借鉴在短期内实现跨越发展的"后发型"世界一流大学战略规划的成功经验,同时也要保持理性的思维模式,不能简单地移植国外"后发型"世界一流大学发展战略规划的实践经验,始终坚持结合中国国情、保持中国特色、开创中国一流大学道路这一理念,以此来不断完善我国"双一流"高校发展战略规划,服务于高等教育强国建设和"两个一百年"奋斗目标。

---

① 光明日报.牢记总书记嘱托,建设世界一流大学——高校师生热议习近平总书记在清华大学考察时的重要讲话[EB/OL].教育部官网,2021-04-21.

一、战略制定：体系塑造、程序完善与思维转换

当前，我国已经进入"十四五"规划时期，加强大学发展战略规划的重要性不容置疑。面临新的发展形势和发展机遇，我国"双一流"高校要加强战略规划分析，切实更新战略规划理念，将其发展战略规划置于世界一流大学生态系统中去考量，置于区域社会经济发展和国家发展的全局中去考量，置于服务全人类的生存发展和人类命运共同体建设的格局中去考量；坚持质量、创新、服务与贡献导向，在发展中增强贡献意识，在贡献中激活发展动力，扩大战略性资源优势，以发挥后发优势；坚持战略谋划，找准当前的基础生态位，瞄准目标生态位，从而通过一系列战略行动，实现生态位的跃迁。

（一）体系塑造：塑造大学发展战略规划新体系

当前，我国处于"双循环"新发展格局，高质量发展已成为我国各项事业发展的主线①，加快培育创新型经济，尤其是加强科技创新、产业创新和人才创新显得十分迫切。"双一流"高校扎根于中国大地办学，必然要担当推动科技创新和服务国家经济高质量发展的重要使命。② 故而我国"双一流"高校发展战略规划要根据这一形势做出系统性、长远性的战略部署。推动"双一流"建设的突破口在于制定符合自身发展要求的战略规划，用战略引领一流大学和一流学科建设。③ 在新发展阶段，我国"双一流"高校的战略规划要致力于提升大学的核心竞争力，积极参与国际竞争与合作，在国际大学联盟中占据一定的地位，发出"中国大学的声音"；同时要立足于中国大地、面向国家发展的需求办学，切实服务于经济社会的转型发展与创新发展。当前，我国高等教育已迈进普及化发展阶段，与此同时正面临着复杂多变的国际竞争环境，建设高质量高等教育体系迫在眉睫，提升质量和应对挑战是未来制定高校发展战略规划的关键词。故而，"双一流"高校要在新发展格局中抢占发展先机、提升发展优势，在实施国家创新发展战略进程中发挥科技引领、人才支撑作用，故而在战略规划的分析中应加强长期规划，对未来10年、20年、30年的大学发展进行长远谋划，形成短期规划与中长期规划相衔接的战略规划体系。在复杂的外部形势下，为保障我国"双一流"高校基业长青和可持续发展，各"双一流"高校的

---

① 刘国瑞. 新发展格局与高等教育高质量发展 [J]. 清华大学教育研究, 2021, 42（1）: 25-32.
② 马陆亭. 抓关键和补短板：新发展格局中的教育战略选择 [J]. 清华大学教育研究, 2021, 42（1）: 3-7.
③ 别敦荣. "双一流"建设与大学战略 [J]. 江苏高教, 2019（7）: 1-7.

发展战略规划要对内外部条件进行深入分析，以更长远的战略眼光来考虑新格局的发展，紧紧抓住新学科和专业、新领域和合作等的机遇。

就现实情况而言，我国"双一流"高校战略规划的制定环节时常会陷入惯性思维的怪圈，由惯性思维制定的战略规划体系通常较为固定，缺乏灵活性，具体表现为自上而下的执行体系、缺乏横向联通的支撑体系，故而需要将学校整体发展规划进行适度分解，进而出台专项规划与院系规划。专项规划是对总体规划在特定领域的细化，是对重点领域和关键方面进行的具体深入研究而制定的规划。在新发展格局下，我国"双一流"高校要塑造新的战略规划体系，重新思考并妥善处理好学校规划、专项规划与院系规划三者间的关系，使三者能较好地衔接起来，也能最大程度地发挥三者应有的价值。[①] 学校规划为大学的整体发展方向领航，为学校层面的发展问题进行预测并寻求破解之策是其关注重点；专项规划是针对部分职能部门而制定的，以推进重点领域的发展，侧重于为职能部门服务；院系规划致力于促进院系的发展，为院系发展可能会面临的问题和机遇提供方向指引，三者可以分别推进、独立施行，又互相影响、环环相扣。在三者的制定环节完成后，需要建立相应的调适机制，并保障三者的良好衔接，最大化地发挥互推效应。专项规划与院系规划应符合学校规划的总体要求，并与学校规划紧密对接，以保障对学校层面给予充足的资源支持与政策照顾；专项规划与院系规划之间尽管无直接联系，但也可深入挖掘出二者的利益共同点，并与学校规划共同构建大学发展战略规划体系。在战略规划体系的指引下，在学校层面谋划关乎全局的发展项目，给予职能部门与院系针对某些具体事务及领域一定的运作空间，鼓励职能部门和院系自谋出路，并激发其敢于创新、持续变革的活力。在新发展格局下，我国"双一流"高校要以制定完善的战略规划体系为抓手，提升大学内部治理能力，持续探索学校、职能部门与院系三者协同治理的良好模式，进而发挥我国"双一流"高校战略规划的巨大作用。

（二）程序完善：落实教职工等参与规划制定的程序

在现代大学的治理模式中，利益相关者参与大学治理得到了越来越多学者和专家的认同，其目标是建立一种多主体合作、协商共治的良好治理模式。具体在高校的办学中体现为，利益相关者能否较好地参与到高校的重大决策中。高校发展战略规划的制定对高校的办学定位、发展目标、实施保障等事项做出

[①] 陈廷柱．高校"十四五"规划如何走出惯性思维［N］．中国教育报，2021-11-08（5）．

重大决策，教职工、学生等作为强利益相关者①，理应参与到战略决策中，认真听取不同利益群体的意见和建议，这也是现代大学治理体系的核心要求。近年来，我国"双一流"高校在制定战略规划的过程中，开始注重听取专家、学者、社会人士等的意见，且一般在战略规划制定完成后向社会公开。然而，在具体实践中民主参与制定战略规划还有待加强，虽然高校从不同利益群体选出了部分代表参与制定大学战略规划的讨论，体现了参与战略决策过程的群体多元化，但是利益群体的参与难以深入进去，往往是浮于表面的形式，尚未发挥出民主参与的真正效能。故而，首先，我国"双一流"高校要畅通民主参与战略规划制定的程序，使利益相关群体能深入参与战略制定，并将公众参与这一环节提升至战略决策的高度，进而在利益群体中形成广泛的共识，有助于提升战略规划的系统性和协调性，进而显著提升战略规划的实施成效。其次，我国"双一流"高校在制定发展战略规划前期阶段，战略规划部门要对各类信息进行分类处理，用切实的数据做支撑，通过数据统计、数据公开等形式来加强与师生、校友等的交流，公开规划制定的过程，鼓励不同群体发表意见，对可行性建议进行分析和采纳，并做到对提出的意见进行实时跟踪和反馈，不断修改和完善战略规划。同时，要建立利益相关者参与战略规划的渠道与平台，创新利益相关者参与战略规划的机制，使大学的利益相关者从"被参与"转为"要参与"，从"幕后参与"转到"台前参与"，从而使战略规划的参与主体多元化。为保障战略规划制定的民主性，必须在规划制定的初期提倡公众参与、收集公众的意见和想法，否则难以实现从"弱参与"到"强参与"的提升。为确保公众处于战略规划讨论角色的中心，并对大学的发展和未来发表观点和建议，"双一流"高校必须给予他们充足的机会，从开始阶段就提倡公众参与，从而在一定程度上影响战略规划制定的过程和结果，从而有助于在战略规划实施中达成行动共识。再次，我国"双一流"高校在战略决策的制定过程中，可与大学外部的决策咨询机构合作，适当引入第三方教育咨询机构的参与，以此可以提升战略规划的科学性和合理性。除此之外，我国"双一流"高校需要加强大学内部的决策咨询机构建设，充分发挥高教所等机构对发展战略规划的决策咨询作用，以形成对战略规划部门功能的有效补充。

（三）思维转换：运用生态学思维完善战略规划

从长远视角出发，"双一流"建设的目标绝不是简单建设几所屹立于全球的

---

① 蒋凯，马万华，陈学飞. 应对国际化的挑战：大学战略规划与战略管理 [J]. 北京大学教育评论，2007（1）：47-53.

第六章 国外经验对完善我国"双一流"高校发展战略规划的启示

世界一流大学,而是要以此为契机打造有中国特色的世界一流大学生态系统,以这个生态系统为基础来培育更多有影响力的世界一流大学,故而要加强战略规划和战略布局。为更好地实现"双一流"建设目标,需要重塑"双一流"高校发展战略规划的理路,运用生态学思维来优化大学发展战略规划,具体需要从生态网、生态流和生态位三个维度出发。

1. 建设动态稳定的生态网,妥善处理好大学与利益群体的关系

当前,我国"双一流"高校在战略规划的制定中对大学生态网的关注不够,尤其体现在规划文本中对大学内部生态网的维护缺位以及对外部生态网的谋划乏力,主要表现在深化与政府、企业、师生、校友等的合作关系和网络的关照不足上,由此容易影响"双一流"高校发展的可持续性和在大学生态系统中所处的地位。为了更好地制定"双一流"高校战略规划,需要深入分析我国"双一流"高校所处的大学生态环境。大学生态环境不仅是大学赖以生存的基础,也是大学获取资源的重要场域;其中既包括大学内部的生态,也包括大学外部的生态,对大学价值的创造有深刻影响,且大学生态网依托于大学生态环境而存在。基于对大学内外部生态环境的全面分析,还需要对我国"双一流"高校的办学历史和办学文化有全面的了解和深刻的积淀,树立明确的发展愿景和使命,才能建设动态稳定的大学生态网,才能更好地把握大学发展规划与所处生态环境的平衡。同时,要深刻认识到"双一流"高校与所处生态环境的互动影响,制定战略时要把考虑的范围扩展到整个大学生态系统,尤其是在战略规划中考虑到利益相关者的利益,如政府、企业、师生、校友等,只有广泛凝聚共识,促进大学与利益相关者相向而行,才能在战略规划付诸实施中产生较强的行动效力。另外,要通过建设生态网来再造有利于"双一流"高校发展的生态系统,让"双一流"高校拥有更广阔的战略运作空间,这正是"双一流"高校在动态变化的环境中获得可持续发展的关键。

2. 打通高质量的生态流,保障生态流的良性循环

当前,我国"双一流"高校在战略规划的制定中,对生态流的关注尚显不足,对促进知识流、人才流、资金流和信息流等的合理流动缺乏明确的计划和行动方案。例如,在资金流方面,我国高校过多关注扩大办学经费的来源渠道及资金数额,却对资金的使用效率关注不足,对外输出的经济效益达不到预期;在人才流方面,过多关注于引进顶尖的学者和吸引优秀的学生,然而输出的毕业生质量却难以被社会广泛认可。在信息化、智能化高速发展的时代,大学发展的动力机制不断变化,为了促进"双一流"高校的可持续发展,其战略规划需要保持生态流稳定和变化的相对平衡。稳定是为了确保"双一流"高校战略

规划在制定过程中遵循基本的要素,而变化是要求其不断地更新和完善战略规划,以适应动态变化的外部环境。因此,"双一流"高校要在与所处生态环境的调适中打通高质量的生态流,促进知识流、人才流、资金流和信息流等的有序流动,具体而言是要形成良好的人才流入流出机制、完善的资金筹措机制、畅通的科研合作和成果转移机制、便捷高效的信息收集和处理机制等,以促进生态流为大学生态系统的运行提供源源不断的动力。另外,为了确保"双一流"高校高质量生态流的良性循环,在战略规划中需要妥善处理好内外部关系,即处理好大学与政府、大学与企业、大学与学院等的关系,这就需要通过整体谋划、系统考量,通过内外部资源的高效整合,促使更多优质的资源流入"双一流"高校,也为利益相关主体输出高质量的科研成果、人才等奠定基础。

3. 合理分化生态位,适时调整目标生态位

当前,我国"双一流"高校在战略规划的制定中,鲜有关注到"双一流"大学生态系统的发展,对生态位的态势、生态位的重叠等关注不足。例如,在第一轮"双一流"建设中,部分一流学科存在较大程度的重复建设,在第四轮学科评估中113个一流建设学科未进入A类,占24%;28所"双一流"高校的32个一流建设学科全部未进入A类,这就反映出学科生态位存在一定程度的重叠,且部分大学的学科生态位态势在下降。"双一流"建设是实现我国高等教育生态持续发展、整体实力提升的重要战略,从生态位出发对"双一流"高校战略规划进行分析有助于提升生态位的态势、减少生态位的重叠,有利于形成有中国特色的世界一流大学生态系统。首先,要全面加强"双一流"高校生态位的规划,将生态位的规划融入大学战略规划制定中,提升生态位的态势和避免生态位的重叠等,还需注重大学的动态发展与所处生态系统保持相对的稳定,充分考虑大学组织的稳定性和适应性特征,合理把握好基础生态位,在一轮又一轮的规划中适时调整目标生态位。其次,为了早日实现"双一流"建设目标,要结合我国"双一流"高校的演化特征,对我国"双一流"高校的环境要素信息有深刻理解和把握,清晰地认识高校自身所处生态位的特征,对实现生态位跃迁的要素进行综合考量,把握准确定位、错位发展、恰适宽度、合理分化和包容发展几大要义,适时整合内外部优质资源,并逐步集聚更多的竞争优势,如高影响力的论文、世界级奖项、高被引论文的作者等,以循序渐进地推动大学生态位的跃迁,进而促进我国从高等教育大国向高等教育强国的跨越。

(四)凸显优势:将后发劣势转变为后发优势

相较于老牌"先发型"大学,我国高校的发展起步较晚,属于"后发型"大学,不具备先发优势,故而将后发劣势转变为后发优势是当前一项重要的任

务。就我国"双一流"高校而言,后发优势的发挥仍显不足,这既有政治经济方面的原因,也有大学自身办学传统的因素。在高等教育强国建设背景下,我国"双一流"高校要加强自身办学文化的凝练,敢于创新、勇于突破传统的办学理念;加强与"先发型"大学的合作,通过不断强化国际合作、充分引进国外优质教育资源、积极加入国际大学战略联盟等来扩大我国"双一流"高校的战略性资源优势,在模仿和追逐中逐渐凝缩出自身的办学特色,不断强化后发优势;在软实力和硬实力上与国际高校对接,重视培养具有国际视野的创新型人才,使人才培养目标对接世界一流、人才培养过程对接世界一流、人才培养质量对接世界一流,从而在国际高等教育竞争中占据一席之地。另外,我国"双一流"高校要在坚守中国特色大学文化和精神的前提下锐意进取、改革创新,致力于开拓中国特色的一流大学建设道路;在发展战略规划制定上,要兼顾中国特色与世界一流的双重特征,把握正确的战略方向,与国家发展战略高度结合,切实解决国家创新发展的难点、重点问题,寻求更大程度地开放与合作,充分发挥出后发优势,进而逐步缩小我国"双一流"高校与世界一流大学的差距,以此展现中国特色"双一流"建设的独特价值。

一般而言,大学的发展优势包括学科优势、文化优势、资源优势等,而如何培育优势、发挥优势则是大学办学过程中需要全面考虑的一大问题。通常,我国高校习惯于将高水平的师资、国家级重点学科、一级学科博士点、产学研实验室等作为其发展优势,然而这样的优势是相对于较低生态位的高校而存在的,与同一生态位的高校相比可能仅仅体现为数量的优势,而非以优势促发展。与我国高校不同,国外"后发型"世界一流大学将优势体现在创新型项目和研究上,例如,昆士兰大学加强医学领域的发展水平,研发的拯救生命的宫颈癌疫苗已在130多个国家上市,超过1.87亿剂人乳头瘤病毒疫苗已在全球使用,这一研发水平是同类研究型大学无可比拟的;又如,新加坡国立大学在全球设立了7个海外创业中心,致力于奠定跨国创新创业文化的根基;再如,洛桑联邦理工学院和南洋理工大学经过不足50年的发展,在工程技术等领域位列世界顶尖水平,这些是相对于同一生态位的高校难以达到的优势,令同行难以望其项背的优势才能真正帮助大学提升竞争力、获得可持续发展。故而,对于我国"双一流"高校而言,在战略规划制定中一定要明确优势、突出优势并有扩大优势的计划,需要注意的是这种优势不是与较低生态位高校的对比,也不是体现为服务国家发展相关指标的达成度,而是源自高校自身独一无二的优势;这种优势能够对社会经济的发展产生重大的影响力,通过若干年的积累将这种优势升华,使其在短时间内无法被超越。在第二轮"双一流"建设背景下,我国

"双一流"高校要抓住发展的重要机遇期，切实将后发劣势转变为后发优势，通过打造独特的发展优势，来实现"双一流"高校的跨越式发展。

二、规划文本：价值引领、特色强化及文本调适

对"双一流"高校发展战略规划的整个制定环节而言，形成战略规划文本是最为关键的一步。编制科学的战略规划文本能为高校发展战略规划的实施提供明确的方向指导，故而其重要性不可替代。因此，"双一流"高校要提升战略规划文本的特色，并力保发挥出规划文本的实效和功用。

（一）价值引领：突显愿景和使命的引领作用

一般来说，大学"使命"描述了"要建设何种层次类型的大学，大学应怎样做，为社会和全人类做出怎样的贡献"的问题；"愿景"则是对"大学理想的样子"的阐述，建立在使命的基础上。愿景和使命往往能凸显一所大学的灵魂，也是在制定大学战略规划过程中首要关注的，因为这直接关系到战略规划能否成为全校学生、教职员工、校友等的精神支柱。大学愿景和使命在中外大学战略规划文本中的表述是存在显著差异的。从以上研究可知，我国"双一流"高校在战略规划中，通常没有明确提及愿景和使命，而是用办学定位和目标代替；并且对办学定位和目标的陈述，我国高校有较大的相似性，都以相对统一的"指导思想"来进行详细阐述，这样就存在文字累赘的问题，使命不清晰，办学定位的模式老套，语句陈述缺乏特色和个性化元素。与之不同的是，国外"后发型"世界一流大学的战略规划则一般体现为对使命和愿景的分开阐述，例如，昆士兰大学在其大学战略规划中明确提出"通过研究和教育，以及与政府、行业和社区合作，积极应对时代的挑战，以改善本地和全球的社区"的使命，和"把我们的学生转变为改变游戏规则的毕业生，确保他们不仅准备好在自己选择的道路上取得成功，还将提供创造变革所需的领导力"的愿景。南洋理工大学的愿景是"通过跨学科教育和研究培养领导者并产生社会影响"，其使命是"一所伟大的全球性大学，以科学和技术为基础"，另外还从研究、教育和社区建设几个方面提出了对使命的详细阐述。新加坡国立大学的使命是"成为研究人员、校友等的重要社区，以创新创业精神共创美好世界"，愿景是"引领世界，形塑未来"。由此可知，我国"双一流"高校需要尽快确立清晰宏大的大学使命和愿景，以此特色化地展示大学发展的方向和目标定位，将其作为全校师生、校友等利益相关者的精神支柱，有利于凝聚高校教职工和学生等的集体意识和集体归属感，更有利于展现大学独特的、与众不同的办学理念，这一点尤

其值得"双一流"高校加以借鉴并改进。

此外，国外"后发型"世界一流大学的使命通常不仅体现为学校自身发展所需要的内在使命，更会将使命升华到另一个层次，即体现出大学发展对推动时代进步和人类社会发展的外在使命。然而，我国"双一流"高校在制定战略规划时往往侧重于突出自身发展的内在使命，如清华大学在发展规划中提出力求"在2030年进入世界一流大学前列"①，对于建设一个怎样的清华大学以及如何推动国家发展和时代进步并没有明确地指出；北京大学的发展规划中提出要"办'世界第一个北大'"②，虽然北京大学在办学定位上具有了一定的特色化元素，但缺乏对"第一个北大"的特质进行说明，同时对办学使命并未表述清楚，而仅在战略举措中略微提及增强对社会发展的关注与为国家的发展做出应有贡献。因而，我国"双一流"高校要加强对外在大学愿景和使命的认识，在战略规划文本中对二者进行具体阐述，根据愿景和使命来确立大学办学的价值导向，并将大学愿景和使命的精髓贯穿于整个战略规划文本中。同时，在"双一流"高校战略规划实施过程中，还需要将大学的愿景和使命贯穿于一系列的战略行动中，促使相关利益群体围绕大学的愿景和使命达成共识，形成强大的战略实施合力，进而发挥出愿景和使命的引领作用。

（二）特色强化：凸显规划特色和打造特色学科

对"双一流"高校的长远发展而言，办学特色是立校之基、竞争之本，且特色化程度决定其核心竞争力的强弱。而"双一流"高校的核心竞争力要以资源基础为支撑，如果高校获取了大量的优质资源，其资源基础优势明显，便会体现为强核心竞争力，反之则为弱核心竞争力。资源基础具体包括学科建设、人才队伍、大学文化及外部资源等，在不同资源的协调作用下，将形成学校持续的、特色的竞争优势，主要体现为科学研究的高层次和前沿性，人才培养的高标准、高质量，社会服务的广泛性和影响力。因此，在"双一流"高校战略规划中，要优化规划文本的编制工作，进一步凸显规划文本内容的特色，从而有利于在战略行动中形成核心竞争力。另外，"双一流"高校核心竞争力的形成，关键在于通过制度创新，更好地发挥学校的资源基础优势，并将其转化为高校三大职能的能力。竞争力的获得需以特色化、差异化为前提，只有在战略规划中强化特色、突出差异，才能彰显大学与众不同的核心竞争力；同时，特

---

① 清华大学.清华大学事业发展"十三五"规划纲要［EB/OL］.清华大学官网，2017-12-30.

② 北京大学.北京大学"十三五"改革和发展规划纲要［EB/OL］.北京大学政策法规研究室党委政策研究室，2017-7-18.

色是核心竞争力不断挖掘并长期积淀的结果,正是在长期打造核心竞争力的过程中才逐步将特色提炼出来,从而使高校的特色更加凸显。故而,我国"双一流"高校要进一步优化战略规划文本,保持发扬已有的特色、培育新的特色,才能将自身的核心竞争力扩大,为学校的快速发展提供导引。

对我国"双一流"高校的当前发展情况而言,学科大而全的理念已经深入人心,并且已经拖累了整个学校的学科发展,积聚优势资源来发展特色学科的意识和行动效力不足。在"双一流"背景下,我国"双一流"高校要重新定位发展战略目标,立足已有的学科生态位优势,通过战略规划来争取更多的战略性资源,为实现生态位的跃迁提供基础条件。同时,在学科发展战略上要注重舍弃、不求大而全,以铸造精品、交叉融合为学科发展目标;要集中有限的资源打造少数几个优势学科、交叉学科和跨学科,形成可以相互支撑的学科群,还要注重与国际社会保持充分的联系,根据国际社会经济发展的需求对学科建设做出调整。尤其需要注意的是,我国"双一流"高校在战略规划中,要突出对未来引领人类发展和解决人类生存发展的前沿学科和技术的关注,通过培植相关支撑学科,加强学科集群建设,来打造前沿学科的"高峰"和"高原",并推动跨学科教育教学,面向社会现实发展问题开展跨学科研究,进而形成"双一流"建设的战略合力。

(三)完善文本:加强对办学隐性因素的关照

从以上研究中可以发现,在我国"双一流"高校中一些被忽视的要素却在国外"后发型"世界一流大学战略规划中被提及,例如,其对大学文化与精神、发展的可持续性、大学社区以及水资源等的利用、人与人之间的相处、性别平等、弱势群体的保护等方面做出了具体部署和行动安排。相对于教学和研究,其影响大学发展的隐性因素的重要性较低,但从世界一流大学建设的长远角度而言是极其关键且富有战略意义的。近年来,我国部分"双一流"高校在战略规划文本中虽提出中国特色的大学文化、办学精神等隐性因素,但对隐性因素的认识不全面、不系统,并且对这类因素的挖掘不够深入。由此可知,我国"双一流"高校对办学隐性因素的关照不足,这一方面是我国高等教育管理体制使然,大学自主办学的活力未能被很好地激发,办学文化和办学精神难以得到有效彰显;另一方面是高校自身做出的探索和尝试不足,缺乏类似于"后发型"世界一流大学的特色办学元素,因而也难以形成富有特色的办学文化和精神。

故而,为了促进我国"双一流"高校的可持续发展,并使其保持在大学生态系统中的较高地位,要加强对这些办学中的隐性因素的关注,以此来发挥战略规划的整体式、联动式作用。展望未来,我国"双一流"高校应在战略规划中强化办学的隐性元素，例如，大学精神养成、校园环境的保护、弱势群体的关注、利益相关者的共识等，增强战略规划内容的协调性和关联性。在大学文化方面，我国"双一流"高校要努力营造富有特色的一流大学文化，结合校情、国情、社情等，着力于培植具有中国特色的世界一流大学文化，这种文化不应是互相模仿的结果，而是源自大学发展的内在价值、观念等升华的结果。在利益相关者共识方面，在"双一流"高校发展战略规划制定过程中，要进一步增强利益相关者的参与意识，积极吸纳不同群体的意见，使企业、校友、师生等达成共识，对战略目标内容形成高度的认可，从而清晰地认识到各自应肩负的使命与责任等。另外需要把握的一点是，"双一流"高校建设不仅要致力于从论文发表、成果获奖等显性指标上提升，而且要关注到那些看似相对不重要的因素，如研究团队的稳定性、国际合作研究的贡献度等，这些因素一旦出现问题，就会对大学生态系统的平衡性和可持续性造成一定的影响，这一影响尽管不显著，但会阻碍我国"双一流"高校迈向世界一流大学的进程。因此，"双一流"高校发展战略规划应关注到那些影响大学发展的隐性因素，以此来提升战略规划的完整性和科学性。

（四）文本调适：注重文本制定与战略实施的调适

从现实情况出发，我国"双一流"高校战略规划文本制定与战略规划实施难以建立密切的联系，也无法形成相对完善的循环。在战略规划实施中，时常会出现高校规划文本与现实情况不匹配的问题，容易导致资源配置失当、战略目标发生漂移等问题。故而，我国"双一流"高校在战略实施中，要完善相关的实施机制，根据战略实施情况进行规划文本的再次评估，由战略规划领导小组审核通过后，对规划文本进行相应调整，使规划文本更好地与战略实施情况相匹配。同时，要建立战略规划实施协调小组，根据战略实施的具体情况对部分子规划的资源配置和目标定位进行适当调整，以应对外部复杂环境的变化带来的挑战。相较于国外"后发型"世界一流大学，我国"双一流"高校的战略规划在一定程度上是为了迎合一些上级部门的检查指标而制定的，虽然在战略规划实施中取得了相应的成就，但与大学自主谋发展、从内在本源出发而制定的战略规划存在本质上的差别。与之不同的是，国外"后发型"世界一流大学是为了真正实现卓越而制定战略规划，是关乎大学发展命运的战略部署，故而这类学校采取的一系列对应的战略行动所取得的成就是显著且有影响力的。我国"双一流"高校在战略规划文本编制过程中还需要打破常规思维的束缚，注重文本制定与战略实施结果的调适，寻求指向"真结果"的"真战略"。

在我国"双一流"高校战略规划的文本内容中，往往体现为"大而全"的特点，故而难以准确地抓住学校发展的关键和要点。事实上，这些要点并不一定要将其分类并划清界限，这是由于部分要点之间存在内在一致性。在战略规划的实施中，要确保发展要点与发展目标高度吻合，且能切实地指导战略实践。此外，在我国"双一流"高校战略规划中存在手段和结果不对等的现象，即指向结果的手段却并非产生结果的实质性手段。故而，在我国"双一流"高校制定战略规划，要考虑规划文本与战略实施的匹配度，深刻把握二者之间的关系，使规划文本能更好地指导战略实施。昆士兰大学在制定长期发展战略规划时，正是充分依据关键绩效指标，并根据实施情况进行指标的再评估，从而对战略目标做出调整。事实上，高校战略规划制定的关键就在于"挑重点，重实质"。例如，西安交通大学在《"十三五"战略规划》中总结了学校在"十二五"期间的成绩，"新增8个博士学位授权一级学科点，7个学科进入全国学科排名前10%，SCI论文发表数居全国高校前十位"等，并提出"位列全国第一的学科达到学科总数的10%"的目标。基于此，需要深入思考的是通过何种定量指标来全面评估学校的发展情况更为科学，显然学科进入全国学科排名前10%等这些指标能在一定程度上反映学校在办学过程中取得的成绩，但在评估指标的设计上并未与国际一流大学的标准有效对接，故而难以冲击世界一流水平。因此，我国"双一流"高校要尽快建立"战略实施—规划文本"的调适机制，打破为研究而研究、为教学而教学的习惯，需要尽快将研究、教学等目标提高到促进全人类社会发展的高度，突出以产生重大的基础性研究成果、培养全球领导者等为导向，这恰恰是"双一流"高校在战略规划文本编制中需要强化和完善的地方。

三、战略实施：执行强化、资源优化与行动监管

大学发展战略规划为大学的发展绘制了美好的蓝图，提供了明确的方向，然而如果不加以落实就失去了其价值。要贯彻落实大学发展战略规划，"双一流"高校需要加强战略管理，高效配置相应的人力、物力等资源，并保障大学系统中生态流的高质量流动。具体而言，要逐层分解战略目标，培育执行力文化；促进利益相关者达成集体共识，付诸集体行动，发挥行动合力；优化资源配置，加强资源利用管理，提升资源基础优势；建立一套完善的监督机制，将相关责任落实到部门和个人，保障战略实施成效。

（一）执行强化：逐层分解目标并培育执行力文化

对我国部分"双一流"高校而言，在战略规划制定完成后，由于规划目标没有进一步细化，使得部分的规划目标缺乏可操作性，最终失去了其应有价值。

而以蒙纳什大学为代表的"后发型"世界一流大学战略目标制定完成后，会将战略规划目标进行适度分解，并对各个部门、学院及个人的实施计划予以指导，由此避免了战略规划的"大而空"。就蒙纳什大学而言，该校总体战略规划及战略目标是在各个部门及学院初步战略规划目标的基础上形成的，这就为其学校战略规划实施奠定了良好的群众基础。同时，学校将战略规划目标逐步分解后，为各个部门以及学院都建立了单独的咨询委员会，以负责督促战略规划实施过程、考核目标的实现情况、调整或校正部分存在较大实现阻力的目标等；此外，咨询委员会还为战略规划实施提供技术指导，并对出现的复杂问题进行技术咨询、培训等。为确保我国"双一流"高校战略规划顺利落地实施，有必要进一步强化规划目标分解工作，形成"学校规划—部门学院规划—个人规划"三级体系，以此来保障战略规划目标的顺利达成。另外，在每个学院及部门的战略实施过程中，可配置相应的战略规划咨询小组，为战略实施提供技术咨询和指导，对关键个人的目标落实情况进行监督，并完善数据整理和信息反馈机制。具体到学院或者部门层面，在实施战略规划前还必须明确制定战略规划实施方案，包括规划实施中的人员配置、项目预算、考核标准等。

在"双一流"高校战略规划实施中，还需要培育执行力文化，这是由于执行力文化是大学可持续发展的重要保证。以新加坡两所大学为例，该校将教职工等战略执行者纳入大学战略规划的使命和愿景中，塑造了独特的执行力文化，形成了一个具有强凝聚力的执行组织，从而保障了战略执行力。在我国"双一流"高校战略规划的实施中，常常不能将学校的价值观内化于教职员工的思想及行为中去，也未能使他们对实现学校的发展目标产生高度的责任感和使命感。通常情况下，学校发展遭遇瓶颈时，员工表现出的负面情绪较多，缺乏作为主人翁去为学校的发展出谋划策的意识，也未能积极思考解决问题之策。这是由于当前我国的大学文化中缺乏浓厚的"执行力文化"，学校领导重战略规划而轻战略执行，对战略执行的投入不足、监管乏力，使得战略执行力被削弱。因此，我国"双一流"高校要形塑"注重行动、强化落实"的执行力文化氛围，首先是高校领导要有敢于担当、负责到底的行动领导力；其次要让教职工深层理解并认同执行力文化的内核，纠正他们的不担当意识，坚定不移地执行战略安排，以主人翁的担当意识、负责意识和坚定的信念去处理战略执行过程中遇到的各种问题，从而为"双一流"高校的可持续发展提供关键动力。

（二）集体行动：达成集体共识并付诸集体行动

与相关的利益群体达成战略共识在我国高校的战略规划中未充分体现，需要大学战略规划领导层重点关注。从国外"后发型"世界一流大学战略规划文本中可知，这些学校的最终发展目标是关注全人类社会发展的需求，推动全球的可持续发展。这一目标较好地兼顾了公共利益和个人利益，充分地体现了大学中个体的重要性和存在感，促使不同利益群体形成科学的、全面的利益观和统一的战略认知。对我国而言，在"双一流"高校发展战略规划实施前要充分考虑利益相关者的权益和利益诉求，既要考虑学术群体的利益，也要兼顾非学术群体的利益，从中找到契合点，努力实现共赢；同时从组织保障、制度设计等方面入手，激发利益相关者达成战略共识，提升他们参与集体行动的意愿和责任担当意识，并在战略实施中给予支持，进而使战略规划得以顺利付诸实施。

为了将我国"双一流"高校发展战略规划转变为现实，具体要从多方面入手促进利益相关者达成集体共识，并转化为目标理念一致的集体行动。一是要完善"双一流"高校战略规划统筹协调机构的职能。要加强战略规划组织保障，细化战略规划相关人员的工作职责，加强战略规划工作绩效考核，协调战略规划各个环节的正常运行，为"双一流"建设提供良好的组织支撑。同时，要围绕"双一流"重点建设项目优化保障机制，精准地配置各项资源，建立规范的战略规划实施制度，以突出标准性和灵活性。二是要完善"双一流"高校战略规划利益相关者的参与机制，增强行动效力。在战略规划制定和实施中要吸纳校友、社会组织及企业等主体的参与，并在规划文本中体现出对校友、社会组织及企业等的关照，进而才能吸引更多利益相关者的参与，从而不断提升企业及社会组织等的捐赠与合作意愿，不断增强校友的荣誉感和品牌宣传效力。三是"双一流"高校保障机制的建设不仅要关注战略规划中的各项显性指标和物质需求，也要关注一流大学的文化培育和人文关照。"双一流"建设目标最终能否达成与大学战略规划的制定和实施存在密切的联系，然而战略规划最终都是依靠人的思维和决策，故而有必要全面认识并重构"双一流"建设的文化理路，戒骄戒躁，除了显性指标，还要考虑隐藏在背后的因素，即调动人的主观能动性，从而形成"双一流"建设的强大合力。

（三）资源优化：优化资源配置并提升资源基础优势

资源基础是大学扩大竞争优势，获取异质资源，并得以发展壮大的关键要素。在"后发型"世界一流大学的发展战略规划中，通过优化战略资源配置来打造特色学科是建成世界一流大学的关键要素和有力支撑。"后发型"世界一流大学的发展与壮大，正是合理把握并实现了资源配置的最优化，在重点发展领域的遴选上把握了"需求—基础"的发展原理（图6-1），即对"强需求强基础"领域配置更多的资源，以支持其重点发展；对"强需求弱基础"的领域进行适当的资源投入，以培育支持新的竞争优势，对"弱需求弱基础"领域取消其资源投入，来大力支持重点发展和培育的领域。为了实现资源配置的最优化，南洋理工大学对一些竞争力不强的学科降低资源投入，以协调更多资源投入工程与技术、教育等特色学科的建设；新加坡国立大学大大削减了对弱势学科的投入，将更多的资源用于加强法律、计算科学等特色学科的建设，由此推动了两校多个强特色学科的发展，进而产生了较大的国际影响力。同时，两校以打造特色学科为重点，充分发挥强学科的辐射作用、促进学科交叉，推动学科集群的发展，由此来推动学校整体实力向世界一流大学靠拢。这就表明"后发型"世界一流大学通过优化学科资源配置，切实提升了学科资源基础优势。

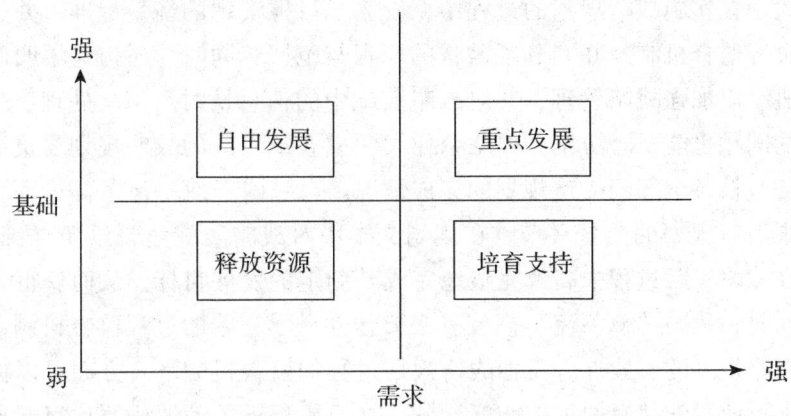

图6-1 大学发展战略"需求—基础"矩阵
资料来源：作者整理。

由此可以发现，科学合理的资源配置与高校战略规划实施成效呈高度相关关系。在我国"双一流"高校战略规划实施中，资源配置的精准化是我国"双一流"高校普遍需要加强的环节，相对于"加大资源投入"，在某些方面"减少资源投入"更难以做出抉择，故而要建立更为科学的资源分配机制，加强资源利用管理。同时，在战略实施中时常会因为资源配置的不足产生多部门"争抢资源"的现象，这就反映出资源预算和分配出现了与战略实施情况不符的一面。故而，我国"双一流"高校可借鉴"后发型"世界一流大学资源配置的可行做法，对资源投入进行全方位考量，一方面，要根据学校发展战略规划阶段性地配置相关资源，以实现优质资源的供需对接，提升资源利用效率；另一方面，要加强学校战略规划与战略实施中财务支出和其他资源投入的联动效应，以有效应对战略实施中资源配置的不可预测因素，有利于形成多部门之间相互协调的资源配置体系，从而增强大学对资源的管理和调控能力。此外，"双一流"高校要在战略规划实施中注重扩大战略性资源，把握"需求—基础"的发展原则，重点发展强基础强需求领域，同时围绕一流学科推动交叉学科和跨学科的发展，从打破学科组织边界、组建跨学科研究团队等入手，不断提升一流学科资源基础优势，从而为"双一流"高校跨越式发展奠定坚实基础。

（四）行动监管：建立过程监督机制并落实责任人负责制

一般而言，大学发展战略规划是否科学和高效均需要通过战略实践来检验，且将大学发展战略规划付诸实施是一项复杂系统的工程，如果在实施中缺乏相应的监督机制，就容易出现实施过程的动力不足、部门协作性弱等问题，从而无法保障战略实施取得理想的成效。与我国高校不同的是，国外"后发型"世界一流大学在实施战略规划的过程中，设立了目标实现的衡量标准，并建立了相应的过程监督机制，并划分了监督的职责与范围；同时，还构建了明确的战略监测机制以加强战略管理，并对战略实施中的信息及时反馈、处理，对战略实施中的问题也能及时协调。如蒙纳什大学成立了专门的战略规划委员会，用于监督与考核各个部门战略规划的完成情况。对我国"双一流"高校而言，要加强重视战略规划的监督环节，在规划文本中对战略实施监督给予详细说明，以确保在战略实践过程中高效完整地完成其制定的发展目标，从而获得理想的成效。同时，我国"双一流"高校有必要建立科学完善的过程监督机制，可显著提升战略规划的有效性。完善战略规划过程的监督机制，一方面可以促进组织和个人形成科学认真的工作态度，另一方面能积极主动地按照战略规划的要求付诸行动，同时完成相关任务的业绩要求。

一般情况下，我国"双一流"高校在战略规划制定完成后，对各项战略目标的实施并未明确相关的责任人，这就容易致使战略规划实施中出现互相推诿、扯皮等现象，且难以确保战略实施取得理想成效。从前述研究中可知，"双一流"高校在《"十三五"发展规划纲要》中对战略实施监督环节的篇幅不足一百字，其中仅简单指出加强决策执行过程监控，及时对不适当的政策进行修正，而没有就战略实施中的监督人员和具体职责分工提出明确的要求，故而良好的监督机制尚未建立起来。对比发现，国外"后发型"世界一流大学在规划实施中推行责任人负责制，并形成了规范化的运行机制，其有关经验较为成熟，可供我国"双一流"高校借鉴。鉴于此，我国"双一流"高校在战略规划制定环节，需充分考虑战略实施的操作性，按照战略目标建立对应的责任人负责制，以便加强战略规划的监督与落实。具体而言，我国"双一流"高校的二级学院和职能部门需要针对各个子目标设立相应的负责人，同时制定出实施的具体策略和行动方案，例如，人员配备、机构设置、资源分配、评估标准和方法等，以对战略规划的有效实施起到关键支撑作用，从而较好地实现战略规划目标。

此外，从学校层面出发，每一项战略目标的实施都要指定对应的人员来负责协调实施，同时明确相关战略负责人的职责，对负责领域目标实现的进度、存在的问题等进行及时反馈和处理，并按照战略规划的绩效指标对规划实施进行不定期的检查和监督，从而持续提升其战略实施成效。

第七章

研究结论与展望

"双一流"建设是我国高等教育强国、"两个一百年"奋斗目标的重要组成部分,完善"双一流"高校发展战略规划可为更好更快地实现"双一流"建设目标提供重要支撑。尽管较多学者对英美老牌世界一流大学的战略规划进行了研究,为我国"双一流"建设提供了发展思路,但鲜有学者关注到近年来在世界大学排行榜中上升较快的"后发型"世界一流大学,且关于这类学校发展战略规划的研究非常少。由于我国的高校基本属于"后发型"大学,故而对"后发型"世界一流大学发展战略规划的深入探索,有助于对我国"双一流"高校发展战略规划形成更加准确和全面的认识,从而加快"双一流"建设目标的顺利实现。

第一节 研究结论

整体而言,本研究以后发优势理论、战略管理理论、生态学理论、资源基础理论为理论基础,构建了"F-T-I""后发型"世界一流大学战略规划的分析框架。本研究通过比较 2010—2020 年在 QS、THE、ARWU 三大排行榜的前 100 名高校,遴选了八所"后发型"世界一流大学的样本,并按照"战略制定—文本释析—战略实施"三大部分展开,对这些"后发型"世界一流大学战略规划文本进行深度扫描,研究了"后发型"世界一流大学发展战略规划的价值向度、特征、制定逻辑等,探索了"后发型"世界一流大学发展战略规划的文本特征、演变规律、实施成效等,也对我国"双一流"高校发展战略规划的现状进行了深入剖析,在比较中发现我国"双一流"高校发展战略规划中存在的不足,并提出完善我国"双一流"高校发展战略规划的政策建议。本研究主要回答了如下问题:大学发展战略规划与"后发型"大学世界一流大学的发展存在何种联系?"后发型"世界一流大学发展战略规划的制定有何特征,其价值向度、原则与逻辑何在?"后发型"世界一流大学发展战略规划文本内容有何特征,演化规律是什么?"后发型"世界一流大学如何实施发展战略规划?"后发型"世界一流大学发展战略规划对我国"双一流"建设有何种借鉴意义?

第一,纵观高等教育发展的历史长河,一批老牌世界一流大学在悠久的办学历史积淀下,逐渐形成了独特的办学理念、深厚的办学文化、追求真理的办学精神、饱含学识的师资队伍等,进而逐步发展成享誉全球的世界一流大学。在信息技术快速发展和全球化的时代背景下,大学的师资、人才、组织等资源的获取渠道和方式发生了重要改变,这就产生了多种促进大学发展的新模式和新方法。作为世界一流大学的"新生命","后发型"世界一流大学并未选择与老牌世界一流大学相同的发展道路,其获得快速发展的根源在于其鲜明且个性化的办学理念和特色的发展战略。由于"后发型"世界一流大学在发展初期资源基础薄弱,在特色发展战略的指引下逐渐形成了以战略规划驱动大学发展的行动模式,生态位共生、协同发展、差异化发展、跨越式发展的战略理念促使这类大学发挥后发优势,实现了办学资源基础优势的大幅提升,从而实现了跨越式发展。这就表明,大学发展战略规划在一定程度上促进了"后发型"大学实现世界一流的目标。诚然,"后发型"世界一流大学在世界大学排行榜的快速进步并非单纯是发展战略规划作用的结果,其中也与大学治理能力、有雄心和魄力的大学校长的领导等关联紧密。值得注意的是,大学发展战略规划在帮助大学精准把握发展方向与目标、找准发展特色与优势、采取有力的战略举措、加强战略实施管理等方面发挥了极大作用,故而发展战略规划的制定与实施对促进"后发型"大学实现世界一流目标的作用是不容忽视的。

第二,相较于老牌世界一流大学,"后发型"世界一流大学作为世界一流大学的"新生力量",是"追赶型"国家致力于建设世界一流大学的结晶。并且,与老牌世界一流大学发展战略规划相比,"后发型"世界一流大学在发展战略规划中体现出更强的战略性,展现出"后来居上"的坚强信念,通过在短期内加强战略规划和战略管理,在战略行动中表现出更强的战略控制力,成功地获取更多的战略性资源,从而实现了战略赶超。"后发型"世界一流大学发展战略规划制定的原则包括目标定位精准、发展特色清晰、自主制定战略规划、注重成本与收益的平衡、重视大学精神文化等隐性因素。其价值取向包括为社会创新变革注入动力、为经济发展提供有力支撑、培育全球领导者、促进大学的可持续发展。"后发型"世界一流大学战略规划的制定逻辑可从生态网的规划、生态流的规划、生态位的规划三个层面剖析,在生态网层面,构建相对稳定的生态网、内外部发展相融合、获取利益相关者的支持;在生态流层面,保持生态流的持续循环、畅通多股生态流、生成高质量的生态流；在生态位层面，准确定位生态位、合理分化生态位、适时跃迁生态位。

第三，"后发型"世界一流大学之所以能实现"弯道超车"，最终实现跨越式发展的目标，其中一个关键要素在于特色鲜明且富有战略性、预测性、引领性的战略规划。为深入挖掘"后发型"世界一流大学发展战略规划文本特征，本研究运用质性文本分析软件 NVivo 11 对规划文本进行了深入考察，研究探索了"后发型"世界一流大学不同阶段战略规划文本的共性和个性、变化与延续性等特征。具体而言，通过考察"后发型"世界一流大学的使命与愿景，发现使命、愿景和价值观共同构成了"后发型"世界一流大学战略规划的战略理念。"后发型"世界一流大学战略规划目标定位清晰，引领大学突破发展限制，扩大资源基础优势，提升核心竞争力，进而发挥出后发优势。"后发型"世界一流大学战略规划演化可从遗传维度和变异维度来阐释。从遗传维度来看，其演化体现为使命、愿景和价值观相统一，教学、科研和社会服务互为支撑，突出学校发展优势和重点领域等特征；从变异维度来看，体现为战略目标的变异、结构体系的变异等。其演化路径包括重视创新创业、扩大社会服务的范围和群体、注重包容和开放、扩大合作网络、注重可持续性等方面。

第四，"后发型"世界一流大学通过发展战略规划擘画了大学发展的蓝图，而能否将这一蓝图实现则需要加强对战略实施的管理。在"后发型"世界一流大学战略规划文本制定完成后，将规划文本付诸行动的过程也需要遵循一套相应的步骤规范。其战略实施的步骤，一般是战略规划实施文件颁布，战略目标分解，组织结构调整，战略资源配置等。在其战略实施中，通常需要建立一定的保障机制，包括组织领导保障、政策体系保障、办学资源保障、校园文化保障。"后发型"世界一流大学战略实施的特征包括：通过建立监督机制来推进战略顺利实施；通过目标分解来落实战略任务；通过教职工的广泛参与提高对战略规划的认同；通过规划制定、实施和评估的联动来保障效果。在"后发型"世界一流大学发展战略规划实施后，其实施成效十分显著，从大学整体层面看来，"后发型"世界一流大学在世界大学排行榜的地位有了一定程度的上升，且在 2018—2020 年全部稳定在前 100 名之内，部分学科发展也取得了大幅提升，由此反映出这些大学的整体竞争实力得到了一定程度的稳固和提升；具体从教学、研究、社会服务、国际化四个维度进行剖析，发现不同的"后发型"世界一流大学取得了不同程度的进步。

第五，由于我国对高校发展战略规划的探索起步晚、经验较为缺乏，且我国高校发展战略规划的受重视程度不高，使得战略规划发挥的效力较为薄弱。

立足于我国"双一流"高校发展战略规划的概况,分析我国"双一流"高校发展战略规划制定的特点主要包括:以党和国家的发展重点为方针,以人才培养为根本宗旨,校领导是主要的决策者,民主意识和行动有所增强,规划内容存在相似性。我国"双一流"高校战略规划文本特征包括:指导思想高度统一、重视人才培养和学科建设、使命陈述高度相似、特色发展难显"特色"、实施和监督机制不明确。比较发现,我国"双一流"高校发展战略规划存在的困境包括:对愿景和使命的重视不足、对后发优势与办学特色的挖掘不足、规划制定程序与民主参与的困境、对办学隐性因素的关照不足、目标定位与战略实施相剥离的困境。

在中国特色社会主义的制度语境下,"双一流"建设的核心要求是建设有中国特色的一流大学,这就要求我国"双一流"建设要坚持中国特色不动摇,不能一味地模仿,要发挥中国特色社会主义的巨大优势,坚持道路自信和理论自信,加快推进"双一流"建设。因此,在"两个一百年"交汇的关键期,我国"双一流"高校要坚持"道路自信"来建设一流大学,也要结合中国特色的高校管理体制来完善大学发展战略规划;不仅要合理吸收和借鉴在短期内实现跨越式发展的"后发型"世界一流大学发展战略规划的成功经验,同时也要保持理性的思维模式,不能简单地移植国外"后发型"世界一流大学发展战略规划的实践经验。通过对国外"后发型"世界一流大学发展战略规划的归纳演绎,提出对我国制定"双一流"高校发展战略规划的启示,具体包括:优化战略规划制定理念、塑造大学发展战略规划新体系、落实教职工参与规划制定的程序、运用生态学思维完善战略规划、将后发劣势转变为后发优势、提升战略规划文本的功用、突显愿景和使命的精神引领作用、打造特色学科、注重文本制定与战略实施的调适、强化战略规划实施与过程管理、达成集体共识并付诸行动、优化战略实施资源配置、建立有效的过程监督机制、落实责任人负责制。

第二节 研究创新、不足及展望

一、研究创新

(一)本研究通过后发优势理论、生态学理论深刻剖析"后发型"世界一流大学这一特殊群体的发展战略规划,并从生态流、生态网、生态位三重维度阐明战略规划的制定逻辑,提出了"后发型"世界一流大学战略规划价值生成的根源和向度,揭示了这类大学通过制定和实施战略规划为后发优势的发挥提供了大学发展的生态空间,从而改进了该研究领域针对规划而论规划的定向思维模式,在一定程度上拓宽了大学战略规划的研究视角。

(二)本研究以战略管理理论为基础,结合案例研究法、文本分析法等深入剖析"后发型"世界一流大学发展战略规划文本的内容,在探寻"后发型"世界一流大学战略规划的共性和个性特征上有所突破,并从中发现了世界一流大学的发展战略规划与世界一流大学建设的高度关联性,从"后发型"世界一流大学发展战略规划经验层面演绎出相关启示,对优化我国高校发展战略规划编制工作具有重要的现实意义。

(三)本研究从动态变化的视角探究了"后发型"世界一流大学发展战略规划文本的演化机理,并从中探寻出其战略规划的演化特点和演化逻辑,在比较和归纳中挖掘出其战略规划文本中的遗传因子和变异因子,探索其战略规划变异的路径,弥补了当前从静态视角对世界一流大学战略规划文本研究的不足。

二、研究不足及展望

本研究根据2010—2020年QS、THE和ARWU三大世界大学排行榜遴选了八所国外"后发型"世界一流大学作为样本,深度考察了这几所大学发展战略规划的战略制定、规划文本、战略实施等,并探究了战略规划的演化特征及路径,归纳演绎出对我国"双一流"高校发展战略规划的有益经验。由于世界大学排行榜较多,且各个排行榜偏重的指标不一,不同的排行榜之间存在微小差异,最后得出的遴选结果尽管不能被所有学者认同,但也可以从中发现"后发型"世界一流大学发展战略规划的共性特征和发展趋势。受客观条件的限制,在从事研究的过程中,不能去国外样本大学进行实地调研,在一手资料的搜集环节上有待加强。在未来的研究中,作者将致力于通过田野调查法等研究方法来对"后发型"世界一流大学发展战略规划的制定及实施进行深度考证,以改进和优化本研究;同时,本研究对"后发型"世界一流大学战略规划评价略微涉及,期待在后续的研究中继续深化和加强。另外,就当前我国高等教育管理体制而言,还需要在"双一流"建设的实践中持续优化治理体系、提升治理能力,进而不断优化和完善我国"双一流"高校发展的战略规划。

参考文献

一、中文文献

(一) 专著

[1] 程永波,李雪飞. 嬗变与发展:美国研究型大学战略规划研究 [M]. 北京:科学出版社,2016.

[2] 戴建兵,蔡辰梅. 大学文化研究 [M]. 北京:中国农业出版社,2012.

[3] 干勇,钟志华. 产业技术创新支撑体系的理论研究 [M]. 北京:经济管理出版社,2016.

[4] 李爱民. 大学教育职员制度改革研究 [M]. 北京:经济管理出版社,2009.

[5] 李相佑,冯朝军,郝建新. 中国大学制度变迁机制与共同治理研究 [M]. 北京:北京理工大学出版社,2013.

[6] 刘路,刘志民. "后发型"世界一流大学内部治理研究 [M]. 南京:东南大学出版社,2019.

[7] 刘念才,SADLAK J. 世界一流大学:特征·排名·建设 [M]. 上海:上海交通大学出版社,2007.

[8] 刘念才,周玲. 中外大学规划:比较与借鉴 [M]. 上海:上海交通大学出版社,2007.

[9] 刘念才. 世界一流大学:战略、创新、改革 [M]. 上海:上海交通大学出版社,2009.

[10] 刘献君. 高等学校战略管理 [M]. 北京:人民出版社,2008.

[11] 罗荣渠. 现代化新论 [M]. 北京:北京大学出版社,1998.

[12] 王莉,林汉川. 中国企业国际化战略研究:基于后发型企业国际化的视角 [M]. 北京:中国经济出版社,2010.

[13] 徐小洲,王家平. 卓越与效益:大学重点发展战略研究 [M]. 杭州:浙江教育出版社,2007.

[14] 薛天祥. 高等教育管理学 [M]. 桂林:广西师范大学出版社,2002.

［25］赵文华．高等教育系统论［M］．桂林：广西师范大学出版社，2001．

（二）译著

［1］伯恩鲍姆．大学运行模式［M］．别敦荣，余学峰，张际标，译．青岛：中国海洋大学出版社，2003．

［2］凯勒．大学战略与规划：美国高等教育管理革命［M］．别敦荣，等译．青岛：中国海洋大学出版社，2005．

［3］克拉克．高等教育系统：学术组织的跨国研究［M］．王承绪，徐辉，殷企平，等译．杭州：杭州大学出版社，1994．

［4］克拉克．高等教育新论：多学科的研究［M］．王承绪，徐辉，郑继伟，等译．杭州：浙江教育出版社，2001．

［5］若雷，谢尔曼．从战略到变革：高校战略规划实施［M］．周艳，越炬明，译．桂林：广西师范大学出版社，2006．

（三）期刊

［1］阿特巴赫，覃文珍．世界一流大学的成本与收益［J］．北京大学教育评论，2004（1）．

［2］安黎哲．始终抓好本科人才培养工作 促进"双一流"建设全面展开［J］．中国大学教学，2017（7）．

［3］别敦荣．高等教育改革和发展的形势与大学战略规划［J］．鲁东大学学报（哲学社会科学版），2016，33（1）．

［4］别敦荣．"十四五"时期大学发展规划的战略意义［J］．大学教育科学，2021（6）．

［5］蔡红生，杨琴．大学文化："双一流"建设的灵魂［J］．思想教育研究，2017（1）．

［6］陈明．大学战略规划有效实施的主要驱动因素分析［J］．高等教育评论，2013（0）．

［7］陈廷柱，齐明明．高校发展战略规划效能研究：基于实证研究的视角［J］．高校教育管理，2016，10（3）．

［8］陈廷柱．推进高校战略与规划研究 服务高等教育改革和发展：华中科技大学教育科学研究院高校战略与规划研究回顾［J］．高等教育研究，2010，31（9）．

［9］陈廷柱．战略规划之于我国高等学校发展的作用：基于校长与战略规划二者关系的思考［J］．高等教育研究，2011，32（12）．

［10］陈威，姬懿．美国南加州大学战略规划体系研究与启示［J］．北京教

育（高教），2017（4）．

[11] 陈新义，纪彤．中外大学战略规划编制的比较研究 [J]．中国人民大学教育学刊，2012（4）．

[12] 褚洪生，王云海．"双一流"背景下大学师资队伍建设路径研究 [J]．北京教育（高教），2016（11）．

[13] 褚照锋．地方政府推进一流大学与一流学科建设的策略与反思：基于24个地区"双一流"政策文本的分析 [J]．中国高教研究，2017（8）．

[14] 董泽芳，张国强．科学发展观与高等教育和谐发展 [J]．高等教育研究，2006（1）．

[15] 杜玉波．怎样建设中国特色的"双一流" [J]．中国高等教育，2017（19）．

[16] 段肖阳．大学战略规划范式的转变：从外延式到内涵式 [J]．黑龙江高教研究，2022，40（2）．

[17] 冯用军，赵雪．中国"双一流"战略：概念框架、分类特征和评估标准 [J]．现代教育管理，2018（1）．

[18] 高铭，刘志民．政府投入与大学排名关联性分析：以"后发型"世界一流大学为例 [J]．高教发展与评估，2019，35（6）．

[19] 顾建民，薛媛．美国研究型大学的国际化战略：基于战略规划的内容分析 [J]．高等教育研究，2017，38（7）．

[20] 顾雨竹，贾启君．香港一流大学战略规划研究 [J]．高等教育评论，2018，6（2）．

[21] 胡艳婷．高校战略联盟研究 [J]．中国高教研究，2007（8）．

[22] 黄艳霞．理想与现实的差异：教师在美国大学战略规划中的作用 [J]．高等农业教育，2014（7）．

[23] 黄艳霞．美国大学战略规划评估的路径选择 [J]．高等教育研究，2010，31（7）．

[24] 姜凡，眭依凡．世界一流大学建设须以一流学科建设为基础 [J]．教育发展研究，2016（19）．

[25] 姜晓萍．一流拔尖创新人才培养的两个维度 [J]．中国高等教育，2018（1）．

[26] 解德渤．大学战略规划的基本理论范式 [J]．国家教育行政学院学报，2016（3）．

[27] 解德渤．大学战略规划与大学治理文化：重温乔治·凯勒的《大学战

略与规划》[J]. 西南交通大学学报（社会科学版），2016，17（2）.

[28] 解飞厚. 高等学校定位问题辨析[J]. 高等教育研究，2005（3）.

[29] 康佳立. 从工业4.0到社会5.0：以德日两国相关发展战略的比较为例[J]. 科技管理研究，2019，39（4）.

[30] 康宁，张其龙，苏慧斌. "985工程"转型与"双一流方案"诞生的历史逻辑[J]. 清华大学教育研究，2016（5）.

[31] 李家新. 卡内基—梅隆大学的战略规划及其对建设高水平"应用型大学"的启示[J]. 职业技术教育，2015，36（4）.

[32] 李健，薛二勇. "中国特色视角下'双一流'建设研讨会"综述[J]. 大学教育科学，2018（1）.

[33] 李威，查自力. 高校战略规划：是什么、做什么、谁来做？——中外一流大学发展规划组织的比较研究[J]. 现代教育科学，2016（4）.

[34] 李小娃. SWOT分析矩阵在大学战略规划制定中的应用[J]. 浙江树人大学学报（人文社会科学版），2013，13（1）.

[35] 李政云. 一流本科教育建设的院校战略：英国帝国理工学院案例剖析[J]. 高等教育研究，2019，40（2）.

[36] 林依婷. 美国大学战略规划的内容、特点与启示[J]. 教育与教学研究，2017，31（5）.

[37] 刘爱生，李悦. 大学作为锚机构：宾夕法尼亚大学的探索与经验[J]. 大学教育科学，2021（6）.

[38] 刘辉. 澳大利亚大学战略规划：探究与启示[J]. 高等教育研究，2005（12）.

[39] 刘隽颖. 大学战略规划中要处理的五对关系[J]. 现代教育管理，2017（3）.

[40] 刘鸣. 大学战略规划与大学发展（导言）[J]. 华南师范大学学报（社会科学版），2010（5）.

[41] 刘路，刘志民. 世界一流大学10年排名位序变动性研究：基于2005、2015年THE、QS、ARWU的数据[J]. 高等工程教育研究，2017（3）.

[42] 刘强. 论战略管理与高校内涵式发展[J]. 黑龙江高教研究，2019（6）.

[43] 刘献君，陈志忠. 论战略管理与大学发展[J]. 高等教育研究，2016，37（3）.

[44] 刘献君. 大学校长与战略：我国大学战略管理中需要研究的几个问题

[J]．高等教育研究，2006（6）．

[45] 刘向兵，曲霞．"上下协同"大学战略管理理念下的专项规划编制：以中国劳动关系学院"十三五"事业发展专项规划编制为例［J］．中国高教研究，2017（5）．

[46] 刘晓黎，张莉，刘磊．研究生教育国际化支撑"双一流"建设的对策研究［J］．研究生教育研究，2016（4）．

[47] 刘彦博，祝非凡，陈华荣．美国一流大学建设的政策驱动及创新机制分析［J］．中国高教研究，2016．

[48] 刘志民，何红中，张振华，等．七个"追赶型"国家建设世界一流大学的重大举措比较［J］．现代大学教育，2012（4）．

[49] 陆道坤，陈梦婷，魏志祥．组织视角下的一流大学教师教学能力发展——基于常青藤联盟高校"教与学中心"的研究［J］．现代大学教育，2017（4）．

[50] 吕文红．顶层设计理念辨析：在大学战略规划语境中［J］．长春工业大学学报（高教研究版），2011，32（4）．

[51] 马陆亭．"双一流"建设不能缺失本科教育［J］．中国大学教学，2016（5）．

[52] 孟倩，许晓东．院校研究：大学战略规划之基［J］．黑龙江高教研究，2014（3）．

[53] 倪亚红，王运来．"双一流"战略背景下学科建设与人才培养的实践统一［J］．江苏高教，2017（2）．

[54] 潘懋元．建设一流本科，全面统筹推进［J］．中国大学教育，2016（6）．

[55] 强建周．世界一流大学战略规划的启示与借鉴：以卡内基梅隆大学为例［J］．西安电子科技大学学报（社会科学版），2021，31（3）．

[56] 乔学斌，陈伟，胡广来．后发型世界一流大学的实践与启示——以南洋理工大学为例［J］．江苏高教，2014（6）．

[57] 全守杰，高鑫．大学战略规划何以推动知识生产模式转型：杜克大学的个案研究［J］．高校教育管理，2021，15（4）．

[58] 全守杰．一流教师教育大学的战略规划与集体行动：香港教育大学的案例［J］．高校教育管理，2018，12（5）．

[59] 任友群．"双一流"战略下高等教育国际化的未来发展［J］．中国高等教育，2016（5）．

[60] 沈梁燕. 中国特色世界一流大学文化建设的路径研究：基于文化自觉的理论视角 [J]. 大学（研究版），2016（5）.

[61] 史海峰. 基于竞争特性的大学战略规划 [J]. 江苏高教，2018（4）.

[62] 史秋衡，陈志伟. 发达国家顶尖人才培养体系特征研究 [J]. 教育研究，2016（6）.

[63] 宋若方. 论我国高校的战略管理及实施策略 [J]. 中州大学学报，2015，32（2）.

[64] 宋永华，伍宸，朱雪莉. 世界一流大学建设战略规划制定：英美顶尖大学的经验和启示 [J]. 高等教育研究，2017，38（10）.

[65] 眭依凡. 关于"双一流建设"的理性思考 [J]. 高等教育研究，2017（9）.

[66] 孙瑜. 当前高等教育国际化战略的路径及其启示：马里兰大学国际化发展规划的提出与阐读 [J]. 西安电子科技大学学报（社会科学版），2015，25（5）.

[67] 谈哲敏. 师资队伍是"双一流"建设的核心 [J]. 中国高等教育，2017（Z1）.

[68] 唐汉琦. 论大学战略规划与共同治理 [J]. 现代教育管理，2016（7）.

[69] 滕曼曼. 理性与非理性在大学发展战略规划中的功能耦合及实现路径 [J]. 黑龙江高教研究，2017（12）.

[70] 田芬. 追求全面卓越：世界一流大学战略规划文本的核心：以英国4所大学为例 [J]. 世界教育信息，2019，32（12）.

[71] 田联进. "双一流"建设进程中的大学文化空间塑造 [J]. 教育与教学研究，2016，30（11）.

[72] 万圆. 适应与超越：大学战略规划与办学环境之互动：读乔治·凯勒《大学战略与规划：美国高等教育管理革命》有感 [J]. 重庆高教研究，2015，3（2）.

[73] 王保平，何萌. "双一流"建设背景下的高校教师薪酬体系改革 [J]. 中国高等教育，2017（5）.

[74] 王春梅，陈荣，王迦畔，等. 基于文本分析的大学国际化战略实施效果研究 [J]. 西南交通大学学报（社会科学版），2021，22（4）.

[75] 王鹏. 大学战略规划实施的集体行动困境：以HA大学学科发展失败事件为例 [J]. 温州大学学报（社会科学版），2018，31（1）.

[76] 王鹏. 高校治理视域中的大学战略规划变形及其矫正 [J]. 现代教育管理, 2021 (5).

[77] 王鹏. 集体行动的逻辑与大学战略规划的有效性 [J]. 河北科技大学学报 (社会科学版), 2016, 16 (1).

[78] 王庆华, 张婷, 张李斌. 从"211工程"到"双一流": 我国建设世界一流大学政策变迁的内在机理 [J]. 社会科学家, 2017 (11).

[79] 王兴宇. 大数据在大学战略规划中的应用 [J]. 现代教育管理, 2018 (9).

[80] 王义遒. 建设世界一流大学究竟靠什么 [J]. 高等教育研究, 2011 (1).

[81] 王占军. 大学特色办学战略与组织绩效关系实证研究 [J]. 清华大学教育研究, 2016, 37 (5).

[82] 魏海苓. 战略规划与大学发展: 以卡内基梅隆大学 (CMU) 为例 [J]. 比较教育研究, 2007 (9).

[83] 吴云香. "双一流"背景下世界一流大学的国际化战略分析及其启示: 基于10所一流大学战略规划文本的分析 [J]. 高等教育评论, 2017, 5 (2).

[84] 吴增礼, 巩红新. "双一流"建设研究的核心问题 [J]. 大学教育科学, 2017 (4).

[85] 习勇生. "双一流"建设中地方政府的注意力配置: 基于30项省域政策文本的NVivo软件分析 [J], 教育发展研究, 2017 (21).

[86] 郄海霞, 郑宜坤. 世界一流大学战略规划特征与制定逻辑: 基于牛津大学和帝国理工学院规划文本的分析 [J]. 天津大学学报 (社会科学版), 2021, 23 (5).

[87] 肖俊夫, 林勇. 大学发展战略规划制定的视域维度选择 [J]. 重庆大学学报 (社会科学版), 2017, 23 (1).

[88] 谢珂, 李锋亮. 阿萨巴斯卡大学的战略目标、规划与措施 [J]. 现代教育技术, 2017, 27 (8).

[89] 徐辉. 创建一流学科 打造行业创新人才培养高地 [J]. 中国高等教育, 2017 (Z3).

[90] 徐岚, 陶涛. 高水平研究生教育是"双一流"的突出特征: "研究生教育和世界一流大学建设"国际学术研讨会综述 [J]. 高等教育研究, 2016 (7).

[91] 徐绍红,储祖旺,朱峰. 高等教育普及化时代英国高校战略管理的实践与启示 [J]. 黑龙江高教研究,2019 (6).

[92] 徐小洲. 追寻大学卓越发展之路:读《教育七章》[J]. 教育研究,2007 (11).

[93] 薛二勇,傅王倩. 新时代教育改革的战略规划与顶层设计:全国教育大会的思想、形势、战略与政策分析 [J]. 河南大学学报(社会科学版),2019,59 (1).

[94] 薛珊,金玉蓉. "后发型"世界一流大学国际化发展:动因、战略及行动:基于新加坡两所大学的案例分析 [J]. 沈阳师范大学学报(教育科学版),2023,2 (1).

[95] 薛珊,刘志民. "后发型"世界一流大学建设的路径及启示:以新加坡两所大学为例 [J]. 高校教育管理,2019 (4):27-38.

[96] 阎凤桥. 我国高等教育"双一流"建设的制度逻辑分析 [J]. 中国高教研究,2016 (11).

[97] 杨江水,陈昌蓉,吴家胤. 高校战略规划决策评价的多维度探析 [J]. 高校教育管理,2017,11 (2).

[98] 杨天平,刁清利. 基于五大排名分析的我国世界一流大学建设:进展、成效与不足 [J]. 浙江师范大学学报(社会科学版),2022,47 (1).

[99] 于杨. 高校二级院系发展战略规划及其制定 [J]. 东北大学学报(社会科学版),2017,19 (3).

[100] 余新丽. 世界一流大学战略规划和战略实施分析:以伊利诺伊大学香槟分校为例 [J]. 比较教育研究,2015,37 (2).

[101] 张弛. 美国研究型大学战略规划工作探析:以威斯康星麦迪逊大学为例 [J]. 高等教育研究,2005 (10).

[102] 张端鸿,陈孙延,蔡三发. 治理转型:高校发展战略规划制定的范式演进:以A大学"十四五"规划为例 [J]. 复旦教育论坛,2021,19 (4).

[103] 张红伟. 论"四位一体"大学战略规划制定模式的建构、实践解读及现实指引 [J]. 大学(研究版),2019 (2).

[104] 张庆辉. 基于生态系统理论的大学战略规划方法创新 [J]. 黑龙江高教研究,2012,30 (11).

[105] 张伟. 略论大学战略规划及对完善现代大学制度的作用 [J]. 中国人民大学教育学刊,2012 (3).

[106] 张旭雯. 新西兰《高等教育战略规划2014—2019》述评 [J]. 大学

（研究版），2019（1）.

［107］张绪忠，汤俊雅，郭宁宁 . "双一流"背景下财经类高校学科发展的现状与推进路径研究：基于财经类高校"十三五"规划文本的分析［J］. 高等教育评论，2018，6（2）.

［108］张艳丽 . 战略管理：大学治理文化的变迁与重塑：读乔治·凯勒《大学战略与规划》有感［J］. 大学（研究版），2017（3）.

［109］张艳敏，俞海侠 . 高质量大学战略规划的主要特征探析［J］. 教育科学，2010，26（4）.

［110］张应强 . 科学规划，强化实施，建设高水平综合大学［J］. 高等教育研究，2015（4）.

［111］章维慧，殷学东 . 以一流大学精神引领"双一流"建设［J］. 高校教育管理，2018（12）.

［112］赵立莹 . 大学战略规划效力提升：规划与评估的融合［J］. 中国高教研究，2017（3）.

［113］赵硕，刘旭东，甘少杰，等 . 美国一流大学战略规划制定分析与启示：以加州大学伯克利分校为例［J］. 华北理工大学学报（社会科学版），2019，19（1）.

［114］赵义华 . 大学不能回避战略规划［J］. 现代教育管理，2012（2）.

［115］赵映川 . 理念为发展奠基：柏林洪堡大学战略规划的文本分析［J］. 中南民族大学学报（人文社会科学版），2016，36（2）.

［116］周光礼，武建鑫 . 什么是世界一流学科［J］. 中国高教研究，2016（1）.

［117］周光礼 . 中国大学的战略与规划：理论框架与行动框架［J］. 大学教育科学，2020（2）.

［118］周巧玲 . 自我评估与监控：大学战略规划的双翼［J］. 清华大学教育研究，2009，30（1）.

［119］朱乐平 . 大学战略规划的内涵、价值及抉择：重温《大学战略与规划》［J］. 当代教育论坛，2018（3）.

（四）学位论文

［1］常姝 . 行业特色型大学学科发展战略管理研究［D］. 南京：南京农业大学，2011.

［2］雷琼 . 战略管理与美国高水平大学建设发展研究［D］. 昆明：云南师范大学，2014.

[3] 刘盛. 基于文本分析的世界一流大学战略规划演化机理研究 [D]. 哈尔滨：哈尔滨工业大学, 2018.

[4] 刘志广. 基于战略平衡计分卡理论的C大学战略规划实施研究 [D]. 呼和浩特：内蒙古财经大学, 2017.

[5] 陶静. 我国大学战略管理实施的路径探析 [D]. 长沙：湖南大学, 2008.

[6] 王娜. 中俄五所师范大学战略规划文本比较研究 [D]. 上海：上海师范大学, 2013.

[7] 王颖. H教育机构发展战略研究 [D]. 昆明：云南财经大学, 2018.

[8] 吴远洁. 基于内容分析的理工类研究型大学发展战略规划研究 [D]. 杭州：浙江大学, 2015.

[9] 谢芹. 安徽省独立学院发展战略研究 [D]. 淮北：淮北师范大学, 2016.

[10] 张庆辉. 生态学视野中的大学战略管理 [D]. 武汉：华中科技大学, 2010.

[11] 赵琦. 俄罗斯联邦大学战略规划研究 [D]. 沈阳：沈阳师范大学, 2018.

[12] 周雄. 大学战略规划实施模式研究 [D]. 武汉：华中农业大学, 2009.

（五）其他

[1] 复旦大学. 复旦大学"十三五"规划纲要 [EB/OL] 复旦大学信息公开网, 2017-10-23.

[2] 西安交通大学. 图解西安交通大学"十三五"规划纲要 [EB/OL]. 西安交通大学新闻网, 2016-07-21.

[3] 清华大学. 清华大学事业发展"十三五"规划纲要 [EB/OL]. 清华大学官网, 2017-12-30.

[4] 北京大学. 北京大学"十三五"改革和发展规划纲要 [EB/OL]. 北京大学政策法规研究室党委政策研究室, 2017-07-18.

[5] 上海交通大学. 上海交通大学"十三五"规划纲要 [EB/OL]. 上海交通大学官网, 2016-07-25.

[6] 南京大学. 学校发展规划（南京大学"十三五"规划）[EB/OL]. 南京大学信息公开网, 2016-07-15.

[7] 浙江大学. 浙江大学"十三五"发展规划 [EB/OL]. 浙江大学官网,

2020-09-27.

［8］中国科学技术大学．中国科学技术大学世界一流大学建设方案［EB/OL］．中国科学技术大学官网，2018-02-27.

［9］哈尔滨工业大学．哈尔滨工业大学"十二五"规划［EB/OL］．哈尔滨工业大学发展规划处，2013-12-26.

［10］许智宏．中国目前没有世界一流大学［EB/OL］．中国教育和科研计算机网，2010-04-15.

［11］习近平在全国高校思想政治工作会议上强调：把思想政治工作贯穿教育教学全过程 开创我国高等教育事业发展新局面［EB/OL］．人民网，2016-12-09.

［12］教育部．国家中长期教育改革和发展规划纲要（2010—2020年）［EB/OL］．中华人民共和国教育部官网，2010-07-29.

［13］教育部．教育部关于印发《高等教育专题规划》的通知［EB/OL］．中华人民共和国教育部官网，2012-03-21.

二、英文文献

（一）专著

［1］GERSCHENKRON A. Economic Backwardness in Historical Perspective［M］. Cambridge：Harvard University Press，1962.

［2］LEVY M. Modernization and the Structure of Societies：A Setting for Internationalize Relations［M］. Princeton：Princeton University Press，1966.

（二）期刊

［1］BAHR N，PENDERGAST D，KLOPPER C. University Strategic Directions，International Education and WIL：From Policy to Practice［J］. Professional Learning in the Work Place for International Students，2017(19).

［2］BAKOĞLU R，ÖNCER A Z，YILDIZ M L，et al. Strategy Development Process in Higher Education：The Case of Marmara University［J］. Procedia – Social and Behavioral Sciences，2016，235.

［3］BAUM J A C，DOBBIN F. Firm Resources and Sustained Competitive Advantage［J］. Advances in Strategic Management，2016，17(1).

［4］BREZIS E S，KRUGMAN P R，TSIDDON D. Leapfrogging in Intenational Competition：A Theory of Cycles in National Technological Leadership［J］. American Economic Review，1993(12).

[5] CREMONINI L, BENNEWORTH P, DAUNCEY H, et al. Reconciling Republican"Egalité" and Global Excellence Values in French Higher Education[J] Institutionalisation of World-Class University in Global Competition, 2013(4).

[6] GRANT C. Strategy for Impact, in Paths to a World-Class University: Lessons from Practices and Experiences[J]. Rotterdam, 2011.

[7] HORNER S, JAYAWARNA D, GIORDANO B, et al. Strategic choice in universities: Managerial agency and effective technology transfer[J]. Research Policy, 2019(48).

[8] JANG D, KIM L. Framing"world class"differently: international and Korean participants' perceptions of the world class university project[J]. Higher Education, 2013, 15(6).

[9] LANARÉS J. Developing a Quality Culture to Become a World-Class University, in Paths to a World-Class University: Lessons from Practices and Experiences[J]. Rotterdam, 2011(1).

[10] LIU N C, CHENG Y, WANG Q. Matching Visibility and Performance[J]. Global Perspectives on Higher Education, 2016(3).

[11] LIU Z, KIPCHUMBA S K, LIU L. Paths for world-class universities in agricultural science[J]. Higher Education, 2016, 71(1).

[12] MARGINSON S. Global university rankings: implications in general and for Australia[J]. Journal of Higher Education Policy & Management, 2007, 29(2).

[13] MUELLER R A. Do values drive the plan? Investigating the nature and role of organizational values in university strategic planning[J]. Tertiary Education and Management, 2015(21).

[14] SAIT S M. Policies on Building World-Class Universities in Saudi Arabia[J]. Global Perspectives on Higher Education, 2013(25-43).

[15] TAYEB O S, DAMANHOURI Z A. Transformation Towards a World-Class University, in Paths to a World-Class University: Lessons from Practices and Experiences[J]. Rotterdam, 2011(5).

[16] TEECE D J. Dynamic Capabilities and Strategic Management: Organizing for Innovation and Growth[J]. R & D Management, 2009, 41(2).